高等职业教育法律类专业新形态系列教材

心理危机与干预

主　编◎马立骥

撰稿人◎（按撰写章节顺序）

　　　马立骥　周　晨　王红星

　　　胡钟鸣　赵　颖

中国政法大学出版社

2023·北京

声　明　　1. 版权所有，侵权必究。

　　　　　2. 如有缺页、倒装问题，由出版社负责退换。

图书在版编目（CIP）数据

心理危机与干预/马立骥主编. —北京：中国政法大学出版社，2023.1
ISBN 978-7-5764-0735-8

Ⅰ. ①心… Ⅱ. ①马… Ⅲ. ①心理学 Ⅳ. ①B84

中国版本图书馆CIP数据核字(2022)第255254号

出 版 者	中国政法大学出版社
地　　址	北京市海淀区西土城路 25 号
邮　　箱	fadapress@163.com
网　　址	http://www.cuplpress.com（网络实名：中国政法大学出版社）
电　　话	010-58908435(第一编辑部) 58908334(邮购部)
承　　印	北京中科印刷有限公司
开　　本	787mm×1092mm　1/16
印　　张	10.5
字　　数	229 千字
版　　次	2023 年 1 月第 1 版
印　　次	2023 年 1 月第 1 次印刷
印　　数	1~5000 册
定　　价	46.00 元

前　言

危机伴随着人一生的发展，没有任何一个人能在他的一生中完全免除危机状况。有些危机是在一生中必然要面对的，而有些则是随机出现的。危机可能是自然灾害、严重的身体伤害、亲人的突然死亡、离婚等，还有孩子离家、成瘾、怀孕、家庭和学校暴力等剧烈过渡导致的特定情绪危机。

进入 21 世纪以来，由于经济的增长、社会的变迁、生活节奏的加快，人们的心理问题日益凸显：个体本身的情绪，如抑郁、焦虑、躁狂、恐惧等导致的心理危机；人际交往，如环境不适应、离婚、家庭暴力等问题诱发的心理危机；独生子女个性差异、学业压力、职业未来规划、失业人数日渐增多等社会现象引发的心理危机；以及地震、海啸等自然灾害导致的创伤后应激障碍问题，这些问题不仅严重地影响着个体的身心健康，而且影响着社会的稳定和国家生产力的发展。如何预防和有效地应对危机事件，使危机带来的负面影响最小化，是政府、业界和广大民众共同面对的重要问题。

杰拉德·凯普兰（Gerald Caplan）于 1964 年首次提出"心理危机"（Psychological crisis）理论，认为当一个人面临突然或重大生活困难情境（Problematic Situation）时，他先前的危机处理方式和惯常的支持系统无以应对眼前的处境，即当他必须面对的困难情境超过了他的能力时，这个人就会产生暂时的心理困扰（Psychological Distress），这种暂时性的心理失衡状态就是心理危机。

克里斯蒂·卡奈尔（Cristi Kanel）认为心理危机实质上包括三个方面的内容：其一，危机事件的发生；其二，对危机事件的感知导致当事人的主观痛苦；其三，惯常的应付方式失败导致当事人的心理、情感和行为等方面的功能水平较突发事件发生前降低。因此，心理危机不仅仅是个体经历的事件本身，更是他对自己所经历的困难情境的身心反应状态：表现在认知上，主要是解决问题能力与应对机制暂时受到打击；暂时性的震惊状态后，随之而来的是否认、混乱、害怕、恐惧、沮丧、情绪麻木、怀疑、易怒与难以平静，这些反应会搅乱个体的情绪平衡状态；生理上伴随的一般性应激反应，如心跳与呼吸频率的改变、过度出汗等。

危机干预是一种即时和短期的心理护理，旨在帮助处于危机状况的个人，以恢复其生物心理社会功能的平衡，并最大限度地减少长期心理创伤的可能性。

实际上，"危机"（Crisis）一词最早源于存在主义哲学中"危机"（Kairos）的一个概念，意指一种戏剧化的片刻，充满了情感的负荷，包含各种可能性的"恰当时机"。亚瑟·克兰霍尔兹（Arthur Kielholz）把它导入心理咨询与心理治疗中，用于描述心理咨询与治疗过程中出现的可能导致新心理状况和行为的状态。我们一般认为，心理危机是指当人们遭遇突然或重大的应激事件，运用个人处理问题的常规方法无法解决时，出现的解体和混乱的暂时心理失衡状态。

从个体成长的角度，有危机、有对危机的超越，才有成长，正所谓"有危才有机"。这与中国人对"危机"的理解是一致的——"危"是危险，"机"则是机会。正如埃里克·埃里克森（Erik Erikson）等人所认为的那样："危机不再意味着是迫在眉睫的大灾难……而是生命中一个必要的转折点，即生命发展中面临的二选一的决定性时刻，它汇集了成长、复原与更进一步分化时所需的资源。"有人将危机界定为瓦解旧习惯与引发新反应的催化剂。正如凤凰涅槃的神话故事所演绎的一样，许多研究结果显示，生活危机的冲击会引发正向或负向的反应，而此反应具有改变一个人的生活方向的潜在影响力。此历程的一部分是，危机使得一个人重新去审视他的生活，在这个转折点上，某些人会发现他们的确对危机发生前的生活感到心满意足，并且会很珍惜它。这些人在危机发生之后，将会尽全力采取与过去同样的方式，重建他们的生活。然而，对于另一部分人而言，危机的发生使他们在潜意识中深感苦恼的某些生活因素被放大，而那些部分在先前可能并未被承认，危机由此成为瓦解旧习惯与引发新反应的催化剂。由于受害者最初处于适应不良的应对或固定的高风险状态，对其尽快提供干预是必要的。应立即实施资源调动，以便为受害者提供恢复某种秩序和正常状态所需的工具，并使其能够独立运作。

《心理危机与干预》全书共6章，写作任务分工如下：第一、六章由浙江警官职业学院马立骥教授撰写，第二章由浙江省拱宸强制隔离戒毒所心理矫治中心副主任周晨撰写，第三章由武汉警官职业学院王红星副教授撰写，第四章由浙江警官职业学院胡钟鸣老师撰写，第五章由浙江警官职业学院赵颖老师撰写，该书的提纲拟定与全文统稿均由主编马立骥教授完成。本教材虽然篇幅不是很大，但内容基本上把"心理危机与干预"的主要部分都涵盖了，足够应对常见的心理危机事件。

本书是全体作者第一次尝试活页教材编写的成果，尽管我们在写作之前进行了活页教材编写的培训、查阅资料、请教有关先行者等努力，并且在编写过程中我们全体编者也多次交流讨论并力图做一些积极的探索，但由于水平有限，本书的不妥之处甚至错误之处在所难免，我们将虚心接受读者的批评指正。本书在编写过程中，参考与借鉴了国内外专家、学者的大量成果，在此一并表示感谢！

马立骥于杭州下沙高教园区
2022年10月30日

目 录

第一章 心理危机与干预概述 ·· 1
 第一节 心理危机与干预的含义 ·· 1
 第二节 应激与应激事件及其分类 ·· 7
 第三节 心理危机的特征与表现 ·· 13
 第四节 心理危机干预 ·· 17

第二章 应激相关障碍的诊断与评估 ·· 23
 第一节 急性应激障碍的临床表现与诊断 ·· 23
 第二节 创伤后应激障碍的临床表现与诊断 ·· 28
 第三节 适应障碍的临床表现与诊断 ·· 33
 第四节 其他应激障碍 ·· 36
 第五节 应激与心理危机评估工具的运用 ·· 39

第三章 心理危机干预的基本模型与程序 ·· 44
 第一节 心理危机干预的模式 ·· 44
 第二节 心理危机干预的步骤 ·· 49
 第三节 心理危机干预的方法与技术 ·· 58
 第四节 心理危机干预的流程与注意事项 ·· 61

第四章 心理危机干预技术 ·· 66
 第一节 紧急事件应激晤谈 ·· 66
 第二节 支持性心理疗法 ·· 69
 第三节 以当事人为中心疗法 ·· 73
 第四节 放松疗法 ·· 76

第五节　音乐疗法 ··· 80
　　第六节　绘画疗法 ··· 81
　　第七节　焦点解决短期治疗 ·· 84

第五章　自杀的诊断与评估 ··· 91
　　第一节　自杀及其分类 ··· 91
　　第二节　自杀的高危因素分析与征兆识别 ································· 92
　　第三节　自杀风险性评估与防范 ·· 102
　　第四节　自杀的心理危机干预 ··· 109

第六章　几种常见的心理危机干预方案 ··· 117
　　第一节　性暴力危机的干预 ·· 117
　　第二节　家庭暴力危机的干预 ··· 129
　　第三节　居丧的危机干预 ··· 133
　　第四节　公共机构中暴力危机的干预 ······································· 137
　　第五节　成瘾性危机的干预 ·· 139
　　第六节　替代性创伤人群的危机干预 ······································· 141

附件一　自杀的危机干预 ·· 149

附件二　紧急心理危机干预指导原则 ·· 154

参考文献 ··· 159

第一章 心理危机与干预概述

自 21 世纪以来，由于科技的发展、社会的变革、生活节奏的加快，人们的心理问题层出不穷：有个体本身的情绪，如抑郁、焦虑、恐惧等导致的心理危机；有人际关系不和谐，如适应不良、离婚、被劫持、家庭暴力等诱发的心理危机；还有个性差异、学业压力、职业未来规划、失业等社会现象引发的心理危机；以及自然灾害，如地震、火灾、洪水、烈性传染病（如新冠病毒疫情）等导致的创伤后应激障碍问题。这些问题不仅严重地影响着个体的身心健康，而且影响着社会稳定和国家生产力的发展。如何预防和有效地应对危机事件，使危机带来的负面影响最小化，是政府、业界和广大民众共同需要面对的重要问题。

第一节 心理危机与干预的含义

一、心理危机的概念

心理危机（Psychological Crisis）是指个体在遇到了突发事件或面临重大的挫折和困难，当事人既不能回避又无法用自己的资源和应对方式来解决时所出现的心理反应。

心理危机，可以指心理状态的严重失调、心理矛盾激烈冲突难以解决，也可以指精神面临崩溃或精神失常，还可以指发生严重心理障碍。

（一）心理危机的概念

一般而言，危机（Crisis）有两个含义，一是指突发事件，即出乎人们意料发生的事件，如地震、水灾、空难、疾病暴发、恐怖袭击、战争等；二是指人所处的紧急状态，当个体遭遇重大问题或变化使其感到难以解决、难以把握时，平衡就会打破，正常的生活受到干扰，内心的紧张不断积蓄，继而出现无所适从甚至思维和行为的紊乱，个体进入一种失衡状态，这就是危机状态。危机意味着平衡、稳定的破坏，引起混乱、不安。危机出现是因为个体意识到某一事件和情景超过了自己的应付能力，而不是因为个体经历的事件本身。

【案例】 初夏的某日上午11点，阳光把宿舍照得透亮。在某高校宿舍，某大二男生刘军（化名）还在蒙头大睡，没有去上课。前一天晚上，他在网络游戏"王者荣耀"中"厮杀"了一夜，地上散落着无数个烟蒂，吃剩的泡面汤在饭盒里发酵。他说，上网、睡懒觉、逃课、打牌这4个关键词便能概括他的大学生活，如果只能用一个词总结，那就是"堕落"。

刘军从未想过，自己复读2年考进大学后的本科生活竟是这个样子。"未来在哪里，我也不知道。上课的无非也是为了应付点名，点完名就趴在桌上睡觉。大一时惧怕考试，还会认真听几门专业课。到了大二，考前两周临时抱佛脚，考完后便继续陷入了散漫、放纵、无聊的生活。"

如今，有人用"上课梦游化、逃课普遍化、恋爱闪电化、补考专业化"来形容大学生活。大学本该是一个人人生中的"成长加速曲线"，是汲取知识、丰富自我、积累人脉的地方，现在却成了部分学生的"沉沦加速度曲线"，逃课、挂科、没有目标、思考人生等成了主题词。很多人感叹，虚度的大学时光如同一段"悠长的假期"。

如果说刘军是大学里虚度光阴者的代表，那衣涵（化名）则是心理问题的受害者。"哗……哗……"，当衣涵用一盆冷水往自己身上浇的时候，所有人都惊呆了。那是北京寒冷的1月。他已经连着一两个月没洗澡了，也不换衣服。没想到，室友一句善意的劝说竟让他有如此惊人之举。3年前，衣涵以优异成绩从贵州贫困山区考进了北京某重点高校。他大一时还会灿烂地笑着跟人打招呼，到了大二几乎不与人交流，很少上课，有一次一连3天没有吃饭，除了睡觉就是打游戏，最后因晕倒被送入医院。大三下学期，他11门功课竟有10门不及格。

原来，他家庭条件较差，大一时全班只有他用的是老款手机。竞选学生会干事，他的口音和穿着被人嘲笑。他渐渐变得自闭，自从买了二手电脑后，他就彻底沉溺其中，荒废了学业。[1]

克里斯蒂·卡奈尔（Cristi Kanel）认为心理危机实质上都包括三个方面的内容：其一，危机事件的发生；其二，对危机事件的感知导致当事人的主观痛苦；其三，惯常的应付方式失败导致当事人的心理、情感和行为等方面的功能水平较突发事件发生前降低。因此，心理危机不仅仅是个体经历的事件本身，更是他对自己所经历的困难情境的身心反应状态：表现在认知上，主要是问题解决能力与应对机制暂时受到打击；暂时性的震惊状态后，随之而来的是否认、混乱、害怕、恐惧、沮丧、情绪麻木、怀疑、易怒与难以平静，这些反应会搅乱个体的情绪平衡状态；生理上伴随的一般性应激反应为心跳与呼吸频率的改变、过度出汗等。

---

[1] "中国大学生面临心理危机 迷茫的一代待拯救——大学生心理健康教育中心"（有改编），载 xlzx.huat.edu.cn/info/1025/1076.htm，最后访问时间：2022年2月20日。

（二）心理危机的反应

当一个人出现心理危机时，当事人可能会及时察觉，也有可能"不知不觉"。一个自以为遵守某种习惯了的行为模式的人，也有可能潜藏着心理危机。染有严重不良瘾癖（如毒瘾）的人，常常潜伏着心理危机，当去戒除瘾癖时，心理危机便会暴露无遗。

当个体面对危机时会产生一系列身心反应，一般危机反应会维持6~8周。危机反应主要表现在生理、情绪、认知和行为上。

生理方面：肠胃不适、腹泻、食欲下降、头痛、疲乏、失眠、做噩梦、容易惊吓、感觉呼吸困难或窒息、有哽塞感、肌肉紧张等。

情绪方面：害怕、焦虑、恐惧、怀疑、不信任、沮丧、忧郁、悲伤、易怒、绝望、无助、麻木、否认、孤独、紧张、不安、愤怒、烦躁、自责、过分敏感或警觉、无法放松、持续担忧、担心家人健康、害怕染病、害怕死去等。

认知方面：注意力不集中、缺乏自信、无法作决定、健忘、效能降低、不能把思想从危机事件上转移等。

行为方面：反复洗手、反复消毒、社交退缩、逃避与疏离、不敢出门、害怕见人、暴饮暴食、容易自责或怪罪他人、不易信任他人等。

（三）心理危机的发展过程

中国人对"危机"的理解是："危"是危险或危难，"机"则是机遇或机会。

正如埃里克·埃里克森（Erik Erikson）等人所认为的那样："危机不再意味着是迫在眉睫的大灾难……而是生命中一个必要的转折点，即生命发展中所面临的二选一的决定性时刻，它汇集了成长、复原与更进一步分化时所需的资源。"有人将危机界定为瓦解旧习惯与引发新反应的催化剂，正如凤凰涅槃的神话故事所演绎的一样。许多研究结果显示，生活危机的冲击会引发正向或负向的反应，而此反应具有改变一个人的生活方向的潜在影响力。此历程的一部分是，危机使得一个人重新去审视他的生活，在这个转折点上，某些人会发现他们的确对危机发生前的生活感到心满意足，并且会很珍惜它。这些人在危机发生之后，将会尽全力采取与过去同样的方式，重建他们的生活。然而，对于另一部分人而言，危机的发生使他们在潜意识中深感苦恼的某些生活因素被放大，而那些部分在先前可能并未被承认，危机由此成为瓦解旧习惯与引发新反应的催化剂。

危机是一个动态发展的过程，在危机的不同阶段，个体会有不同的心理和行为表现。

心理危机的发展通常会经历四个阶段：冲击期、防御期、解决期和成长期。

1. 冲击期。发生在危机事件发生后不久或当时，个体会感到震惊、恐慌、不知所措。例如，突然听到本地爆发了"新冠疫情"，且有认识的人感染了"新冠病毒"，自己所在的小区有人被隔离，目前患者数量还在增加等消息后，大多数人会表现出恐惧和焦虑。

2. 防御期。个体表现为想恢复心理上的平衡，控制焦虑和情绪紊乱，恢复受到损害的认识功能，但不知如何做，会出现否认、合理化等情绪。

3. 解决期。经历了防御期后，个体会开始积极采取各种方法接受现实，寻求各种资源努力设法解决问题，表现为焦虑减轻、自信增加、社会功能恢复等。

4. 成长期。经历了危机之后，个体往往变得更成熟，获得应对危机的技巧，但也有人消极应对而出现种种心理不健康的行为。

（四）心理危机的表现形式

1. 精神被物质所奴役。无论是物质生活贫乏还是富有，只要当事人心里感到空虚，精神受到折磨，这就是精神被物质奴役了。吃了午饭后晚饭没着落的贫民，自然是很少感到愉快的，他们看着甚至只是想象"富豪们"在丰盛的餐桌前大吃大喝，心中都会十分难熬，更有甚者会因此做出某种铤而走险的行为；还有一些物质依赖者，当渴求产生时，其就被该"物质"俘虏。与此相反，生活富裕而精神生活贫困、道德低劣的人，其内心也十分空虚，同样可能存在着心理危机。

2. 爱动物胜过一切。有些人养动物（如宠物）是出于喜爱，但也有人可能是因为精神空虚。此类爱动物者，以动物为生活的中心内容，一切活动围绕动物而进行，为此耗费大量时间与金钱。

3. 身处他乡异地所致的精神问题。公干、旅游、探亲等短期出国者较少发生心理危机，留学、移民等长期居留国外者较易出现心理问题。国与国之间的文化背景差异和社会心理冲突多发生在少数人群身上，如旅游者、移民，但旅游者往往走马观花、乘兴而归，而探亲者因有亲人接应，不会因语言不通而产生孤独感，公干者多结伴而行并自带翻译。长期居留国外者的心理状态大多经历三个时期：一是兴奋期，觉得终于实现了夙愿；二是失望期，失望的原因一般是语言交流障碍和生活方式、价值观念、衣食住行上的差异；三是思乡期，往往因为以往的技艺用不上，劲使不出，觉得前途渺茫。这 3 个时期一般需要 3 年到 4 年，随着个体适应能力提高，大多能走出心理危机期，安居乐业。

4. 药物依赖。有病自然要吃药，但有一些人无病也要吃药，听信广告乱吃补药。他们心里不开心就吃抗抑郁药，睡不着就吃安眠药，还有吸毒、酗酒等行为。药物依赖者的特征是迷信药物。药物依赖是药物滥用的结果，因此是心理危机的一种表现，但当事者认识到这一点的还不多。从精神医学角度来说，吸烟和酗酒都是心理问题的表现。

（五）心理危机的后果

心理危机是一种较常见的生活经历，并非疾病或病理过程。每个人在人生的不同阶段都会经历危机。由于处理危机的方法不同，后果也各异。一般情况下，有四种后果：

第一种是顺利度过危机，并学会了处理危机的方法、策略，提高了心理健康水平；

第二种是度过了危机但留下心理创伤，影响今后的社会适应；

第三种是经不住强烈的刺激而自伤、自毁；

第四种是未能度过危机而出现严重的心理障碍。

对于大部分的人来说，危机反应无论在程度上或者是时间方面，都不会带来生活上永久或者是极端的影响。他们需要的只是有时间去恢复对现状和生活的信心，加上亲友间的体谅和支持，他们就能逐步恢复。但是，如果心理危机的强度过强、持续时间过长，会降低人体的免疫力，使个体出现非常时期的非理性行为。对个人而言，轻则危害个人健康、增加患病的可能，重则出现攻击性和精神损害；对社会而言，会引发更大范围的社会秩序混乱，冲击和妨碍正常的社会生活。例如，听信传言，出现不经核实便转发谎言、侵犯名誉的行为，增加犯罪可能等。其结果不仅增加了有效防御和控制灾害的困难，还在无形之中给自己和别人制造了新的恐慌源。

二、心理危机的种类

传统上，危机被区分为两类，即发展危机与情境危机。

（一）发展危机

发展危机（Developmental Crisis）可界定为："一个内在形成的情境，它可能源于生理的或心理的变化，再加上个体的发展、生物性转变与角色变迁等因素。"例如，受孕或不孕、分娩、婴儿时期、儿童早期、青少年时期、性别认同危机、中年危机、退休、衰老、死亡等。

（二）情境危机

情境危机（Situational Crisis）主要指存在于外在生活环境中的情境，主要包括：①人类某方面的基本需求得不到满足；②可能会遭遇上述丧失状况的威胁性或危险性；③超越个人能力的挑战。例如，性危机（强暴、近亲乱伦等）、堕胎、自杀、急性或慢性疾病、酗酒与滥用药物、离婚或分居、虐待、家庭危机、因意外事件受害、逃亡、文化冲击、升迁、失业、职务调迁等。

区别情境危机与其他危机的关键在于，情境危机是随机发生的、事出突然的、令人震惊的、情绪激动的与变动激烈的。

三、心理危机的原因

心理学家杰拉德·凯普兰（Gerald Caplan）从 1954 年开始对心理危机进行系统研究，于 1964 年提出了危机心理干预理论。他认为，每个人都在不断努力保持一种内心的稳定状态，保持自身与环境的平衡和协调。当重大问题或变化发生使个体感到难以解决、难以把握时，平衡就会打破，正常的生活受到干扰，内心的紧张不断积蓄，继而出现无所适从甚至思维和行为的紊乱，进入一种失衡状态，这就是危机状态。引发危机状态的原因可以是灾难性事件，如恐怖袭击、自然灾害等，影响范围很广，刺激强度很大，涉及地区和人数很多；也可以是个体自身面临的内在、外在的冲突，如失学、失恋、失业等。一般而言，心理危机的原因包括主观原因和客观原因两个大的方面。

（一）主观原因

1. 人格特征。人格特征影响着个体的行为方式、生活方式和习惯，也影响着个体对心理社会刺激物的认知评价，决定了个体应对危机的方式和危机反应的类型和强度。具有敏感、内向的人格特征的个体在面对危机事件时比他人更容易产生心理危机。造成这种差别的原因可能有两个，一是内向性格者不容易及时地得到和利用社会支持；二是内向性格者往往把注意力指向自身，特别是自己所作出的无效应对反应上。这会加剧消极的情绪体验，从而使应对行为更加无效，增加生活事件的消极影响。

2. **认知评价**。人们对事物的心理反应在很大程度上依赖于对世界的知觉和解释，即认知评价。如果事件本身可能对大多数人具有威胁性，但未被当事人觉察，或被理解为是积极的或没有危险的，那么就不会产生危机反应。相反，如果事件不具有威胁性或者具有积极意义，个体由于错误判断为事件具有威胁性，也会使个体产生危机反应。正如古希腊哲学家爱比克泰德（Epictetus）所说："困扰人的不是事情本身，而是对事情的看法。"加拿大病理生理学家汉斯·塞里（Hans Selye）有着相似的看法："问题不在于发生了什么，而在于你如何对待它。"例如，怀孕是否是一个重大的生活事件，是积极的还是消极的应激源，取决于夫妻对孩子的出生是否期望以及为照料孩子作出的物质和心理准备是否充分。

3. **躯体疾病**。脑血栓、心脏病等急性疾病以及糖尿病、肾病、癌症等慢性疾病当事人由于受到疾病侵扰、进展状况及预后的影响，焦虑、恐惧、抑郁等负性情绪突显。因心理压力可导致情绪低落、悲观绝望，严重者甚至出现自杀意念或行为。同时，长期的疾病状态也可能会导致性格的改变，如总是迁怒别人，指责医生未精心治疗，埋怨家人未尽心照料等，故意挑剔、因小事勃然大怒；他们对躯体方面的微小变化颇为敏感，常提出过高的治疗或照顾要求，由此导致患者的主观痛苦及医患关系、家庭关系的紧张或恶化，甚至引发患者及周边人群的心理危机。

（二）客观原因

1. **自然环境**。自然环境包括无法克服的自然条件的限制。它是指那些给人们的生命和财产造成严重威胁和损失的自然状况的突变，包括雨量的变化（干旱、洪水、泥石流等）、地震、海啸、台风或龙卷风、严重的传染病以及其他自然灾害等。这些自然环境中的突变不仅会危及生命，还会严重影响人们的正常生活。由自然灾害引发的心理危机事件屡见不鲜。

2. **社会环境**。社会环境也会引发危机的产生，如政治动荡、战争、金融危机、人际关系冲突、个人才能发挥受挫、恋爱婚姻失败、家庭矛盾等。这些社会性危机事件往往都是心理危机产生的外部诱因。

四、心理危机的干预

心理危机干预指对处在心理危机状态下的个人采取明确、有效的措施，使之最终战胜危机，重新适应生活。依据前面讲的心理危机发展的四个阶段，经典的心理危机干预也分为四个阶段：第一阶段，像妈妈一样给予他无微不至的关怀；第二阶段，像老师一样告诉他，究竟发生了什么，为什么会这样；第三阶段，像心理医生一样去理解和接受他的痛苦；第四阶段，像牧师一样帮助他从整个人生的意义上去接受这次痛苦，并最终做一个告别，结束这一事件带来的哀伤。

危机干预是一种即时和短期的心理护理，旨在帮助处于危机状况的个人，以恢复其生物心理社会功能的平衡，并最大限度地减少长期心理创伤的可能性。

心理危机干预的主要目的有二：一是避免自伤或伤及他人，二是恢复心理平衡与动力。在"新冠病毒"疫情期间，有效的危机干预就是帮助人们获得生理上、心理上的安全感，缓解乃至稳定由危机引发的强烈的恐惧、震惊或悲伤的情绪，恢复心理的平衡状态，对自己的生活有所调整，并学习到应对危机有效的策略与健康的行为，增进心理健康。

为了进行有效的危机心理干预，必须了解人们在危机状态下有哪些心理需要。在"新冠病毒"疫情时期，人们会更关心个人基本的生存问题，如所在环境是否安全、防疫物资是否充足、健康是否有保障等；会担心自己及所关心的人（如父母、子女、亲戚、同事、邻居、老师等）是否感染"新冠病毒"；会表现出惊慌、无助、逃避、退化、恐惧等；想吐露自己对"新冠病毒"疫情突发事件的内心感受；渴望生活能够尽快安定，恢复到正常状态；希望得到他人情感的理解与支持等。这些心理需要为危机心理干预提供了依据。

危机干预主要采用支持技术，这时主要让个体表达或发泄内心的积郁，并在此基础上给予同情、解释和保证，帮助其树立信心。对有自杀倾向的个体，主要集中在使他们放弃自杀观念上，而不是对自杀的原因作反复的分析和解释；另外，还会帮助个体了解可以采用的应对方式，帮助个体获得新的信息或知识技能等，在可能的范围内，帮助个体安排日常生活，并调动和利用社会支持系统，即亲人、朋友、社区、单位或机构等共同帮助其渡过难关。

在大规模的灾难面前，如遭遇地震、海难、水灾等杀伤力特别大的灾难时，一般以社区为基础进行危机干预，具体内容包括成立各种自助组织、及时识别高危人群、普及相关预防知识、在社区中宣传心理卫生常识、提高帮扶济弱救危活动的公众意识、预防危机所产生的不良后果。

危机治疗技术包括认知治疗、行为治疗、萨提亚疗法、述事治疗、患者中心疗法、家庭治疗等。对灾难激发的精神障碍（如轻度意识模糊、木僵状态、大喊大叫），过于焦虑、抑郁的则需通过药物治疗；也可根据求助者的具体情况，采取相应的措施。

心理危机对于每一个人都在所难免，重要的是，当我们一旦遇到此类情况，应积极配合政府实施的心理危机干预措施，甚至主动向心理专家寻求帮助，以尽快度过心理危机。

第二节 应激与应激事件及其分类

心理危机是指由于突然遭受严重灾难、重大生活事件或精神压力，使生活状况发生明显的变化，尤其是出现了用现有的生活条件和经验难以克服的困难，以致当事人陷于痛苦、不安状态，常伴有绝望、麻木不仁、焦虑以及植物神经症状和行为障碍。心理危机往往是由应激事件所引起的。

一、应激

应激是由危险的或出乎意料的外界情况的变化所引起的一种情绪状态，是决策心理活动中可能产生的一种心理因素。导致应激的刺激可以是躯体的、心理的和社会文化的诸多因素。但是这些刺激通常不能直接地引起应激，在刺激与应激之间还存在着许多中介因素，诸如人体健康、个性特点、认知评价、生活经验、应付能力、信念以及所得社会支持的质与量等，这些因素均可起到重要的调节作用。

应激时内脏器官会发生一系列变化。大脑中枢接受外界刺激后，将信息传至下丘脑，分泌促肾上腺素释放因子（CRF），然后又激发脑垂体分泌促肾上腺因子皮质激素，使身体处于充分动员的状态，心率、血压、体温、肌肉紧张度、代谢水平等都发生显著变化，从而增加机体活动力量，以应付紧急情况。应激的积极作用在于使有机体具有特殊防御排险机能，能使人精力旺盛，激化活力，使思维特别清晰、准确，动作机敏，推动人化险为夷，及时摆脱困境。这种情况常常产生于随机决策、应变决策、应急决策、风险决策等决策心理活动过程之中。但紧张而又长期的应激会令全身兴奋，注意和知觉的范围缩小，言语不规则、不连贯，行为动作紊乱。整个应激过程可分为警觉期（应激因素导致生理、心理变化）、抵抗期（自我防护力量发生作用，促使平衡恢复）、衰竭期（由于生理、心理能量的大量损耗，使人处于虚弱甚至"崩溃"状态，易于发生心理的或躯体的疾病）。

二、应激事件

应激事件是指在生活中，需要作适应性改变的任何环境变故，如改变居住地点、入学或毕业、改换工作或失业，及家庭重要成员的离别、出生、犯罪、吸毒和亡故。这类事件可能是致病的必要条件之一，并可提示起病的时间。

研究表明，几乎所有的焦虑障碍和心境障碍等心理问题的产生都是由一些生活中的应激事件诱发的。当然，应激事件不会直接导致心理问题的产生，心理问题的产生还要取决于应激事件发生的背景和意义、个体的社会支持程度、个体的内在因素、生物因素等。显然心理问题是各方面因素交互作用的结果，但生活中的应激事件应该是直接的"导火索"。

心理学中不同的理论流派和心理学家对"应激"的理解也各不相同，在行为主义看来，"应激"就是简单的条件反射，应激是对自我的保护；认知行为观点认为，个体的认知评价因素在"应激"中起着主要作用；精神分析主义认为，"应激"与个体的潜意识和所使用的防御机制有关；人本主义则更多地关注个体需要的满足，认为"应激"是个体需要受到威胁或无法满足而产生的。应激过程包括以下几个方面：

（一）应激源

应激源即生活事件，有多少种生活事件就有多少种应激源，但大体上将生活事件分为主观的生活事件和客观的生活事件。主观的生活事件是个体因素与外界因素交互的结果，是个体独有的，他人可能难以认同。客观的生活事件是不以自己的主观意志为转移的，是由个体以外因素产生的。当然，生活事件也有消极与积极之分。

（二）应激的中介变量

个体经历应激事件会不会导致心理问题的产生，中介变量起着关键作用。这些因素包括：社会支持的程度、个体的认知评价因素、应对方式、个性特点等。个体在经历应激事件时，如果家人和朋友能及时地给予关心和照顾、自我对事件有着积极和合理的评价并采取有效的措施应对事件，那么个体就可能不会容易产生心理问题。

（三）应激反应

应激反应包括心理反应、生理反应和行为反应。消极的生活事件通常会使个体感到焦虑或抑郁、心情低落或过度兴奋、睡眠不好、心跳加快、心悸、行为消极或过度积极等。

生活中的应激事件是难以避免的，它无处不在。适度的应激是必要的，能够提高我们的生存能力和生活质量。但过度的应激不仅消耗我们的精力，也会改变我们的认知，导致各种身心疾病。因此，在经历这些应激事件时，我们需要身边的人给予支持和帮助，也需要不断加强自我的内心修养。

三、应激源及其分类

了解应激后，我们来看看引发应激的因素，即应激源。它是指那些能引起应激的各种具有刺激性的事物。社会、自然及心理、生理的变化，都可以成为应激源，即应激源是指能引起全身性适应综合征或局限性适应综合征的各种因素的总称。

目前，在心理应激研究领域，应激源是以生活事件作为研究中心的。因大量的应激源来自心理和社会的变化，根据来源不同，将其分为三类：

（一）外部物质环境

它包括自然的和人为的两类因素。属于自然环境变化的有寒冷、酷热、潮湿、强光、雷电、气压等，可以引起冻伤、中暑等反应。属于人为因素的有大气、水、食物及射线、噪声等方面的污染等，严重时可引起疾病甚至残废。

（二）个体的内环境

内、外环境的区分是人为的。内环境的许多问题常来自于外环境，如营养缺乏、封闭、感觉剥夺、刺激过量等。机体内部各种必要物质的产生和平衡失调，如内分泌激素增加、成瘾渴求、酶和血液成分的改变，既可以是应激源，也可以是应激反应的一部分。

（三）心理社会环境

大量证据表明，心理社会因素可以引起全身性适应综合征，具有应激性。亲人的病故、被劫持或意外事故常常是重大的应激源，因为在悲伤过程中往往会伴有明显的躯体症状。研究表明，在配偶死亡的这一年中，丧偶者的死亡率比同年龄其他人要高出很多。

心理、社会因素可引起良性应激，如中奖、晋升，也可引起劣性应激，如竞争失败、丧失亲人。应激对健康具有双重作用，适当的应激可提高机体的适应能力，但过强的应激（不论是良性应激还是劣性应激）使得适应机制失效，会导致机体的功能障碍。

另外，根据影响程度，应激又可分为良性应激（生理性应激）和劣性应激（病理性应激）。应激源是多种多样的，不同学者有不同的分类。

【知识拓展】

灾难及其分类

灾难即灾祸苦难，即自然的或人为的严重损害对生命造成的重大伤害。

所有的灾难都可以成为应激源。面对突如其来的灾难，人在没有任何心理准备的情况下，目睹死亡和毁灭，会造成焦虑、紧张、恐惧等急性心理创伤，甚至导致创伤性应激障碍综合征。

一、地质灾难

人类脚下的大地是一个动荡的球体，大地既有水平方向的运动，又有垂直方向的运动。地壳运动不断积蓄力量，瞬间爆发就会形成强烈的地震和火山喷发。地震列于自然灾难之首，它破坏人工建筑和地表形态，造成灾难性的后果。地震可以引发泥石流、崩塌、火山、风暴、洪水、海啸、瘟疫等次灾难，它们造成的损失往往大于地震本身带来的损失。地震是释放能量最大、瞬间破坏最强烈的自然灾难。平均每年发生造成损失的地震约1000次。20世纪已有260万人死于地震，经济损失数千亿美元，其中死亡万人以上的地震27次。

二、气象灾难

地球大气圈和水圈是一对密不可分的自然系统，互相渗透，互相影响。大气中所产生的冷、热、干、湿、风、云、雨、雪、霜、雾、雷、电等现象，无一不对地球水文状况产生直接或者间接的影响。大气现象、水文状况超过人类忍受的程度，突破临界限度，便会造成灾难，构成统一的气象水文灾难系统——这个地球上最庞大的自然灾难系统。

气象水文灾难可分为水灾、旱灾、风灾、冰雪雹雷电灾和海洋灾难五个子系统。这五个子系统都和水有关。水灾是水过量，旱灾是缺水，风灾通常带来暴雨、暴雪、冰雹，雪为固体降水，冰为水体冻结，雷电伴随暴雨，爆潮以水冲击陆地等。水是大自然最活跃的因素，在气象水文灾难中扮演着最重要的角色。由此看来，气象水文灾难是一个不可分割的系统，其派生的子系统也是互相渗透、互相作用的。一场灾难往往是"五毒俱全"，水、风、雷电、冰雹、爆海潮齐发。

三、生物灾难

生物包括动物、植物和微生物。生物圈的几百万种动植物和微生物互相依存，和谐共处，从而使地球显得生机勃勃。一旦生态受到破坏失去平衡，灾难随之而来。人类常常扮演破坏者的角色。例如，大量捕杀鸟、蛙、蛇，使老鼠等害虫横行；用化学药剂杀死害虫天敌，使害虫更加猖狂。生物直接致人死亡的案例比较少见，但生物灾难间接危害人类生命，造成成千上万人的死亡。例如，一场大的蝗灾、病虫害或者农作物瘟病，可使几百万公顷庄稼减产绝收，导致几十万人饥饿死亡。全世界农林作物被瘟病、害虫、老鼠、杂草等毁掉的产量约占1/3。动物、微生物传播的瘟疫（如新冠病毒等），每年造成成千上万的人死亡，其后果不亚于洪水、地震和战争。

生物灾难里，我们不得不提到"瘟疫"。大范围流行、死亡人数众多的传染病被称为瘟疫。中世纪有人给瘟疫划了这样的范围：凡是一种传染病在某一地区流行，每4人有1人得此病症，得病者有1/4死亡的即属瘟疫。现代社会科技发展迅速，有些传染病已能控制得很好，死亡率大大下降，但随着时间的延伸，新的传染病也会出现，如"新型冠状病毒"等。

有传染性的疾病均称传染病。致病因子是有生命的物质，即病毒、细菌、衣原体、立克次氏体、螺旋体、寄生体等病原体。传染病的流行与环境密切相关，其中有气候、地貌、植被等自然因素，战争、灾害、迁徙、经济水平、卫生条件等社会因素，还有环境污染、家畜家禽和野生动物的传播等。"祸不单行"，"贫痛交加"，战争、灾害、贫困往往造成瘟疫的大爆发。新发现的艾滋病、新冠病毒等危害最烈，可能成为21世纪的瘟疫。

四、战争灾难

古代的战争模式一般为掠夺的流寇模式，往往不以占领对方的土地为目的，而以纵火屠杀为快，每一次战争都会留下一片焦土。但那时候杀人武器以刀器为主，且当时人口不多，伤亡人数有限。15世纪开始，欧洲殖民主义者拥有火药枪和炮舰，所到之处斩尽杀绝，疯狂推行种族灭绝和消灭土著文化的政策，将大半个地球据为殖民地。20世纪的武器实现了机械化和电气化，出现了高速、巨型飞机，战舰、枪炮的射程不断被延伸，杀伤力大大提高，同时也出现了极其可怕的原子弹、毒气弹、细菌弹等非常规杀人武器，使战争规模不断升级扩大，将人类推向死亡深渊。

五、社会灾难

从广泛的意义上来讲，人为灾难也可称为社会灾难，不过本书所指的社会灾难是指战争、环境污染、交通事故、工伤事故、瘟疫、火灾所不能包容的人为灾难，也可以称之为狭义社会灾难；社会灾难的内容广泛，危害性强惨不忍睹。

政治暴行是个大概念，凡是运用国家机器、动用军队警察来对人民群众实现残暴统治的行为，以及带有政治色彩的暴力行为，均属于政治暴行。据联合国人口委员会的统计报告，仅对39个国家进行保守估计，1967年~1982年，不经审判就被处死的有200万人。

恐怖活动是政府、集团、个人经常使用的暴力手段，古今中外皆有。20世纪恐怖活动的范围比历史上任何时期都更为广泛，手段更为残忍。空中劫机、海上劫船、绑架、炸毁建筑物、向人群投掷炸弹、用机枪扫射旅客、扣押人质、袭击大使馆等，都是恐怖主义者的惯用伎俩。暴君都以恐怖主义维持其残暴的统治。骇人听闻的恐怖事件通过现代化通信系统，很快就出现在电视、广播、报纸上，使人类时刻感受到恐怖主义的威胁。

凶杀和自杀在非正常死亡中占有很大的比例，通常是交通事故死亡人数的2~3倍。全世界每年死亡100万~150万人，其中自杀和他杀大约各占一半。美国每年凶杀死亡2万多人，自杀死亡3万多人，实际死亡人数要比官方统计的多得多。自杀与经济水平没有必然的联系，但发达国家的自杀率往往高于发展中国家，精神空虚、道德沦丧、竞争压力导致一些人走上绝路。

六、交通事故

车辆、船舶、飞行器在运行中发生的死人、伤人或损伤物件的事故，统称为交通事故。在人力畜力交通时代，交通事故微乎其微，单车事故只能造成少数人的伤亡，较大的木船倾覆也只能造成几十人的伤亡，百人以上的伤亡属于破天荒的大事故。自从交通工具被安上机械，插上"翅膀"，上天入地之后，交通体系进入机动时代，大型、快速工具取代了原始工具，给人类社会带来了极大方便，但交通事故也接踵而来，成了一种严重的社会灾难。

在陆、水、空三大交通事故中，车祸死亡人数约占死亡总数的90%以上，迄今已有2000多万人死在车轮底下，受伤者更达5亿人，相当于发生了一次世界大战。海难、空难每年死亡总数不会超过1万人，仅及车祸的1/50，但单案死亡数量巨大，动辄百人、千人，震惊世界，影响深远，对人类的心理刺激至深且远。

七、火灾

火灾系统十分复杂、庞大，绝大部分火灾作为次生灾害出现在各类自然、人为灾害之中。总结20世纪的火灾，它有明显的时代烙印。随着工农业的机械化、自动化、电气化、化学化，交通运输的快速化、大型化，石油、天然气的大量开采利用，易燃易爆化品的广泛应用，乡村生活的城市化，城市建筑的高层化，火灾隐患迅速增加，给预防和扑灭火灾增加了难度。

"8·12天津滨海新区爆炸事故"是一起发生在天津市滨海新区的特别重大安全事故。2015年8月12日22时51分46秒，位于天津市滨海新区天津港的瑞海公司危险品仓库发生火灾爆炸事故。本次事故的爆炸总能量约为450吨TNT当量，造成165人遇难（其中参与救援处置的公安现役消防人员24人、天津港消防人员75人、公安民警11人，事故企业、周边企业员工和居民55人）、8人失踪（其中天津消防人员5人，周边企业员工、天津港消防人员家属3人），798人受伤（伤情重及较重的伤员58人、轻伤员740人），304幢建筑物、12 428辆商品汽车、7533个集装箱受损。事故已核定的直接经济损失达68.66亿元。经国务院调查组认定，"8·12天津滨海新区爆炸事故"是一起特别重大生产安全责任事故。

卷入突发灾难事件中的所有人都会留下心理创伤，区别只是程度的轻重。大量研究表明，不及时进行心理危机干预，会出现一系列严重的心理问题。因此，对他们进行适时的心理危机干预，对促进灾后心理重建是非常必要的。

在灾难发生之后，许多人会经历亲人的伤亡，或者自己身体也受到伤害。在这种情况下，受难者会因灾难而产生一些身心反应。作为一个心理危机干预者，了解这些反应除了能适时鼓励他们表达自己的情绪，也能避免他们压抑自己的想法，造成身心的不适而延长复原的时间。在洪灾、地震、飞机失事等严重的灾难事件中，人们历经了一般生活中不会遭遇的危机状况，均会产生一些日常生活中罕见的"正常"反应，有些人会变得冷漠、麻木，对环境与他人少有反应；有些人则会产生许多的情绪反应；还有些人会出现不舒服的身体症状。

这些反应与症状有：①情绪反应：害怕、担心灾难会再次发生，害怕自己或亲人会受到伤害，害怕只剩下自己一个人，害怕自己崩溃或无法控制自己；②无助感：觉得人是多么脆弱，不堪一击；不知道将来该怎么办，感觉前途茫茫与悲伤；③罪恶感：为亲人或其他人的死伤感到很难过、很悲痛；觉得没有人可以帮助自己；恨自己没有能力救出家人；希望死的人是自己而不是亲人；因为比别人幸运而感觉罪恶、愤怒；觉得上天怎么可以对自己这么不公平，救灾的动作怎么那么慢；觉得别人根本不知道自己的需要；④重复回忆：一直想到逝去的亲人，心里觉得很空虚，无法想别的事；⑤失望：不断地期待奇迹出现，却一次一次地失望；⑥希望：期待重建家园，希望更好的生活到来；⑦身体症状：疲倦、发抖或抽筋、失眠、呼吸困难、做噩梦、喉咙及胸部感觉梗塞、心神不宁、恶心、记忆力减退、肌肉疼痛（包括头、颈、背痛）、注意力不集中、子宫痉挛、晕眩、头昏眼花、月经失调、心跳突然加快、反胃、拉肚子等。

第三节 心理危机的特征与表现

心理危机，可指心理状态的严重失调，心理矛盾激烈冲突难以解决，也可指精神面临崩溃或精神失常，还可指发生心理障碍。

一、心理危机的特征

在危机期，个人会发出需要帮助的信号，并更愿意接受外部的帮助或干预；预后取决于个人的素质、适应和主动作用，以及他人的帮助或干预。比较有代表性的观点来自吉里兰德和詹姆士（Gilliland & James），他们认为危机有以下六个特征：

1. 危险与机遇并存。一方面，危机是危险的，因为它可能导致个体严重的病态，包括杀人和自杀。另一方面，危机也是一种机遇，因为它带来的困扰和痛苦可能会迫使当事人寻求帮助或者实现突破，促进个体成长。

2. 成长和变化的机缘。面对危机带来的不确定性，不同当事人的应对方式不同。如果能够将危机视为蜕变的诱因和动力，积极寻求有效的化解途径，那么对于当事人而言，危机意味着成就一个更好的自己的契机。

3. 复杂的症状。危机的症状就像一张网，与个体自身及所处环境的各个方面存在千丝万缕的联系。心理危机对当事人的影响表现在身心各个层次，继而波及当事人周围的人群，让他们都相互交叉在一起。很多复杂的问题需要危机干预，个体的环境决定着处理危机的难度；对于危机的干预需要考虑到个体及周围环境的特殊性，其中家庭成员和同事是直接影响问题解决和恢复稳定状态的重要因素。

4. 缺乏万能或快速的解决方法。危机干预的方法多种多样，但由于危机受个体内在特性、外部环境复杂的影响，缺乏万能或快速的解决方法，有些只能称为"短期治疗"。危机的产生与发展自有其复杂性，尤其对于长期存在的问题，想要实现完全或者快速的解决并不容易。尽管通过药物等解决方法可以延缓极端反应的出现，但对造成危机的原因毫无影响。危机的当事人及周围人群，抑或危机的干预者，都要对这一点有充分的认识和理解。

5. 选择的必要性。不管我们是否愿意面对，生活总是一个危机和挑战交织在一起的过程。在危机领域中面对危机，应当作出怎样的选择呢？当然，不选择本身也就是一种选择，而这种消极的选择最后总会导致更消极的结果，这种结果可能是毁灭性的。

6. 普遍性与特殊性。危机是普遍的，因为在特定的情况下，没有人能够幸免，每个危机当事人都伴随着不平衡和解体；危机同时又是特殊的，因为即使在同样的情境下，每个危机当事人的具体境遇和反应可能不同。

二、心理危机的反应阶段

（一）四个阶段

凯普兰在他的危机理论中描述了危机反应的演变过程，他认为，处于危机中的个体要经历四个阶段。

第一阶段。当一个人感受到自己的生活突然出现变化，或即将出现变化时，他内心的基本平衡被打破，表现为警觉性提高，开始感觉到紧张。为了达到新的平衡，他试图用自己以前在压力下习惯采取的策略作出反应。处于这一阶段的个体多半不会向他人求助，有时还会讨厌别人对自己处理问题的策略指手画脚。

第二阶段。经过前一阶段的努力和尝试，个体发现自己习惯解决问题的方法未能奏效，焦虑程度开始增加。为了找到新的解决办法，个体开始试图尝试不平常的办法来解决问题。在这个阶段中，当事人开始有了求助的动机，不过这时的求助行为只是他尝试错误的一种方式。需要指出的是，情绪高度紧张多少会妨碍当事人冷静的思考，也会影响他采取有效的行动。

第三阶段。如果经过尝试错误未能有效地解决问题，个体内心的紧张程度持续增加，并想方设法地寻求和尝试新异的解决办法。在这一阶段中，个体的求助动机最强，常常不顾一切，不分时间、地点、场合和对象发出求助信号，此时个体也最容易受到别人的暗示和影响。在这个阶段，当事人会采取一些异乎寻常的无效行动宣泄紧张的情绪，比如无规律的饮食起居、酗酒、无目的地游荡等。这些行为不仅不能有效地解决问题，反而会损害个体的身心健康，增加紧张程度和挫折感，并降低当事人的自我评价。

第四阶段。如果当事人经过前三个阶段仍未有效地解决问题，他很容易产生习得性的无助。个体会对自己失去希望和信心，甚至对整个生命意义产生怀疑和动摇。

（二）五个时期

一般来说，危机的发展要经历以下几个时期：

1. 前危机期。个体处于平衡状态，能够应付日常生活的应激事件。但个体可能会遭遇到应激强度很大的事件，个体运用解决问题的常规技术不足以摆脱困境，在这种情况下，个体就开始产生不安感。

2. 冲击期。在高强度生活事件发生前的几个小时，个体的表现为不合理思维、焦虑、惊恐，个别人出现意识不清的情况。在这个时期，个体会将情境视为一种威胁，也可能视为一种丧失或者是挑战。如果在这个时期问题无法得到解决，紧张还会继续加重。

3. 危机期。个体在冲击期的表现持续不断，表现为不能解决面临的困难、退缩、否认问题的存在、合理化或形成不适当的投射。在这个时期，个体的紧张和焦虑达到难以忍受的程度，个体处于一种渴求解脱的状态。一般说来，危机期的个体会感到巨大的痛苦，有强烈的求助愿望，容易接受别人的帮助。

4. 适应期。个体用积极的办法接受现实，成功地解决问题，焦虑减轻，自我评价上升，社会功能恢复。处于适应期的个体在自身或者外界的帮助下采取了一些方式来应对危机，并取得了一定的干预效果，个体能逐渐地适应社会生活。

5. 后危机期。后危机期，也就是危机后期，有些人变得更成熟，获得更多的积极应对技巧，有些人则出现人格改变，或表现出敌意、抑郁、滥用酒精与药物、神经症、精神病或慢性躯体不适，甚至有可能自杀。

三、常见的应激反应

当个体面对危机时会产生一系列身心反应，一般危机反应会维持 6~8 周。危机反应主要表现在生理、情绪、认知和行为活动四个方面。

（一）生理方面

危机事件必然会导致个体在生理方面的反应，主要表现为肠胃不适、腹泻、食欲下降、疲劳、头痛、失眠、做噩梦、容易受惊吓、呼吸困难或窒息、梗死感、肌肉紧张等症状。心理和生理是密不可分的，当人们遭遇危机事件受到沉重的打击时，会造成严重的心理创伤，从而对其生理产生许多负面影响。在神经系统方面，由于精神过度悲伤、疲劳、紧张，许多人会出现头痛、失眠、频繁做噩梦的情况，灾难事件反复痛苦地在梦中出现，严重影响其精神状态。这一系列的生理应激反应容易导致个体免疫功能下降，增加易感性，引起内分泌的紊乱，直接增加患某些疾病的危险性。个体在睡眠中常常出现自伤或暴力行为，出现睡眠麻痹及睡行症等睡眠紊乱症状。

（二）情绪反应

在情绪方面主要表现有惊恐、害怕、焦虑、否认、怀疑、悲伤、沮丧、无助、绝望、麻木、孤独、紧张、烦躁、易怒、自责、过分敏感或警觉、无法放松、持续担忧等。

1. 恐惧。恐惧是危机事件最易诱发的一种情绪，是一种因受到威胁而产生并伴随着逃避愿望的情绪反应，其情感体验为企图摆脱或逃避某种情景而又无能为力。人类的大多数恐惧情绪是后天获得的。适度的恐惧心理是有益的，它是人们面对危机的一种心理调节，使人们提高警惕性，启动必要的防御机制，动员躯体的必要资源进行自我保护。但是，过度的恐慌心理和回避行为则可能产生一些心理障碍或精神病理现象。

2. 焦虑。个体遭遇危机事件时，焦虑也是一种常引发的情绪反应。焦虑的表现多种多样，如肌肉紧张、出汗、搓手顿足、紧握拳头、面色苍白、脉搏加快、血压上升等，在这种情境中的当事人往往对危机事件所造成的困难估计过高，对躯体不适过分关注，对环境刺激过于敏感，情绪的起伏特别强烈。焦虑是双刃剑，是一种积极应激的本能；但当焦虑的程度及持续时间超过一定的范围时会起到相反的作用，妨碍个体正常生活。

3. 忧郁。因遭受突发危机事件，以及可能存在生命危险，当事者情绪往往变得异常悲观，情绪低落，对任何事都无兴趣，自我评价较低。通常表现为言寡行独、不愿交流、抑郁苦闷，感到失望、孤立、无援及凄凉等，对治疗以及生活失去信心。如果不及时自我调节或进行专业咨询，则有可能发展成为抑郁症。

（三）认知方面

在认知方面主要表现为注意力集中困难、健忘、效率降低、缺乏自信、不能把思想从危机事件上转移等。常见的有对自我、他人和前景表现为负性思维，如认为"这世界极端危险""其他人不可信""我太脆弱、太不坚强"等。在日后生活中，个体可能在很长一段时间里对各种活动明显地降低兴趣、没有爱的感受、对前途悲观、产生疏离感、不愿与人交往，甚至出现仇恨与敌视心理，形成自卑、自闭、易怒的个性。

（四）行为方面

在行为活动方面主要表现为强迫思维（如反复怪罪自己）、强迫行为（如反复洗手、反复消毒）、社交退缩、逃避与疏离、不敢出门、害怕见人、暴饮暴食、不易信任他人或者盲从等。危机事件发生后，个体可能会努力逃避与创伤有关的思想、感觉或谈话，逃避可能勾起创伤回忆的活动、地方或人，有些个体可能出现自伤、自残、自杀行为。危机事件过后，有些人会有意无意地变得软弱无力、发生退化、对事物无主见、对自己日常行为和生活管理的自信心不足、被动性增加、事事都要依赖别人。个体的行为可能会变得幼稚，之前是大胆泼辣的性格，此时却变得提心吊胆、小心翼翼、犹豫不决。如果对依赖程度没有正确的认识，极有可能发展成依赖性人格。

四、危机转移状态

（一）危机转移状态的界定

危机通常持续 6~8 周，但可迁延为慢性状态。在危机的最后阶段，主观不适的感觉会减轻，然而危机事件后立即发生的事情决定了危机是否会变成一种疾病倾向，是否会转化为慢性状态。虽然开始的危机事件被压制在意识之外，且个体相信危机已经结束，但新刺激的出现又会将个体带回危机状态。这种情绪的"过山车"可能会在从数月到数年的相当长的一段时间内反复出现，这就是危机转移状态（Psychosocial Transition）。从动力心理学的角度看，这是一种压抑的防御机制。危机转移状态实质上是慢性危机状态，如果危机不能及时得到缓解，可导致情感、认知和行为等方面的功能失调，也就是说可以发展为病理性疾病（如精神疾病、物质依赖、自杀、犯罪等）。

（二）危机转移状态的关键特征

1. 危机反复出现。心理创伤、人格特质、物质滥用、精神病或长期的环境刺激引发的心理危机，也许不会彻底消失，而是反复出现，总维持在一定的程度。虽然处于危机转移状态的个体能够维持最低限度的功能水平，但他们总是处于危机之中。

2. 小刺激也可能引发危机。单一的、小的、额外的刺激都可能打破表面的平衡，将个体重新陷于危机状况中。因此，在进行心理危机评估时，不仅要关注个体的临床状态和诊断，也要考虑问题发作的周期性和导致本次危机的历史根源。认识到个体正处于危机转移状态，能够为干预者提供重要的信息，帮助其决定应该提供怎样的治疗干预方案，是长期的还是短期的，需要干预到什么程度。危机转移状态中的个体能够在特殊经历过程中学习看问题的新维度，当事人可在危机转移状态的特殊经历中学习到观念平衡，从而提高心理认识的能力。这种平衡观念的认识能力将会有利于个体的心理成长。因此，危机干预中调动当事人思维与判断功能是干预成功的关键。

（三）转危机点

危机转移状态的一个常见部分是在治疗性干预过程中出现的转危机点（Transcrisis Points），它常以求助者发展到新的阶段或出现问题的其他维度为标志。其主要特征为：其一，转危机点是以无规则的、不可预测的、非线性的方式发生；其二，转危机点是进行积极干预的标志。这样的转危机点是在寻求帮助、冒险和开始采取向前发展的步骤中出现趋避行为。

要使求助者不回到导致危机的病理状态，心理危机干预工作者不仅要以开始的危机作为关键点，而且要与以后的每一个转危机点作斗争，要及时抓住转危机点出现这一契机，使干预迈向一个新的阶段。

第四节　心理危机干预

危机干预强调干预的及时和效果，要尽可能地在短时间内采取有效的应对策略，帮助当事人恢复失衡的心理状态。心理危机的成功干预具有三重意义：当事人可从中得到对现状的把握，获得对经历的危机事件的重新认识，获得对未来可能遭遇危机的更好应对策略。

一、心理危机干预的概念

心理危机干预（Crisis Intervention）是指对处于心理危机状态的个体给予关怀、支持及使用一定的心理咨询与矫治方法予以援助，使其恢复心理平衡，安全度过危机。心理危机干预主要针对心理处于危机状态者，给予其适时救援，并视情况轻重转介给有关机构接受治疗。危机干预的目的一方面在于立即进行情绪与环境急救，以缓冲压力事件；另一方面是通过即刻的治疗性澄清与引导，增强个人应对与统合的能力。

另外要注意的是，危机干预不总是事后的、面对面的、危机状态者主动寻求的。有的危机干预重在预防，如公共机构中的暴力危机；有的危机干预是通过电话进行的，如自杀热线；有的危机状态者并未主动寻求干预，如针对试图自杀者在危机现场进行的自杀干预。

二、心理危机干预的原则

（一）快捷性原则

迅速确定要干预的问题，强调以目前的问题为主，并立即采取相应措施。一般来说，陷入心理危机的人常认为自己不能面对困难或处理问题是一种软弱无能的表现，他们经常把痛苦埋在心底，导致情绪不佳和心情不畅。作为危机干预者，必须能及时地引导他们接受帮助；一旦这些人能够合作，正视自己的痛苦，或在危机干预者的启发下，使自己的痛苦体验得到宣泄，便具备了一个摆脱危机的良好开端。

（二）安全性原则

心理危机干预活动一旦进行，就应该确保安全，采取措施确保干预活动得到完整地开展，避免再次创伤。

帮助当事人有所作为地对待危机事件。面临心理危机的人在应付危机的过程中，常常会表现出逃避矛盾和困难，或者应付措施不当。危机干预者要积极地给予支持，给他们提供建设性的建议，明确在危机的当时应该做些什么，怎样采取合适的、行之有效的应对行为。在危机干预的过程中，必须避免怂恿当事人责备他人。

（三）支持性原则

处在危机之中的人比平时更需要支持。对处在危机之中的人不仅需要提供当下的直接的支持，而且应当努力地寻求更多的来自家庭、单位、机构与社区的支持。必须让当事人感觉到不管何时，只要他需要，都会获得必要的支持；最好有其家人或朋友参加危机干预。另外，还要注意鼓励当事人树立自信，不要让其产生依赖心理。

（四）正常性原则

尽管有国家将危机干预列为精神医学服务范围，但干预对象未必是"患者"。心理危机干预是借用简单心理矫治的手段，帮助当事人分析事件的性质及其在事件之中扮演的角色；指出当事人的当前目标、生活风格和思想观念的不合理性；指出当事人面对事件所采取的错误的自我防御机制。总之，应当将心理危机作为心理问题处理，而不是作为疾病进行处理。

（五）保密性原则

严格保护当事人的个人隐私，不要向任何无关的第三者透露当事人的个人信息。

三、危机干预的目标

阿吉莱拉（Aguilera）和梅西克（J. Messick）认为，"危机干预的最低矫治目标是在心理上帮助当事人解决危机，使其功能水平至少恢复到危机前水平，最高目标是提高病人的心理平衡能力，使其高于危机前的平衡状态"。

一般来说，危机干预有以下三个层次的目标：

（一）最低目标

缓解危机者的心理压力，防止发生过激行为，如自杀、自伤、攻击行为等。

（二）中级目标

帮助当事人恢复以往的社会适应能力，使其重新面对自己的困境，采取积极而有建设性的对策。

（三）最高目标

帮助当事人把危机转化为一次成长的体验并提高其解决问题的能力。

在危机干预的三个目标层次中，最低目标的核心是"劝阻"，中级目标的核心是"恢复"，最高目标的核心是"发展"。

四、危机干预的对象

在危机面前，个体可能做出的反应一般有三种形式。最理想的状态是当事人能够自己有效地应对危机，从中获得经验，危机过后产生积极的变化，使自己变得更为强大和富有同情心；第二种情况是当事人虽然能够度过危机，但只是将不良的后果排除在自己的认知范围之外，因为没有真正解决问题，在以后的生活中，危机的不良后果还会不时地表现出来；第三种情况是当事人在危机开始时心理就崩溃了，如果不提供立即的、强有力的帮助，就不可能恢复。第二种与第三种情况都是危机干预的服务对象。

具体的心理危机干预对象主要有以下几种：①遭遇突发事件而出现心理或行为异常的人，如家庭发生重大变故、遭遇性危机、受到自然或社会意外刺激的人；②因学习、生活、工作压力过大出现心理异常的人；③个人感情（恋爱、婚姻、家庭）受挫后出现心理或行为异常的人；④人际关系失调后出现心理或行为异常的人；⑤性格过于内向、孤僻，缺乏支持的人；⑥严重环境适应不良导致心理或行为异常的人；⑦家境贫困、经济负担重、深感自卑的人；⑧身体出现严重健康问题，个人很痛苦，治疗周期长的人；⑨患有严重心理疾病（如抑郁症、恐怖症、强迫症、癔症、焦虑症、精神分裂症、双相情感障碍等）且出现心理或行为异常的人；⑩由于身边的人出现个体危机状况（如突遭意外事故、自杀、他杀、劫持等）而受到影响，产生恐慌、担心、愤怒等严重困扰的人。

若在灾害期间，需要心理干预的人群范围更加广泛，既包括在灾害中遭受身体和心理创伤的亲历者，又包括与亲历者有密切接触的一线医护人员、应急救援人员、志愿人员等。例如，2008年汶川地震和2021年郑州水灾时，危机干预对象大致分为五级。第一级人群：直接卷入灾难的人员，如死难者家属、重伤者及重伤者家属。第二级人群：与第一级人群有密切联系的个人和家属，他们可能有严重的悲哀和内疚反应，需要缓解继发的应激反应；现场救护人员（消防员、武警官兵、120救护人员、其他救护人员、志愿者等），以及灾难幸存者。第三级人群：从事救援或搜寻的非现场工作人员（后援）、帮助进行灾难后重建或康复工作的人员或志愿者。第四级人群：受灾地区以外的社区成员，向受灾者提供物资与援助、对灾难的救援负有一定责任的组织。第五级人群：在临近灾难场景时心理失控的个体，其易感性高，可能表现出心理病态的征象。重点干预目标从第一级人群开始，一般性干预宣传广泛覆盖五级人群。

五、心理危机干预的过程

危机干预工作者应该将检查评估贯穿于整个六步法的干预过程中。前三步是确定问题、保证来访者安全和给予支持，这主要应该是倾听而非采取行动；后三步是提出并验证可变通的应对方式、制订计划和得到承诺，这是采取积极的应对方式，以动作和行为作为工作重点。

第一步：确定问题。即从来访者的角度，确定和理解来访者本人所认识的问题。在整个危机干预过程中，工作人员应该围绕所确定的问题来把握倾听和应用有关技术。为了帮助确定危机问题，在开始时，使用倾听、共情、真诚、接纳及尊重等核心技术。

第二步：保证来访者安全。在危机干预过程中，危机干预工作者应将保证来访者安全作为首要目标，即将对自我和他人的生理和心理危险性降低到最小可能性。

第三步：给予支持。危机干预强调与来访者沟通与交流，使其知道工作人员是能够给予其关心和帮助的人。工作人员不要去评价来访者的经历与感受是否值得称赞，或其是否是心甘情愿的，而是应该提供一种机会，让来访者相信"这里有一个人确实很关心我"。

第四步：提出并验证可变通的应对方式。这一步侧重于来访者与工作人员常会忽略的一面——有许多适当的方法或途径可供来访者选择。因为多数情况下，来访者处于思维不灵活的状态，不能恰当地判断什么是最佳的选择，有些处于危机的来访者甚至认为已无路可走。

在这一步中，工作者有效的工作能帮助来访者认识到有许多可变通的应对方式可供选择，其中有些选择比别的选择更为适宜。应该从多种不同途径思考变通的方式：①环境支持。这是提供帮助的最佳资源，来访者知道有哪些人现在或过去能关心自己；②应付机制。这是来访者可以用来战胜目前危机的行动或环境资源；③积极的、建设性的思维方式。这可用来改变自己对问题的看法并减轻应激与焦虑水平。如果能从这三方面客观地评价各种可变通的应对方式，危机干预工作者就能够给感到绝望和走投无路的来访者以极大的支持。

虽然危机干预工作者可以提供许多可变通的方式来应对来访者的危机，但只需与来访者讨论其中的几种。因为处于危机之中的来访者不需要太多的选择，他们需要的是能现实处理其境遇的适当选择。

第五步：制订计划。这是从第四步逻辑地、直接地发展而来的。危机干预工作者要与来访者共同制订行动步骤来矫正其情绪的失衡状态。计划包括：①确定有另外的个人、组织团体和有关机构能够提供及时的支持；②提供应付机制——来访者现在能够采用的、积极的应付机制。应确定来访者能够理解和把握的行动步骤。根据来访者的应付能力，计划应注重切实可行和系统地帮助来访者解决问题，可以包括来访者与危机干预工作者的共同配合，如使用放松技术。

计划的制订应该与来访者协商，让其感到这是他自己的计划，关键在于让来访者感到没有剥夺他们的权利、独立性和自尊，这一点很重要；有些来访者可能并不会反对帮助者决定他们应该做什么，但此时这些来访者往往过分地关注自己的危机而忽略了自己的能力，他们甚至会认为将计划强加给他们是应该的。让受情绪困扰的来访者接受一个善意强加给他们的计划往往很容易。因此，在计划制订过程中的主要问题是来访者的控制性和自主性，让来访者将计划付诸实施的目的是恢复他们的自控能力和保证他们不依赖于支持者。

第六步：得到承诺。同样，控制性和自主性问题也存在于得到恰当的保证这一过程中。多数情况下，得到保证这一步比较简单，可以让来访者复述一下计划："现在我们已经商讨了你计划要做什么，下一步将看你如何向他或她表达自己的愤怒情绪。请跟我讲一下你将采取哪些行动，以保证你不会大发脾气，避免危机的升级。"在这一步中，危机干预工作者要明确在实施计划时是否达成同意合作的协议。

在第六步中，危机干预工作者不要忘记其他帮助的步骤以及评估、保证安全和给予支持等技术。在结束危机干预前，工作者应该从来访者那里得到诚实、直接和适当的承诺。然后，在检查、核实来访者的过程中用理解、同情和支持的方式来进行询问。核心的倾听技术在这一步中也很重要。

六、成功的心理危机干预工作者的特征

心理咨询师常常要面对许多突发且递增的危机事件，因此心理咨询师应该要变成设计师、启蒙者、训练者、服务提供者与危机处理时的忠告者，而不是单纯地辨认当事人的需要、处理当事人的问题行为或给予当事人支持。因此，在心理危机处理中，心理咨询师的角色作用更需要扩展到能计划与执行对危机的处理，对相关机构和负责人员提供有关危机介入的教育，让他们也有能力可以随时预备好进行危机预防、介入或后续处理。心理咨询师需要将每次的危机经验当作一个学习经验，成为自己专业能力的一部分。

成功的心理危机干预工作者的特征体现在以下几个方面：

1. 生活经验。一个心理危机干预工作者能否处理一个危机事件，取决于他是不是一个功能完整的人，即具有丰富多样的生活经验。

2. 专业技巧。专业技巧有：①专心致志；②准确地倾听并作出合适的反应；③在治疗中思维、情感和行动方面保持一致；④稳定和支持的技巧；⑤分析、综合和诊断的基本能力；⑥基本的评估和转诊技巧；⑦探索多种途径解决问题的能力。

3. 镇静。心理危机干预工作的性质决定了工作人员必须经常面对那些完全失去控制的当事人。有效的帮助就是保持冷静、镇定和将情况掌握在自己的控制之下，创造一个稳定的、理性的氛围，能够为当事人提供一种有利于恢复平衡的模式。

4. 创造性与灵活性。面对复杂的、看起来难以解决的问题时，创造性和灵活性都是宝贵的财富。要将自己的经验和技巧与当事人的实际情况和现实条件结合起来，因人、因时、因地制宜，提供有效的支持与帮助。

5. 精力。心理危机干预工作者经常在不熟悉的地区工作，因此需要有充沛的精力、良好的组织和定向能力，以及及时作出系统反应的能力。

6. 快速的心理反应。心理危机干预工作与一般治疗性干预不同的是时间这一关键的因素。与一般的治疗比较,心理危机干预需要更多的行动和指导。在危机干预中,危机干预工作者反应的时间相当有限,很少能够对问题进行慢条斯理的思考。危机干预工作者必须对危机中不断出现、不断变化的问题作出迅速的反应和处理。

7. 其他特征。坚韧、知足、勇气、乐观、现实、客观、冷静、自信和对人类战胜危机的信心是危机干预工作者必须具有的特征。

【思考题】

1. 心理危机的概念、种类及其表现。
2. 如何理解灾难及其分类?
3. 心理危机干预的概念及其过程。
4. 心理危机干预的对象与目标是什么?

第二章　应激相关障碍的诊断与评估

应激相关障碍（Stress Related Disorders），旧称反应性精神障碍或心因性精神障碍，指一组主要由生理、社会（环境）因素引起异常心理反应而导致的精神障碍。

总的来说，适度的应激可以提高个体的警觉水平，有利于个体的生存与创造；然而，超出个体承受能力的精神应激易形成精神创伤，成为直接或间接的病因，导致某些疾病的发生。过度的精神应激可以影响某些疾病的发展和预后，或者对个体的生理、心理发育产生不同程度的不良影响，从而参与某些疾病或行为易感素质的形成。应激相关障碍的发生、临床表现和病程受到很多因素的影响，大致可归纳为三个方面：应激性生活事件或不愉快的处境；患者的个体易感性；社会文化和教育背景以及个体的认知能力等。

第一节　急性应激障碍的临床表现与诊断

洪水、地震、火灾、暴力袭击、交通事故、重大疾病等突如其来的自然或人为导致的事件给人们的身心带来了创伤后果，严重干扰了人们身心的正常活动。为描述人们暴露于创伤事件后最初1个月内的瞬时或短暂的应激反应，美国精神病协会于1994年在《精神病诊断与统计手册》（第4版）中引入了急性应激障碍（Acute Stress Disorders，ASD）的概念，并确定了ASD的诊断标准。

急性应激障碍又称急性应激反应，是指由于突然而来、异乎寻常的强烈创伤事件所引起的一种异常的、快速的精神反应。这种反应以急剧、严重的创伤事件作为直接原因，患者在受刺激后立即（1小时之内）发病，表现为有强烈恐惧体验的精神运动性兴奋，行为有一定的盲目性，或者表现为精神运动性抑制，甚至木僵。其症状往往历时短暂，预后大多良好。

一、急性应激障碍的概述

（一）急性应激障碍的概念

在灾害事件发生时，幸存者会很快出现极度悲哀、痛哭流涕等症状，进而出现呼吸急促，甚至短暂的意识丧失现象。幸存者初期为"茫然"阶段，以茫然、注意狭窄、意识清晰度下降、定向困难、不能理会外界的刺激等表现为特点。随后，幸存者可以出现变化多端、形式丰富的症状，包括对周围环境的茫然、激惹、愤怒、恐惧性焦虑、抑郁、绝望，以及自主神经系统亢奋症状，如心动过速、震颤、出汗、面色潮红等。这种异常的心理反应，称为急性应激障碍。

多数当事人发病的时间与精神刺激有关，症状与精神刺激的内容有关，其病程与预后也与及早消除精神刺激因素有关。本症不包括癔症、神经症、心理因素所致的生理障碍和精神病性障碍。各年龄期均可发病，多见于青壮年，男女发病率无明显差异。但也有研究显示，男女的 ASD 发病率可能存有差异。例如，2008 年武润松等人对北川 3122 名汶川大地震的幸存者调查显示，幸存的成人中 ASD 的发病率女性高于男性；2009 年张本等人对汶川地震幸存者的研究显示，汶川大地震后 ASD 发生率高，且女性 ASD 的发生率显著高于男性。

急性应激障碍的流行病学研究很少。仅有的个别研究指出，急性应激障碍在严重交通事故后的发生率大约为 13%~14%；在暴力伤害后的发生率大约为 19%；在集体性大屠杀后的幸存者中的发生率为 33%；在严重的灾害事件（如地震、海啸、空难、大型火灾等）的幸存者中的发生率可高达 50% 以上。

（二）急性应激障碍的病因和发病机制

决定急性应激障碍的发生发展、病程和临床表现的因素有：生活事件和生活处境，如剧烈的超强精神创伤或生活事件、持续困难处境，这些均可成为直接病因；社会文化背景；人格特点、教育程度、智力水平，以及生活态度和信念等。强烈或持久的精神刺激因素是导致本病发生的直接原因。

这些因素既可以是火灾、地震、被劫持、自杀、交通事故、亲人死亡等，也可以是持久而沉重的情感创伤，如家庭不睦、邻里纠纷、工作严重挫折、长期处于与外界隔离状态（如疫情所需）等。当精神刺激因素达到一定的强度，超过个人的耐受阈值时，即可造成强烈的情感冲击，使个人失去自控能力，产生一系列精神症状。

精神因素是否致病，除精神刺激本身的特征和程度外，还与个人当时的健康状态及造成内心冲突的严重程度有关。前者如慢性躯体疾病、月经期、产褥期、过度疲劳等，后者与当事人的心理社会背景，如所受教育、爱好、愿望、价值观念等有关。有家族精神病遗传史及个人易感素质者，在遭受强烈刺激时，较易发生本病。

（三）急性应激障碍与创伤后应激障碍的区别

急性应激障碍的患者在受刺激后立即（1 小时之内）发病，症状往往在 24~48 小时后开始减轻，一般持续时间不超过 3 天。急性应激障碍还有一种临床亚型，称为"急性应激性精神病"，是指由强烈并持续一定时间的心理创伤性事件直接引起的精神病性障碍。它以妄想、严重情感障碍为主，症状内容与应激源密切相关，较易被人理解，而与个人素质因素关系较小，一般病程时间也不超过1个月。

如果症状存在时间超过4周，要考虑诊断为"创伤后应激障碍"（Post Traumatic Stress Disorder，PTSD）。

所以，急性应激障碍与创伤后应激障碍的区别，主要是在病程的时间上。急性应激障碍在灾害事件后马上发病，其病程为灾害事件发生后的1个月以内。而创伤后应激障碍是在灾害事件后发病，而症状已经持续1个月以上。

二、急性应激障碍的临床表现

（一）以急剧、严重的精神刺激作为直接原因

急性应激障碍的患者在受到强烈的刺激后立刻（1小时之内）发病，表现为有强烈恐惧体验的精神运动性兴奋，行为有一定的盲目性，或表现为精神运动性抑制，甚至木僵。本障碍常可伴惊恐性焦虑的自主神经系统症状，如心动过速、出汗、脸面潮红、呼吸急促等。上述症状多为混合出现，但也可单独出现。典型的急性应激障碍可表现为表情呆滞，处于茫然状态，继而不动不语，呆若木鸡，对外界刺激无相应反应，呈木僵状态，称为心因性木僵。病人历时数分钟或数小时恢复正常，或进入意识朦胧状态，可出现定向障碍，对周围事物不能清晰感知，自言自语，内容凌乱，表情紧张、恐怖，动作杂乱、无目的；躁动不安、冲动毁物。病人在事后不能全部回忆，称为心因性意识模糊状态。

（二）亚型——急性应激性精神病

有的病人因强烈和持续一定时间的心理创伤直接引起精神病性障碍，称为"急性应激性精神病"，也称"反应性精神病"。这是急性应激障碍的一种亚型。其表现以妄想和情感症状为主，症状内容与应激源密切相关，较易被人理解。本障碍急性或亚急性起病，经适当治疗，预后良好，恢复后精神正常，一般无人格缺陷。

（三）强烈的病理情绪反应

急性应激障碍的病人在强烈的精神刺激作用下，会出现情绪低落、抑郁、愤怒、悔恨、沮丧、绝望、自责自罪等情绪，严重时有自杀行为，并有失眠、噩梦多、疲乏、难以集中注意力，对生活缺乏兴趣，对未来失去信心等表现，但无精神运动抑制现象。病人的症状缺乏晨重夜轻的变化，情感和行为多能为旁人所理解，与外界接触尚好，称为急性心因性抑郁状态。少数病人在强烈的精神刺激作用下，出现情绪兴奋、欣快、言语增多等症状，并有夸大特点，内容与精神因素有关，易被人理解，有时亦可出现伤人、毁物行为，多数伴有失眠症状，称为心因性躁狂状态。

（四）病情特征

急性应激障碍一般在异乎寻常的应激源的刺激下几分钟内就可以出现，发病迅速，多在1小时内发病，病程不超过1个月。应激性环境消除后，病人的症状可在2~3天内（常可在几小时内）迅速缓解。如果应激源持续存在或具有不可逆转性，症状一般可在2~3

天后开始减轻,通常在1周内可缓解,一般不超过1个月,预后良好。如果处理不当,症状持续超过1个月,有20%~30%的人可由急性应激障碍转为创伤后应激障碍,长期痛苦,难以矫治。

三、急性应激障碍识别与评估

(一) 急性应激障碍的识别

对心理障碍而言,目前国际通行的诊断标准为《精神障碍诊断与统计手册》(第5版)(以下简称DSM-IV-TR)和《疾病和有关健康问题的国际统计分类》(第10版)(以下简称ICD-10-E)。中国制定的诊断标准为《中国精神障碍分类与诊断标准》(第3版)(以下简称CCMD-3)。这三个诊断标准基本接轨,在对急性应激障碍的诊断评估上,有很多一致的地方。

综合这三个标准,识别急性应激障碍有以下几点:①遭遇过创伤性事件;②有分裂性症状;③有三大核心症状:持续地重新体验、回避、警觉性增高;④社会功能障碍;⑤症状至少持续2天,最多不超过4周,并发生于创伤事件之后4周之内。

(二) 美国诊断标准(DSM-IV-TR)

美国诊断标准是由美国精神病学会(American Psychiatric Association, APA)于1952年制订,2000年修订的《精神障碍:诊断与统计手册》(第5版),缩写为DSM-IV-TR。在DSM-IV-TR中,急性应激障碍的诊断标准如下:

第一条,患者曾暴露于创伤性事件,存在以下二者:①患者亲自体验、目睹、遭遇某一或数件涉及真正的(或几乎会招致)死亡或严重损伤的事件,或者涉及自己或他人躯体的完整性会遭到威胁的事件;②患者有强烈的害怕、失助、恐惧反应。

第二条,在体验这种令人痛苦的事件之时或之后,患者会表现出下列三项分离性症状:①麻木、脱离、没有情感反应的主观感觉;②对他(或她)周围的认识能力有所降低(如"发呆");③现实解体(自发地诉说外部世界的性质发生了改变,因而显得不真实,如感到现实世界疏远、缺乏生气、似乎是假的或者像舞台,人们在上面表演着规定的角色,而不是自己的精神活动或身体的性质改变。病人一般知道这种改变是不真实的,否则为现实解体妄想);④人格解体(一种知觉障碍,特征为自我关注增强,但感到自我的全部或部分似乎是不真实、遥远或虚假的。这种改变发生时,患者感觉正常而且情感表达能力完整,觉得身体某部变大、变小、分离、嵌合、空虚,自知力一般能保留,否则为人格解体妄想);⑤分离性遗忘(即不能回忆该创伤的重要方面)。

第三条,以下列一种或多种方式持续地重新体验这种创伤事件:反复的印象、思想、梦、错觉、闪回发作,或这种体验的生动再现感;回忆上述创伤事件时的痛苦烦恼。

第四条,对于能引起创伤回忆的刺激,作明显的回避(如思想、感受、谈话、活动、地点、人物)。

第五条,明显的焦虑或警觉增高症状(如难以入睡、激惹、注意力不集中、警觉过高、过分的惊吓反应、坐立不安)。

第六条，此障碍产生了临床上明显的痛苦烦恼，或在社交、职业，或者其他重要方面的功能缺损，或者影响了患者继续其必需的事业，例如，花了不少时间去告诉家人这些创伤体验以期获得帮助。

第七条，此障碍至少持续2天，最多不超过4周，并发生于创伤事件之后4周之内。

第八条，此障碍并非由于某种物质（如某种滥用药物、治疗药品）或由于一般躯体情况所致的直接生理性效应，也不可能归于短暂性精神病性障碍，而且也不只是已有的轴Ⅰ或轴Ⅱ障碍的恶化加重。

（三）国际诊断标准（ICD-10-E）

国际诊断标准是"国际疾病分类"（International Classification of Disease，ICD），这是依据疾病的某些特征，按照规则将疾病分门别类，并用编码的方法来表示的系统。目前，全世界通用的是1990年经第43届世界卫生大会通过的第10次修订本《疾病和有关健康问题的国际统计分类》（*International Statistical Classification of Diseases and Related Health Problems*）。它仍保留了ICD的简称，并被统称为ICD-10。近年来，世界卫生组织又数次进行了小范围的修订，目前的最新版本是世界卫生组织2007年颁布的ICD-10-E。

在ICD-10-E中，急性应激障碍被称为急性应激反应（Acute Stress Reaction），其定义及诊断标准如下：

1. 急性应激障碍的定义。急性应激障碍为一过性障碍，作为对严重躯体或精神应激的反应发生于无其他明显精神障碍的个体，常在几小时或几天内消退。应激源可以是势不可挡的创伤体验，包括对当事人或其所爱之人安全或躯体完整性的严重威胁，如自然灾害、被劫持、被拐骗、战争、受罪犯的侵犯、被强奸；也可以是个体社会地位或社会关系网络发生急骤的威胁性改变，如同时丧失多位亲友或家中失火。如果同时存在躯体状况衰竭或器质性因素（如老年人），发生本障碍的危险性随之增加。

并非所有面临异乎寻常应激的人都出现障碍，这就表明个体易感性和应付能力在急性应激反应的发生及表现的严重程度方面有一定作用。症状有很大变异性，但典型表现是最初出现"茫然"状态，表现为意识范围局限、注意狭窄、不能领会外在刺激、定向错误。紧接着的状态是对周围环境进一步退缩（可达到分离性木僵的程度），或者是激越性活动过多（逃跑反应或神游）。患者常存在惊恐性焦虑的植物神经症状（心动过速、出汗、面赤）。这些症状一般在受到应激性刺激或事件的影响后几分钟内出现，并在2～3天内（常在几小时内）消失。患者对于发作过程可有部分或完全的遗忘。

2. 急性应激障碍诊断要点。异乎寻常的应激源影响与症状的出现之间必须有明确的时间上的联系。症状即使没有立刻出现，一般也会在几分钟之内出现。此外，症状的特点为：①表现为混合性且常常是有变化的临床相，除了初始阶段的"茫然"状态外，还可有抑郁、焦虑、愤怒、绝望、活动过度、退缩等症状，且没有任何一类症状持续占优势；②如果应激性环境消除，症状迅速缓解；如果应激持续存在或具有不可逆转性，症状一般在24～48小时开始减轻，并且往往在3天后变得十分轻微。

本诊断不包括那些已符合其他精神科障碍标准的患者所出现的症状突然恶化。但是，既往有精神科障碍的病史不影响这一诊断的使用。

本诊断包含：急性危机反应、战场疲劳、危机状态、精神休克。

（四）中国诊断标准

中国诊断标准是由中华精神科学会于 2000 年颁布的 CCMD-3。关于急性应激障碍的诊断标准如下：

急性应激障碍的诊断标准：以急剧、严重的精神打击作为直接原因。患者在受刺激后立刻（1 小时之内）发病，表现为有强烈恐惧体验的精神运动性兴奋，行为有一定的盲目性；或者表现为精神运动性抑制，甚至木僵。如果应激源被消除，症状往往历时短暂，预后良好，缓解完全。

1. 症状标准。以异乎寻常的和严重的精神刺激为原因，并至少有下列一项：①有强烈恐惧体验的精神运动性兴奋，行为有一定的盲目性；②有情感迟钝的精神运动性抑制（如反应性木僵），可有轻度意识模糊。

2. 严重标准。社会功能严重受损。

3. 病程标准。在受刺激后若干分钟至若干小时发病，病程短暂，一般持续数小时至 1 周，通常在 1 个月内缓解。

第二节　创伤后应激障碍的临床表现与诊断

创伤后应激障碍指因为受到超常的威胁性、灾难性的创伤事件，而导致延迟出现和长期持续的心身障碍。创伤后应激障碍最初是用来描述各类创伤性战争经历后的种种结果，称为"战争疲劳"。后来发现，在个体经历威胁生命事件之后，都可能出现这种障碍。其引发原因可以是自然灾害、事故、刑事暴力、被劫持、被虐待、战争等。这种压力既可以是直接经历，如直接受伤；也可以是间接经历，如亲眼看见他人死亡或受伤。近年来，随着突发灾难性事件和突发公共卫生事件的增多，创伤后应激障碍成为社会关注的重点。

一、创伤后应激障碍的概述

（一）创伤后应激障碍的概念

创伤后应激障碍指对创伤等严重应激因素的一种异常的精神反应，它是一种延迟性、持续性的心身反应，是由于受到异乎寻常的威胁性、灾难性心理创伤，导致延迟出现并长期持续的生理心理障碍。

导致产生创伤后应激障碍的事件是一个人经历或目睹了威胁生命的事件。这类事件包括战争、地震、严重灾害、严重事故、被性侵、受酷刑、被抢劫等。几乎所有经历这类事件的人都会感到巨大的痛苦。这类事件常引起个体极度恐惧、害怕、无助，被称为创伤性事件。

经历创伤者恢复正常生活所需时间不长，但一些人会因应激反应而无法恢复平常的自己，甚至会随着时间推移而更加糟糕，这些个体可能会发展成创伤后应激障碍患者。创伤后应激障碍患者通常会经历噩梦和头脑中不时记忆闪回，并有睡眠困难，感觉与人分离和疏远。这些症状若足够严重并持续时间够久，将会显著地妨碍个人的日常生活。

创伤后应激障碍表现有明显的生理和心理症状，它的复杂性表现在常与相关的精神失调合并发展，如抑郁、药物滥用、记忆和认知问题，以及其他的生理和精神健康问题。这类失调也会损害个人在社交及家庭生活中发挥作用的能力，包括职业不稳定性、婚姻问题和离异、家庭失调、子女教养的困难。

（二）创伤后应激障碍的症状形成和发展

许多人经历了创伤性和应激性事件后，会在接下来几天或几周内表现出一些创伤后应激障碍的症状。据数据显示，8%的男性和20%的女性会持续发展创伤后应激障碍，大约有30%的个体会表现出持续整个后半生的慢性症状。关于男性与女性的发病率，不同研究有不同的结果。例如，布威佐热姆·艾力等人以2015年"8·12天津滨海新区爆炸事故"为研究对象的相关调查显示，男性的创伤后应激障碍检出率以及创伤后应激障碍和抑郁的共病检出率明显高于女性；吴坎坎和张雨青于2008年对绵竹965名汶川大地震幸存者采用事件冲击量表的调查显示，无论总分，还是闯入、回避、高警觉等三个各分量表分数都具有显著的性别差异：女性的分数普遍高于男性。

创伤后应激障碍通常在创伤性事件发生1个月后出现（在这之前的被称为急性应激障碍），但也可能在事发后数个月至数年间延迟发作。引发创伤的事件包括战争、性侵害、严重交通意外、自然灾害、技术性灾难、长期监禁与拷问等。罹患创伤后应激障碍的多为直接或接触创伤事件的幸存者（受害者）、目击者与救援者。症状持续时间视患者的状况有极大不同。

慢性创伤后应激障碍的发展过程通常包括周期性地伴随症状缓解或消失的症状加剧，一些个体会经历严重或不会缓解的症状。一些年纪大的退伍军人有持续一生的慢性症状。他们会在退休后、自己或配偶有身体疾病、收到关于他们军事服役的提醒（如关于战争事件的周年媒体广播或聚会）时，表现出十分显著的症状恶化。

（三）病因

1. 直接病因。异乎寻常的创伤性事件是本病发生的直接原因。这些应激源常引起患者的极度恐惧、紧张害怕、无助感等。创伤性事件是创伤后应激障碍诊断的必要条件，但不是创伤后应激障碍发生的充分条件，虽然大多数人在经历创伤性事件后都会出现程度不等的症状，研究表明只有部分人最终成为创伤后应激障碍患者。

2. 危险因素。许多变量影响到创伤后应激障碍的发生，有关危险因素有：存在精神障碍的家族史与既往史、童年时代的心理创伤、性格内向、有神经类型不稳定、创伤事件前后有其他负性生活事件、家境不好、躯体健康状态欠佳等。一般认为，应激源的严重程度、暴露在精神创伤情境中的时间长短、威胁生命的密切程度、人格特点、个人经历、社会干预与支持、躯体素质等是影响创伤后应激障碍发病及病程的重要因素。

3. 其他相关因素。有文献显示，高负性情绪性是创伤后应激障碍发生的主要人格危险因素，而低抑制以及低正性情绪性在与负性情绪性的相互作用中作为一种调节因素影响创伤后应激障碍的形式和表达。袁增强等在生物学方面的研究表明，以下丘脑——垂体——肾上腺轴为主体的神经内分泌系统紊乱，免疫系统失调和慢性炎症反应，以及脑解剖结构和神经环路改变在创伤后应激障碍的病理进程中都发挥着重要作用[1]。

二、临床表现

创伤后应激障碍表现为在重大创伤性事件后出现一系列特征性症状，主要为四大核心症状群。

（一）重新体验症状群

创伤后应激障碍最具特征性的表现是在重大创伤性事件发生后，患者有各种形式的反复发生的闯入性创伤性体验重现（病理性重现）。例如，李锵、蒋霞等对2010年"8·8舟曲县特大泥石流"的受灾居民的创伤后应激障碍调查显示，创伤经历反复重现的阳性检出率达86.35%。患者常常以非常清晰的、极端痛苦的方式进行着这种"重复体验"，包括反复出现以错觉、幻觉（幻想）构成的创伤性事件的重新体验（Flashback，症状闪回，闯入性症状）。例如，赵晓辉对非典康复患者的创伤后应激障碍相关研究[2]和黄国平等对海洛因成瘾者创伤事件与创伤后应激障碍的相关研究均表明，闯入性症状是多发常见的症状。此时，患者仿佛又完全身临创伤性事件发生时的情景，重新表现出事件发生时所伴发的各种情感。例如，直接经历"5·12汶川大地震"的一位幸存者，某天当感觉到住房似乎有些震动时，他立刻匍匐在地，认为地震又出现了，惊恐万状地寻找掩身之处。

患者在创伤性事件后，频频出现内容非常清晰的、与创伤性事件明确关联的梦境（梦魇）。在梦境中，患者头脑中也会反复出现与创伤性事件密切相关的场景，并产生与当时相似的情感体验。患者常常从梦境中惊醒，并在醒后继续主动"延续"被"中断"的场景，并产生强烈的情感体验。

患者面临、接触与创伤事件相关联或类似的事件、情景或其他线索时，通常出现强烈的心理痛苦和生理反应。事件发生的周年纪念日、相近的天气及各种场景因素都可能促发患者的心理与生理反应。

（二）持续性回避症状群

在创伤性事件后，患者对与创伤有关的事物采取持续回避的态度。回避的内容不仅包括具体的时间、地点、对话、活动、物体、情景，还包括有关的想法、感受和话题。多数患者往往不愿提及有关事件，避免相关交谈，甚至出现相关的"选择性失忆"。例如，一

---

[1] 李硕硕、刘谦东、袁增强："创伤后应激障碍生物学基础及治疗研究进展"，载《中国药理学与毒理学杂志》2017年第12期。

[2] 赵晓晖："SARS康复患者中创伤后应激障碍（PTSD）的随访研究"，中国协和医科大学2004年博士学位论文。

位直接参与"4·14青海玉树大地震"救援的特警,在被确诊为创伤后应激障碍患者后,与心理医生访谈时,对救援的细节无法清楚地表达。在创伤性事件后的媒体访谈及涉及法律程序的取证过程往往给当事人带来极大的痛苦。曾有在"5·12汶川大地震"中的伤员对媒体的多次采访表现出极度的厌烦。对创伤性事件的某些重要方面失去记忆也被视为回避的表现之一。患者似乎希望把这些"创伤性事件"从自己的记忆中"抹去"。

(三) 认知和心境方面的消极改变症状群

在遭遇创伤性事件后,许多患者出现与创伤事件有关的认知和心境方面的消极改变,存在着"情感麻痹"的现象。从外观上看,患者给人以木然、淡漠的感觉,与人疏远、不亲切、害怕,有罪恶感或不愿意和别人有情感的交流。患者自己也感觉到似乎难以对任何事物产生兴趣,过去热衷的活动也无法激起患者的情绪,患者感到与外界疏远、隔离,甚至格格不入,难以接受或者表达细腻的情感,对未来感到心灰意冷,听天由命,甚至觉得万念俱灰,生不如死,严重的则采取自杀行为。

(四) 警觉性增高(易激惹)或反应性明显改变症状群

不少患者出现睡眠障碍(难以入睡、易惊醒)、易激惹或易发怒、容易受惊吓、难以集中注意力等警觉性增高的症状,并常有自主神经症状,如心慌、气短等。

一些患者甚至出现莽撞、对他人或物体进行言语或身体攻击,或有自我伤害行为。

三、识别与诊断

(一) 创伤后应激障碍的识别

对创伤后应激障碍的诊断依据美国DSM-IV-TR和国际ICD-10-E,并参考CCMD-3。这三个诊断标准在对创伤后应激障碍的诊断方面基本接轨。综合这三个标准,对创伤后应激障碍的识别有以下几点:①暴露于某一创伤应激事件;②有持续地重新体验的症状;③有回避及麻木的症状;④有警觉性增高的症状;⑤症状持续时间至少1个月;⑥有明显的痛苦或社会功能障碍。

(二) 美国诊断标准(DSM-IV-TR)

在DSM-IV-TR中,创伤后应激障碍的诊断标准如下:

第一条,患者曾暴露于某一创伤性事件,存在以下两种:①患者亲自体验、目睹、遭遇某一或数件涉及真正的死亡或几乎会招致死亡或严重损伤的事件,或者涉及自己或他人躯体完整性遭到威胁的事件;②患者有强烈的害怕、失助、恐惧反应。如果是儿童,则表现为紊乱或激惹的行为。

第二条,以下列一种或多种方式持续地重新体验到这种创伤事件:①反复闯入性地痛苦地回忆起这些事件,包括印象、思想、知觉。如果是幼儿,反复地进行表达创伤主题或一些有关的游戏;②痛苦地梦及此事件。如果是儿童,可能是做可怕的梦而讲不清内容;③似乎创伤事件正在重现(包括这种体验、错觉、幻觉、分离性闪回发作于再现之时的感觉,包括意识清醒时或醉酒时)。如果是幼儿,可出现特殊创伤的再现;④暴露于作为此创伤事件的象征或很相像的内心或外界迹象之时,出现强烈的心理痛苦烦恼;⑤暴露于作为此创伤事件的象征或很相像的内心或外界迹象之时，出现生理反应。

第三条，对此创伤伴有的刺激做持久的回避，对一般事物的反应显得麻木（在创伤前不存在这种情况），如有下列三项以上的症状：①努力避免有关此创伤的思想、感受、谈话；②努力避免会促使回忆起此创伤的活动、地点、人物；③不能回忆此创伤的重要方面；④明显地很少参加有意义活动或没有兴趣参加；⑤有脱离他人或觉得他人很陌生的感受；⑥情感范围有所限制（如不能表示爱恋）；⑦对未来没有远大设想（如不期望有好的职业、婚姻、儿女，或进行正常生活享受）。

第四条，警觉性增高的症状（在创伤前不存在），有下列两项以上的症状：①难以入睡，或睡得不深；②激惹火、易发怒；③难以集中注意；④警觉过高；⑤过分的惊吓反应。

第五条，此障碍产生了临床上明显的痛苦烦恼，或在社交、职业、其他重要方面功能缺损。

第六条，分类：①急性创伤后应激障碍：病期在3个月之内；②慢性创伤后应激障碍：病期在3个月以上；③延迟性创伤后应激障碍：症状在创伤事件后至少6个月才发生。

(三) 国际诊断标准（ICD-10-E）

在2007年的ICD-10-E中，创伤后应激障碍的诊断标准如下：

创伤后应激障碍，是对异乎寻常的威胁性或灾难性应激事件或情境的延迟的或延长的反应，这类事件几乎能使每个人产生弥漫的痛苦（如天灾人祸、战争、严重事故、目睹他人惨死、身受酷刑、成为恐怖活动、强奸、其他犯罪活动的受害者）。人格特质（如强迫、衰弱）或既往有神经症性疾病的历史等易感因素可降低出现这类综合征的阈值或使其病情更重，但用这些易感因素解释症状的发生既非必要也不充分。

典型的症状包括：在"麻木"感和情绪迟钝的持续背景下，出现不断地闯入的回忆（闪回）或梦中反复再现创伤，与他人疏远，对周围环境没有反应，快感缺乏，回避易使人联想到创伤的活动和情境。一般而言，有可能使患者想到原来创伤的线索都是害怕和回避的对象。偶尔可见戏剧性地急性爆发恐惧、惊恐或攻击，这些是由一些突然唤起对创伤或原来反应的回忆或重演的刺激起扳机作用而促发的。

通常存在的植物神经过度兴奋状态，表现为过度警觉、荆条反应增强、失眠，焦虑和抑郁常与上述症状和体征并存。自杀挂念也非罕见。另一个使情况复杂化的因素是过度饮酒和服用药物。

本障碍的诊断不宜过宽。必须有证据表明它发生在极其严重的创伤性事件后的6个月内。但是，如果临床表现典型，又无其他适宜诊断（如焦虑、强迫障碍、抑郁）可供选择，即使事件与起病的间隔超过6个月，给予"可能"诊断也是可行的。除了有创伤的依据外，还必须有在白天的想象里或睡梦中存在反复的、闯入性的回忆或重演，常有明显的情感疏远、麻木感，以及回避可能唤起创伤回忆的刺激，但这些都非诊断所必需。植物神经紊乱、心境障碍、行为异常均有助于诊断，但亦非要素。

（四）中国诊断标准（CCMD-3）

中国诊断标准是有中华精神科学会于2000年颁布的CCMD-3。在创伤后应激障碍的诊断标准中，2008年7月，卫生部修改了病程。其诊断标准如下：

1. 创伤后应激障碍的主要表现。创伤后应激障碍是由异乎寻常的威胁性或灾难性心理创伤导致的延迟出现和长期持续的精神障碍。主要表现为：①反复发生闯入性的创伤性体验重现（病理性重现）、梦境，或因面临与刺激相似或有关的境遇，而感到痛苦和不由自主地反复回想；②持续的警觉性增高；③持续的回避；④对创伤性经历的选择性遗忘；⑤对未来失去信心。少数病人可有人格改变或有神经症病史等附加因素，从而降低了对应激源的应对能力或加重了疾病过程。精神障碍延迟发生，在遭受创伤数日甚至数月后才出现，病程可长达数年。

2. 创伤后应激障碍的症状标准。

第一条，遭受了对每个人来说都是异乎寻常的创伤性事件或处境（如天灾人祸）。

第二条，反复重现创伤性体验（病理性重现），并至少有下列一项：①不由自主地回想受打击的经历；②反复出现有创伤性内容的噩梦；③反复发生错觉、幻觉；④反复发生触景生情的精神痛苦，如目睹死者遗物、旧地重游，或周年日等情况下会感到异常痛苦和产生明显的生理反应，如心悸、出汗、面色苍白等。

第三条，持续的警觉性增高，至少有下列一项：①入睡困难或睡眠不深；②易激惹；③集中注意困难；④过分地担惊受怕。

第四条，对于刺激相似或有关的情境的回避，至少有下列两项：①极力不想有关创伤性经历的人与事；②避免参加能引起痛苦回忆的活动，或避免到会引起痛苦回忆的地方；③不愿与人交往、对亲人变得冷淡；④兴趣爱好范围变窄，但对于创伤经历无关的某些活动仍有兴趣；⑤选择性遗忘；⑥对未来失去希望和信心。

3. 严重标准。当事人的社会功能受损。

4. 创伤后应激障碍的病程标准。精神障碍延迟发生（即在遭受创伤后数日至数月后，罕见延迟半年以上才发生），符合症状标准至少已1个月（2008年6月修订此条）。

5. 创伤后应激障碍的排除标准。排除情感性精神障碍、其他应激障碍、神经症、躯体形式障碍等。

第三节 适应障碍的临床表现与诊断

一、基本概念

（一）适应障碍

适应障碍（Adjustment Disorder，AD）是一种对应激源的适应不良的反应。常见的应激源包括生病、家庭婚姻问题、工作、经济问题等生活事件或其他重大的生活改变。根据美国《精神障碍诊断与统计手册》（第5版）（以下简称DSM-5），情绪的反应和行为的变化需在应激源出现的3个月内发生，且即使考虑到外在环境和文化因素，个体显著的痛苦和应激源的严重程度或强度也是不成比例的；或（并）导致了社交、职业或其他重要功能方面的明显损害。

（二）适应障碍的病因

1. 应激源。适应障碍必定存在应激源，引起发病的应激源可以是单个的，也可以是多个的；可以是突然而来的，也可以是缓慢发生的。较常见的应激事件如下：①冲突性危机：天灾、人祸、破产、被解雇、工作或学习严重受挫、受恐吓、亲属突然死亡；②消耗性危机：受歧视、长期心理压抑、迁移、失业、法律纠纷、职业环境条件不良、长期经济困难、处于感觉剥夺的环境中；③家庭或个人危机：婚变、代沟、空巢现象、健康状况恶化。

2. 个性特点。不同个性心理的人，对相同应激事件的反应往往不同。个性心理脆弱的人可在轻度应激源作用下出现较重的适应障碍；而有的人遭遇严重的应激源仅出现轻度的反应或无异常，这表明人的个性或人格在本病的发病中起着不可忽视的作用。个性开朗、乐观、坦诚，善于处理人际关系，有良好的家庭环境和得到社会支持均有助于应付应激和挑战；而性格内向、冷漠、胆小怕事、意志薄弱、戒心过重和难以沟通者应付心理应激的能力低下。

3. 临床表现。适应障碍的临床表现多种多样，发病多在应激事件发生后3个月内。主要表现为情绪障碍，如焦虑、抑郁、惶惑、不知所措、害怕等。同时，也可因行为适应不良而影响到日常活动。有报道指出，临床表现与年龄之间有某些联系：老年人可伴有躯体症状；成年人多见抑郁或焦虑症状；青少年常见品行障碍（即攻击或敌视社会行为）；儿童可表现为退化现象，如尿床、幼稚言语或吮拇指等形式。

适应障碍的临床表现一般可分为以下几种类型：①抑郁型，是成年人中最常见的适应障碍类型，临床表现以抑郁症状为主，但比重型抑郁症为轻，病人出现无望感、哭泣、沮丧等症状；②焦虑型，以神经过敏、心烦、紧张不安为主要表现；③混合情绪型，同时有抑郁、焦虑及其他情绪异常，从症状的严重程度来看，比重型抑郁症和焦虑症轻；④品行异常型，主要表现为对他人权利或社会准则的侵犯、暴力行为，如逃学、破坏公物、打架、不履行法律责任等，这些表现多见于青少年；⑤情绪和品行混合型，既有情绪异常，也有上述品行异常表现；⑥躯体型，其主要症状为疲乏、头痛、背痛或其他不适，而这些症状又不能诊断为某种躯体疾病；⑦工作抑制型，主要表现在工作能力方面，如某患者原来工作能力良好，近来突然难以进行日常工作，不能学习和阅读资料，不能写东西或不能作报告等，而患者在情绪上并无抑郁或焦虑症状，也无恐怖症状；⑧退缩型，表现为社会性退缩而不伴有抑郁或焦虑心境。

二、诊断标准

因长期存在应激源或困难处境,加上病人有一定的人格缺陷,产生以烦恼、抑郁等情感障碍为主,同时有适应不良的行为障碍或生理功能障碍,并使社会功能受损。病人的病程往往较长,但一般不超过6个月。通常在应激性事件或生活改变发生后1个月内起病。随着时间推移,刺激的消除或者经过调整形成了新的适度,精神障碍可随之缓解。

(一)中国诊断标准(CCMD-3)

1. 诱因。有明显的生活事件为诱因,尤其是生活环境或社会地位的改变(如移民、出国、入伍、退休等)。

2. 人格基础。有理由推断生活事件和人格基础对导致精神障碍均起着重要的作用。

3. 情感症状。以抑郁、焦虑、害怕等情感症状为主,并至少有下列一项:①适应不良的行为障碍,如退缩、不注意卫生、生活无规律等;②生理功能障碍,如睡眠不好、食欲不振等。

4. 排除症状。存在情感性精神障碍(不包括妄想和幻觉)、神经症、应激障碍、躯体形式障碍,或品行障碍和各种症状,但不符合上述障碍的诊断标准。

(1)严重标准。严重标准的标志是社会功能受损。

(2)病程标准。精神障碍开始于心理社会刺激(但不是灾难性的或异乎寻常的)发生后1个月内,符合症状标准至少已1个月。应激因素消除后,症状持续一般不超过6个月。

(二)美国诊断标准(DSM-5)

DSM-5中适应障碍的诊断标准如下:

1. 症状。症状在可确定的应激源出现的3个月内出现,患者对应激源出现情绪的反应或行为的变化。

2. 临床意义。这些症状或行为具有显著的临床意义,具有以下一项或两项情况:①即使考虑到可能影响症状严重度和表现的外在环境和文化因素,个体显著的痛苦与应激源严重程度或强度也是不成比例的;②社交、职业或其他重要功能方面的明显损害。

3. 排除标准。这种与应激相关的症状不符合其他精神障碍的诊断标准,且不仅仅是先前存在的某种精神障碍的加重。

4. 非正常的丧痛。此症状并不代表正常的丧痛。

5. 症状时限。一旦应激源或其结果终止,这些症状不会持续超过6个月。

第四节 其他应激障碍

一、延长哀伤障碍

(一) 延长哀伤障碍概述

延长哀伤障碍（Prolonged Grief Disorder, PGD），又称病理性哀伤、创伤性哀伤或复杂性哀伤。有别于正常的丧亲反应，延长哀伤障碍是指丧失亲人之后持续的哀伤反应，往往超过6个月，难以随着时间的推移得到缓解。患者难以摆脱失去亲人的痛苦，关于逝者的想法挥之不去，情绪和行为偏离生活常态，最终导致个体的社会功能受到严重的影响。目前，药物治疗的效果并不理想，心理治疗是该疾病的首选策略。

延长哀伤障碍的高危患病群体包括女性、老年人、文化程度低及家庭收入低下者。此外，流产史、儿童期分离焦虑、童年虐待、父母离世、与逝者亲密的关系、对逝者过度的情感依赖、不安全的依恋关系、暴力性的致死事件、对亲人的去世缺乏心理准备、缺少有效的社会支持等，也会增加患延长哀伤障碍的风险。影像学的研究提示延长哀伤障碍患者存在伏隔核的奖赏区域过度激活。个体的认知方式同样会影响丧亲经历，而认知缺陷可能会增加延长哀伤障碍症状的严重程度。

(二) 临床表现

延长哀伤障碍相关的临床症状紧密围绕丧亲事件，表现为持续性的、极度的痛苦体验。患者往往沉浸在对逝者的缅怀之中，不愿意接受亲人离世的事实，仍旧幻想着重新聚首。患者对与逝者相关的事物过度敏感（如逝者的老照片或往事），有意识地避免接触与逝者相关的事物，对亲人的离世可能存在过分的自责。通常而言，延长哀伤障碍患者找不到生活中的自我定位，也不愿意接受生活中新的角色，难以再次相信他人。患者与外界隔离、疏远，接受他人的帮助或与他人建立亲密关系，对于某些延长哀伤障碍患者而言，意味着对逝者的背叛。除了持续的、慢性的悲伤，患者还会有情感麻木、孤独的感受，对未来的生活不抱希望，个人的社会功能受到显著影响，生活质量严重受损。这些症状持续的时间往往超过半年，并未随着时间的推移而减轻。

延长哀伤障碍患者自杀的风险明显增高，也更容易出现高血压、心血管、肿瘤、免疫功能异常等疾病。

(三) 诊断

延长哀伤障碍的诊断主要依靠临床表现，目前尚无特异性的实验室或辅助检查指标。诊断要点如下：

1. 亲近关系的人的离世。

2. 每天都想念逝者，或是达到了病态的程度。

3. 每天都有5个及更多的下述症状，或是症状的程度达到了病态：①自我定位混乱，或自我感知下降；②难以接受亲人离世的事实；③避免接触能够让人想起逝者的事物；④在亲人离世后难以再信任他人；⑤对亲人的离世感到痛苦或愤怒；⑥自己的生活难以步入正轨（如结交新的朋友、培养兴趣爱好等）；⑦在亲人离世后变得情感麻木；⑧亲人离世后觉得生活不尽如人意、空虚或者没有意义；⑨对亲人的离世感到惊慌失措、茫然或震惊。

4. 症状持续的时间在亲人离世后的6个月以上。

5. 上述症状导致了有临床意义的社交、职业或其他重要领域的功能受损。

6. 上述症状无法用重性抑郁障碍、广泛性焦虑障碍或创伤后应激障碍等疾病来解释。

【知识链接】

正常的哀伤反应

相对于延长哀伤障碍，这里所指的正常的哀伤反应是指在丧失亲人之后的哀伤反应。大部分人在人生中都有类似的经历，但往往能够在半年之内得到很大程度的缓解，重新回归稳定的情绪，生活并不会受到显著的影响。对少部分人而言，哪怕在丧失至亲之后，也不一定会有明显的痛苦体验或出现社会功能障碍。

正常的哀伤反应产生的机制不明，比较公认的理论是，它主要来自于面对丧亲之后需要处理的事项以及回归正常生活需要解决的问题。这种哀伤情绪会因为触及逝者的相关信息而被激起，也会在日常生活中被逐渐淡忘。与延长哀伤障碍不同的是，经历正常哀伤反应的人，往往仍能够积极参与到社交活动中去，会有愉悦的情绪体验，并愿意重新建立亲密的情感关系。

迄今为止，对于正常哀伤反应是否需要接受干预未有明确的结论。接受心理治疗可能对暂时缓解哀伤症状有小到中等程度的获益，但长期的疗效并不明显。因此，对于正常的哀伤反应，并不需要积极地予以心理干预，除非就诊者主动要求或是有其他特殊的干预指征。但是，也有一部分心理学专家认为，没有证据表明积极的心理干预会对正常的哀伤反应造成不利的影响。因此，如果心理干预能够减轻痛苦的感受或者缩短哀伤反应的持续时间，也是值得应用的。

二、反应性依恋障碍

反应性依恋障碍（Reactive Attachment Disorder，RAD）指发生于儿童期，以社会关系形式的持续异常，伴有相应的情绪障碍，并与环境变化有关等为主要表现的一组综合征。

（一）反应性依恋障碍病因

DSM-IV-TR 和 DSM-5 都指出"病理性照顾"是反应性依恋障碍的致病因素，主要包括对情感的持续忽视、身体虐待、多次变换照料者、父母酒精依赖或药物滥用、父母有精神疾病。另外，自身的个体差异，如个体对接收到的环境信息的认知加工能力和基因遗传等，也与反应性依恋障碍的形成有关。

(二) 临床表现

儿童反应性依恋障碍的主要表现是在儿童 5 岁以前与领养者的关系形式的异常，包括通常不在儿童身上出现的适应不良的表现，这种表现是持续性的，但在环境出现重大变化时亦可有所表现。这种儿童多表现出难以安抚的紧张恐惧，与其他儿童关系不佳，攻击别人、自伤，以及可怜兮兮等，有时可见发育的延迟。这种儿童的社会关系形式即社交行为表现出明显的矛盾性，特别是在分别后获得重逢时。如幼儿一方面投向领养者，但眼睛又看着别处，给人一种既要又不要的感觉，同时他们还拒绝领养者或他人的安慰而表现出紧张恐惧和攻击行为。有时则表现出可怜兮兮的样子，缩在一隅。甚至有的患儿表现出对自己或他人的攻击行为。另外，这种患儿可能表现出与其他同龄儿童的交往兴趣，但其冷淡的面部表情又妨碍了儿童间的交往。

(三) 反应性依恋障碍的诊断

反应性依恋障碍的诊断除对儿童进行全面的精神检查外，还应观察母子互动并对父母进行精神评估。若父母同意，家访可能会有助于更全面地了解病史资料。还需进行全面的体格检查，以排除精神发育迟缓、神经系统疾病、躯体虐待、营养不良等疾病。参照DSM-5 诊断标准，反应性依恋障碍的诊断标准如下：

1. 行为模式。对成人照料者表现出持续的抑制性的情感退缩行为模式，有以下两种情况：①儿童痛苦时很少或最低限度地寻求安慰；②儿童痛苦时对安慰很少有反应或反应程度很低。

2. 特征。持续性的社交和情绪障碍，至少有下列两项特征：①对他人很少有社交和情感反应；②有限的正性情感；③即使在与成人照料者非威胁性的互动过程中，原因不明的激惹、悲伤、害怕的发作也非常明显。

3. 儿童照顾模式。儿童经历了一种极度不充足的照顾模式，至少有下列一项情况：①社交忽视或剥夺，持续地缺乏由成人照料者提供的以安慰、激励和喜爱等为表现形式的基本情绪；②反复变换主要照料者，从而限制了形成稳定依恋的机会（如寄养家庭的频繁变换）；③成长在不寻常的环境下，严重限制了形成选择性依恋的机会（如儿童多、照料者少的机构）。

4. 假设诊断标准。假设诊断标准的第一种行为模式的行为障碍是由于诊断标准第三种的照料情况所致。

5. 排除标准。不符合孤独症（自闭症）谱系障碍的诊断标准。

6. 症状出现情况。这种障碍在 5 岁前明显出现。

7. 儿童症状出现。儿童的发育年龄至少为 9 个月。

三、去抑制性社会参与障碍

(一) 去抑制性社会参与障碍的病因

1. 社交忽视或剥夺。例如，对儿童成长过程中的情感需求或身体上的需求予以忽视，照料者与儿童之间没有情感交流、躯体上的接触等。

2. 反复变化主要照料者。因为各种原因导致儿童的主要照料者频繁更换，或是寄养儿童寄养家庭的频繁变化。

3. 成长在不寻常的环境下。例如，成长在儿童福利院的孩子，儿童多、照料者少，或其他类似照料者少、儿童多的机构。

（二）去抑制性社会参与障碍的临床表现

主要表现为儿童接触陌生成年人时缺乏含蓄，言语和肢体行为过分"自来熟"。这些儿童无法区别依恋对象，常常寻觅并很乐意接受任何人的安慰，甚至陌生人。陌生场合中，经常未经告知照料者便冒险离开，或毫无防备地跟随陌生人离开。

（三）诊断

参照DSM-5诊断标准，去抑制性社会参与障碍的诊断标准如下：

1. 儿童行为模式。儿童主动地与陌生成年人接近和互动的行为模式，至少表现为以下两种情况：①与陌生成年人接近和互动中很少或缺乏含蓄；②"自来熟"的言语或肢体行为（与文化背景认可的及适龄的社交界限不一致）；③即使在陌生的场所中，冒险离开之后，也会很少或不向成人照料者知会；④经常或毫不犹豫地与一个陌生成年人心甘情愿地离开。

2. 注意事项。诊断标准第一点的行为不局限于冲动（如注意缺陷、多动障碍），包括社交去抑制行为。

3. 儿童照顾模式。儿童经历了一种极度不充足的照顾模式，至少有以下一项情况：①社交忽视或剥夺，持续地缺乏由成人照料者提供的以安慰、激励和喜爱等为表现形式的基本情绪；②反复变换主要照料者，从而限制了形成稳定依恋的机会（如寄养家庭的频繁变换）；③成长在不寻常的环境下，严重限制了形成选择性依恋的机会（如儿童多、照料者少的机构）。

4. 假设诊断标准。假设诊断标准第一点的行为障碍是由于诊断标准第三点的照料情况所致。

5. 儿童症状出现。儿童的发育年龄至少为9个月。

第五节 应激与心理危机评估工具的运用

临床工作者主要通过访谈、观察、调查问卷等方式，较全面地了解患者的状况，评估其心理状态。国内外涉及创伤患者心理反应的相关评估工具颇多，主要涉及以下三类：精神障碍诊断工具及配套量表、诊断心理异常的他评量表、临床自陈量表[1]。精神障碍诊断工具已渐趋成熟，如前文所述，国际通用的有DSM-Ⅳ-TR和ICD-10-E，中国的诊

---

[1] 吴菁、刘晓虹："创伤急性期伤者心理评估现状与分析"，载《第四军医大学学报》2007年第8期。

标准是 CCMD-3。

对于治疗师或研究者来说，了解人们的心理创伤或创伤后应激障碍症状体验有很多种方法。评估手段也有多种形式。①"自陈式测量工具"，患者或研究被试者通过阅读一系列问题，选择出最适合的答案（"封闭式问卷"通常会提供多种可能性答案以供选择），或者自己填写一个答案（"开放式问卷"通常允许受试者创建自己的答案）。绝大多数评估创伤后应激障碍或心理创伤的自陈式问卷都是封闭式问卷，要求受试者通过选择"是"或"不是"来回答问题，或是选择数字化等级来反映自己的答案。②通过他人来获得该受试者的信息，如通过询问家长、老师来了解孩子或学生的创伤后应激障碍症状。此时使用的量表是"旁系报告"，治疗师可以在治疗中根据旁观者所观察到的患者行为以及患者的自我描述来评估患者。③"结构化访谈式问卷"，由治疗师或研究者将该问卷读给受试者。这一访谈因"标准化"问题以及访谈者用数字化形式对受访者开放式回答进行总结而被称为"结构化"。结构访谈同其他问卷相比的优点在于，访谈者能从以下几方面帮助受访者：一是如果受访者无法阅读问卷，如儿童、有语言障碍的患者、文盲；二是使用受访者更为熟悉和理解的语言来改述问题或重新定义问题的形式；三是区别不同条目以及答案同受访者实际行为之间的不一致性。

一、急性应激障碍的评估

目前，诊断成年人急性应激障碍的工具主要有三种：急性应激障碍量表（Acute Stress Disorder Scale，ASDS）、急性应激障碍访谈问卷（Acute Stress Disorder Inter—view，AS-DI）、斯坦福急性应激反应问卷（Stanford Acute Stress Reaction Questionnaire，SASRQ）。ASDS 是由 Bryant 等于 2000 年基于 ASDI 中所描述的相同条目开发而得到的一种自陈式问卷。它采用 5 点式评分，反应严重程度。ASDS 有良好的敏感性（95%）、特异性（83%）和重测信度（$r=0.94$）。

ASDI 是由有关专家于 1998 年依据 DSM—IV 诊断标准开发的一个结构化访谈问卷。该问卷包含 19 个条目，采用二元计分，涉及急性应激障碍的分离（B 簇：5 个条目）、再体验（C 簇：4 个条目）、回避（D 簇，4 个条目）和警觉（E 簇：6 个条目）症状。对于 ASD 的临床独立诊断，ASDI 具有良好的内部一致性（$r=0.90$）、再测信度（$r=0.88$）、敏感性（91%）以及特异性（93%）。

原始版本的 SASRQ 是 1991 年开发而得到的一种自评式问卷，该问卷包含分离（33 个条目）、闯入（11 个条目）、躯体焦虑（17 个条目）、过度警觉（2 个条目）、注意障碍（3 个条目）、睡眠障碍（1 个条目）6 种症状，采用 6 点李克特计分（0 = "没有体验"，~5 = "总是体验"）。量表具有较好的内部一致性（同分离症状以及焦虑症状的 a 系数分别为 0.90 和 0.91），同事件影响量表（IES）的同时效度为 $r=0.52\sim0.69$。

二、普通人群创伤以及 PTSD 的评估

（一）创伤性事件的评估

1. 创伤性应激清单（Traumatic Stress Schedule，以下简称 TSS）。创伤性应激清单是于

1990 年依据 DSM—Ⅲ—R 开发的最早出版的自陈式测量工具之一。量表当前版本为 10 个条目，从 6 个维度评估每一个应激源：丧失、范围、生命威胁、身体完整性、责难、熟悉。通过 4 个检查评估创伤后应激反应，该维度将创伤后应激的关注焦点从评估应激源的特质转移到评估对该应激源的反应上来。该量表具有良好的信效度，但该量表并不能用来作为创伤后应激障碍的诊断工具。因为其并未对所有 17 条症状标准进行评估，也未对痛苦的持续时间以及功能损害作出评估，仅从诊断标准 A1 进行评估，未对标准 A2 进行评估，也没有对创伤时的年龄提供任何信息，未曾特别地询问有关童年的发生事件以及害怕、无助感和恐惧。

2. 创伤性事件问卷（Traumatic Events Questionnaire，以下简称 TEQ）。1994 年开发的 TEQ 量表，由评估 11 种具体的创伤性事件，以及 2 个非特定性问题"其他事件"和"无法告知"组成。要求回答者提供有关事件发生时的年龄、受伤程度、事件带来的创伤化程度等，采用 7 点式计分（1 = "一点也不"，~7 = "极度"）。该量表同样只对 DSM—Ⅳ 中的标准 A1 作出评估，未对标准 A2 作出评估。

3. 创伤史问卷（Trauma History Quetionnaire，以下简称 THQ）。1996 年 Bonnie Green 及同事一起开发出 THQ 量表。该量表有 24 个条目，通过"是"与"不是"评估诸如犯罪、一般性自然灾害、性和身体攻击等潜在创伤性事件，对于发生的事件要求回答者提供事件发生的频率以及发生时回答者的年龄。该量表曾在不同人群中使用，但该量表不包括对害怕、无助感和恐惧的评估。此量表既能运用于临床，也能运用于科学研究。

4. 生活应激源检查表——修订版。生活应激源检查表——修订版（Life Stressor Checklist-Revised，以下简称 LSC-R）是自陈式问卷，由 Wolfe 等人于 1996 年设计用来筛查符合 DSM-Ⅳ 标准 A 的事件，也包括一些不太可能成为创伤，但却是应激性的事件。该量表包括 30 个生活事件，对于确认的事件，要求受试者提供：事件发生时的年龄；事件结束时的年龄；相信自己处于危险之中（"是"或"不是"）；是否感到无助（"是"或"不是"）。另外，对事件的影响程度及带来的苦恼程度进行 5 点式评分（1 = "完全没有"，~5 = "极度地"）。受试者还要求从这些事件中选出当前对他们影响最大的 3 件事。LSC-R 量表可用于临床和科学研究。

5. 创伤性生活事件问卷。创伤性生活事件问卷（Traumatic Life Events Question naire，以下简称 TLEQ）是以临床和研究为目的设计出的 TLEQ 量表，对 23 件典型的潜在创伤性事件进行评估。该量表的优点在于不仅包括对标准 A1 的评估，同时还包括对标准 A2 的评估。尽管对是否应该包含诸如性骚扰、流产、堕胎等作为标准 A1 的事件还存在着争议，但该点却不失为这一量表的创新点。

6. 生活事件量表（The Life Events Checklist，以下简称 LEC）。LEC 是一种自陈式问卷，要求受试者用"是"与"不是"来回答 17 项潜在创伤性事件。虽然 LEC 在评估创伤性暴露，尤其是在受试者身上实际发生事件的一致性评估方面具有足够的心理测量特性，但是它并没有确立受试者对于创伤暴露符合 DSM—Ⅳ 诊断标准的严重程度，也没有评估创伤期的情感体验。

(二) 症状和诊断的评估

目前，大量的问卷和结构化访谈能有效地评估 PTSD 症状。PTSD 诊断包括对成人、儿童以及青少年的评估。下面主要介绍一些针对成人的具有良好信效度的测量工具。

1. PTSD 症状访谈量表（The PTSD Symptom Scale—Interview，以下简称 PSS-I）。PSS-I 是 17 个条目的半结构化访谈问卷，用以评估与个体已知的创伤史中被单独确认的创伤性事件有关的 DSM-IV 中创伤后应激障碍症状的存在和严重程度。该量表由受训过的专业访谈者用 20 分钟对受试者进行访谈，从而在遭受创伤的人群中识别出创伤后应激障碍患者。访谈者询问受试者在"过去 2 周内"的症状体验，这与其他量表以"1 个月以内"为标准有所不同，因此可能会因为间隔时间太短做出错误的诊断，且该量表也未曾对生活史进行评估。

2. 临床医师专用 PTSD 量表（Clinician-Administered PTSD Scale，以下简称 CAPS）。目前该量表已成为评估创伤后应激障碍的黄金标准。CAPS 为结构化访谈问卷，依照 DSM-IV 对创伤后应激障碍的诊断标准，共有 30 个条目。它能够用于创伤后应激障碍的当前（过去 1 个月）或一生的诊断，也能够运用于过去 1 周的症状评估。除了评估创伤后应激障碍的 17 条核心症状外，还包括对患者的社会功能、职业功能的受损情况的评估；对接受创伤后应激障碍治疗患者的疗效评估；对创伤后应激障碍的严重程度、频度以及 5 个伴随症状强度（对行为感到内疚、幸存者的内疚感、意识方面的缺陷、人格解体和现实感丧失）的评估。量表不仅可以由受过相关专业培训的医生或研究者来实施，也可以由接受过适当培训的非专业人员来实施。完成全部访谈需要 45~60 分钟。

值得一提的是，作为创伤评估（标准 A）的一部分，通常会选用生活事件量表来确认所经历的创伤性应激源，要求 CAPS 条目最多参照 3 个创伤性应激源。

3. 结构化临床访谈表-PTSD 模块（Structured Clinical Interview for DSM—IV，以下简称 SCID：PTSD Module）。SCID：PTSD Module 是使用最为广泛的评估 PTSD 的量表之一，为半结构化访谈问卷。该量表的主要目的在于对阳性症状作出评估，而无频率和严重程度的评估。量表由经验丰富的临床医生或受过专业培训的心理健康专家实施。对于那些缺乏临床经验的访谈者来说，必须接受更多的专业化训练后方可实施该量表。

4. PTSD 结构化访谈（Structured Interview for PTSD，以下简称 SI-PTSD）。该量表的最新版本不仅包括创伤后应激障碍的 17 条核心症状的评估，同时也包含对幸存和行为的内疚评估。受试者完成该量表需要 20~30 分钟，可以由心理健康专业人员或受过相关培训的非专业人员来实施。

5. PTSD 量表成人版（The PTSD Checklist, Civilian Version，以下简称 PCLC）。该量表包括对应于 DSM-IV 的 17 个问题，要求受试者对前 1 个月干扰自身的每一个症状进行 5 点式严重程度评分。大量研究证实，PCLC 具有良好的信效度。由于 PCLC 拥有多个版本，除成人版外，还包括特殊应激源事件版（PCI-S）、军人版（PCL-M）、家长评估自己孩子版（PCL-C/PR），因此使用者应注意从一种版本到另一版本心理测量结果的一般化。同时，还应该注意对于已经公布的分割点的使用，因为这些分割点来源于创伤后应激障碍流行率较高的样本组。对于较低的样本组可能并不适用。

6. 大卫德森创伤量表（Davidson Trauma Scale，以下简称 DTS）。量表通过 17 个条目来评估 DSM-IV 中 17 条核心症状。要求受试者确认过去 1 周影响自己最严重的创伤，并且对其影响程度进行评价。量表具有良好的一致性（a=0.97）和稳定性（r=0.86）。该量表可用于创伤后应激障碍症状的早期诊断。

7. 创伤症状问卷（Trauma Symptom Inventory，以下简称 TSI）。TSI 是一种全面的创伤后遗症测量量表，由 Briere 于 1995 年开发设计。量表为创伤后应激和创伤事件的其他心理后遗症的自陈式问卷，共计 100 个条目。TSI 包括 10 个临床标尺，用以评估与创伤相关的多种症状；同时还包括 3 个效度标尺，用以评估受试者的回答是否有效。该量表既可以用于临床诊断，也能用于科学研究。

8. Penn 量表（Penn Inventory，以下简称 Penn）。该量表共计 26 个条目，每个条目由 4 个句子组成，分别为 0~3 分。该量表拥有良好的稳定性（r=0.96）和内部一致性（a=0.94）。它可运用于多种创伤性经历的患者人群，其总分反映出 PTSD 的严重程度，通过运用分割点分数能推断出创伤后应激障碍的早期诊断。但是该量表并未评估所有 DSM-IV 中有关创伤后应激障碍诊断的 17 条核心症状，同时它还包含一些与 DSM 标准无直接联系的条目，如自觉。

9. 事件影响量表修订版（Impact of Event Scale Revised，以下简称 IES-R）。该量表用于评估创伤性事件所造成的主观痛苦，共计 22 个条目。要求受试者确认 1 件特殊的应激性生活事件，然后叙述在过去的 7 天内，其受这一事件的影响程度，采用 5 点式计分，从 0 "完全没有" 到 4 "极度"，包括闯入、回避和过度警觉 3 个维度。该量表不能用于创伤后应激障碍的诊断，但在文献中对于 PTSD 的早期诊断，常常引用其分割点分数。

心理创伤以及创伤后应激障碍的评估诊断量表种类繁多，适用范围也不尽相同，但主要目的都是诊断和治疗。以上所列量表都是当前国际上适用的心理创伤及创伤后应激障碍的主流量表，具有良好的信效度[1]。

---

[1] 余萍："心理创伤及 PTSD 常用量表研究"，载《神经损伤与功能重建》2010 年第 4 期。

第三章 心理危机干预的基本模型与程序*

心理危机干预又称危机调停，是以急诊访问或劝导的形式，改善可能导致心理障碍的各种条件的一种心理干预措施，以避免当事人发生意外或发展成精神障碍。心理危机干预已经日益成为临床心理服务的一个重要分支。

从2020年的新冠肺炎疫情到2021年的河南水灾，短短两年时间，我们经历了太多灾难性事件。这些事件会给我们带来巨大伤痛，不论伤者、家属还是救援人员等，都承受了巨大的心理压力，同时，这也可能使我们的生活状况发生明显的变化。因此，在开展危机干预工作时，一定要坚持安全、快速、简捷、有效的原则，以帮助当事人尽快脱离痛苦不安的状态。

第一节 心理危机干预的模式

心理危机干预是给处于危机中的个体提供有效帮助和心理支持的一种技术。通过调动危机当事人自身的潜能来重新建立或恢复到危机前的心理平衡状态，获得新的技能，以预防未来类似心理危机的发生。危机干预是一种短期的帮助过程，以解决当前问题为主要目标，并不涉及人格的矫正。它强调迅速减轻个体应激反应，使应激者各方面功能尽快地、最大限度地恢复到危机前的水平，甚至高于危机前的水平。危机干预目的，一是避免自伤或伤及他人，二是恢复心理平衡与动力。

从理论层面来看，导致心理危机的原因来自生理、心理、社会三个方面。相应地，心理危机的干预手段也涵盖了心理学、社会学、医学这三个方面指导下的治疗、咨询和社会支持。而各种干预策略和技术则是在危机干预理论和危机干预模式（模型）的基础上建立起来的。

没有哪一种干预模式能够包容有关危机干预的全部观点，这里仅介绍当前危机干预理论界常见的几种模式。

一、经典危机干预模式

经典的危机干预模式由贝尔金（Belkin）提出的平衡模式、认知模式和心理转变模式组成，这三种模式为许多不同的危机干预策略和方法提供了基础。

（一）平衡模式

平衡模式，也称平衡/失衡模式（Equilibrium Model）。危机中的个体常处于一种心理或情绪的失衡状态，在这种状态下，当事人原有的应对机制和解决问题的方法不能满足其需要。

凯普兰（Kaplan）从20世纪50年代中后期开始系统地研究心理危机。他认为，每个人都在不断努力保持着一种内心的稳定状态，以使自己和环境能够和谐。当一些重大的问题或者小压力不断积累，直到积重难返，就会让人感到难以面对和把握，内心的紧张不断积蓄，进而导致不知所措、无所适从，甚至思维和行为都处于一种紊乱的状态，这就是失衡，即心理危机。平衡模式的目的在于帮助人们恢复到危机前的平衡状态。

危机的发展一般要经历三个过程：危机前平衡状态、危机产生时的状态和危机后的平衡状态。危机前平衡状态，即个体应用日常的应对技巧和问题解决技术，维持与环境间的稳定状态；危机产生时的状态，即危机中个体出现情绪问题和危机事件发展的状态，由于不能承受极度紧张和焦虑，个体可能发生心理崩溃；危机后的平衡状态，可能恢复到危机前的水平，也可能高于危机前的水平或低于危机前的水平。

从危机发展模型可以看出，心理危机的产生是由于人原有的心理平衡遭到了破坏，导致了失衡状态，而危机干预的本质就是要通过各种方法恢复危机前的平衡状态。这就是平衡模式的基本观点。

平衡是有机体内部一种精神或情绪的稳定和均衡的状态，失衡是指这种稳定和均衡的失去或破坏。一个健康人的心理应处于大致平衡的状态。就像一位熟练的驾驶员驾驶汽车时，无论路况如何，或者遇到急转弯，或者遭遇大雾天气，或者在有人突然横穿马路等紧急情况下，他都可以随时调整，保持一个基本稳定的行驶状态。而处于心理危机中的个体，或者一位新手司机，可能难以保持这种平衡的状态。

平衡模式最适合于早期干预。因为此时个体已经失去了对自身的控制，对危机情境不知所措，不能作出适当的选择。通过平衡模式可以帮助危机当事人重新获得危机前的状态。在此时期，危机干预者主要的精力应该集中在稳定当事人的情绪上，在重新达到某种程度的稳定之前，不应采取其他进一步的措施。例如，对于一位被单位辞退的当事人而言，当前处于自责、愤怒的状态下，危机干预工作者应给予其心理支持，鼓励宣泄，稳定情绪，而不是急于寻找其被辞退的深层次原因。

（二）认知模式

在危机干预过程中，最核心的是认知和决策。危机当事人对于危机情境及自身状况等的认知往往是消极和歪曲的，与实际情形大相径庭。随着消极认知的发展，其行为也趋向消极，陷入恶性循环，加之消极的自我实现预期，直至导致危机无法解决。

认知模式（Cognitive Model）认为，危机导致心理伤害的主要原因是：当事人对危机事件和围绕事件的相关境遇进行了错误评价，而不在于事件本身或与事件有关的事实。该模式要求危机干预工作者帮助当事人认识到自己认知中的非理性和自我否定成分，重新获得思维中的理性和自我肯定的成分，从而使当事人能够实现对危机的控制。

例如，在地震危机事件中，人们常会有一些不合理信念，由此产生不适应的情绪和行为。可能的不合理信念有：①地震是危险或可怕的事，它会随时随地发生。②我必须得到关于地震的所有确切信息，否则我就是不安全的。③情绪困扰及不幸是外界因素导致的，个人无法控制自己的情绪。都是由于地震，所以我才会如此恐慌和焦虑。④一个人失去了亲人就没有任何希望了。我的母亲去世了，我也无法生存下去。上述非理性信念是思维绝对化、片面化的产物，可以通过辩论等方式加以矫正。例如，认为"我必须得到关于地震的所有确切信息，否则我就是不安全的"，如果确定已转移到安全地带，即使无法获得所有信息，当事人依然是安全的。只要做好防护措施，不必成天提心吊胆。

认知模式最适合于危机趋于稳定并接近危机前平衡状态的当事人。在此阶段，危机干预的主要任务就是改变当事人的思维方式，使之产生良性循环。它可以让当事人反复思考并强化关于危机情境的积极思维，直到积极的思维代替那些消极、歪曲的思维。这种干预模型的内容在很多心理治疗方法中都有所体现，如阿尔伯特·艾利斯（Albert Ellis）的合理情绪疗法、梅钦伯姆（Meichenbaum）的认知行为疗法和阿龙·贝克（A. T. Beck）的认知疗法等。

（三）心理社会转变模式

心理社会转变模式（Psychosocial Transition Model）认为，人是遗传和社会环境共同作用的产物。人在不停地变化、发展和成长，社会环境和社会影响也在发生着变化，因此心理危机既与内部因素如心理困境有关，又与外部因素如社会和环境有关。心理危机干预的目标在于帮助当事人分别评估内部因素和外部因素对危机的影响程度，从而引导其适当调整目前的行为、态度等，并充分利用各种环境资源。因此，对危机的考察也应该从个体内部和外部因素着手。除考虑当事人的心理资源和应对方式外，还要了解同伴、家庭、职业、社区对当事人的影响。从当事人的角度来说，他们需要适当整合内部应对机制、社会支持系统、环境资源等，以获得对生活的自主控制能力。

概括而言，心理社会转变模式认为，心理危机不仅仅是单纯的内部状态，心理危机干预要同时考虑个体以外的哪些系统需要改变才能解决危机。对于某些特殊类型的危机，如虐待、家庭暴力、性侵害等，除非影响当事人的社会系统也随之改变，或者当事人能够适应危机情境各系统的动力过程，否则，危机无法得到稳定或解决。

同认知模式一样，心理社会转变模式适合于危机情境接近危机前平衡状态、情绪基本稳定的当事人。

在以上三种模式中，平衡模式是最广为人知的，它将平衡定义为一种稳定的情绪状态，是可控的、灵活的；而失衡是一种不稳定的、失控的和无能为力的状态。认知模式将危机理解为当事人对危机情境的错误的思维的结果，重点放在对非理性信念的纠正方面。心理社会转变模式认为心理、社会或环境的因素都有可能引起危机，所以从心理、社会、环境三个方面来寻求危机干预的策略。

二、建构主义干预模式

建构主义（Constructivism）也译作结构主义，它关注的是个体如何运用自己的经验、心理结果和内部信念来建构知识和意义。个体经验和对经验的信念不同，对外部世界的理解也存在很大差异。建构主义把病理心理看作是文化和话语的建构物，因此从心理危机干预的角度，建构主义干预模式要求个体主动地和创造性地对知识经验进行建构，将新旧经验结合起来，不断地形成、丰富和调整自己的经验结构和自我结构。

建构主义干预模式分为三个阶段，不同的阶段和情境，建构主义危机干预的重点和方式也不同：

第一阶段，危机发生之前。个体在此阶段身处一个环境协调、压力适中的情境，心理处于暂时性的平衡状态，能应付日常生活中的应激事件。但是，此阶段往往隐藏着潜在的危机，而个体却并不具备危机意识，因此对于似乎突如其来的危机，个体往往可能没有任何心理准备。所以，在此阶段，心理卫生工作者要注重采取预防措施，加强个体的心理建设。通过给予个体各方面的支持，帮助个体在自身内部进行初级建构，扩充其知识图式，提早认识到危机发生的可能性和严重性，并学习积极应对方式。

第二阶段，危机干预中期。这是帮助个体自身进行高级建构的阶段，比初级建构提出了更高的要求。初级建构只要求个体形成一个简单的认知图式，即了解危机及其应对框架，而高级建构则要求个体在危机出现后通过真实体验，去内化、建构更成熟、更科学的认知图式。危机发生以后，图式建构较好的个体在初级建构模式的帮助下能在短时间内走出阴影。而对于图式建构较为欠缺的个体，在危机后很长一段时间内都不能摆脱阴影、走出悲伤。针对这部分个体，可以采取团体辅导、个别辅导等形式进行干预，帮助他们采用问题关注应对策略来完善、巩固他们的认知图式，用积极的态度理解生活，从而成功地减轻焦虑，提高自我评价，恢复社会功能。

第三阶段，危机干预后期。这是个体完成高级建构的一个重要阶段。在危机处理后，通过多种形式的干预活动协助个体不断地内化、建构和完善图式，如汲取经验教训、掌握自我调节方法等，从而使个体获得新的成长。可以看出，建构主义危机干预模式的指向并非根除病理心理，而是重构对生活的理解。通过这种方式提高个体的应对和应变能力，以个体成长和发展为目标，促进人们自身美德和力量的成长。从这个意义上讲，建构主义危机干预模式体现了"危机"的本意。

三、新兴危机干预模式

（一）社会资源工程模式

这一模式是在为一些面临危机的社会团体提供支持的基础上发展起来的，其目的在于当危机干预人员资源有限时，通过训练团体领导、警察、志愿者等，提供最初的危机干预和减轻情感痛苦的服务，从而使团体内的心理健康资源得到最大的利用，提高干预的效率。

（二）特异性模式

特异性模式是对特殊人群和特殊情境的干预模式。该模式对经历过灾难性事件的儿童的干预，应对措施包括：提供有关事件本身的信息，指出正经历的焦虑与恐惧的合理性，鼓励儿童在群体或个人场合表达出自身的情感（年幼的孩子主要通过画画或游戏来表达），增强儿童个人和家庭的应对能力，提供具体的应对技巧以减轻应激反应等。

（三）评定—危机干预—创伤治疗（ACT）模式

ACT危机干预模式是美国哈佛大学学者Roberts在整合了当前一些危机干预策略后提出的一种综合性危机干预模式，是一种专门针对突发性危机和创伤性危机进行心理干预的危机干预模式。ACT危机干预模式包括评估（Assessment）、危机干预（Crisis Intervention）和创伤治疗（Trauma Treatment）三个程序。这是一种专门针对突发性危机和创伤性危机进行心理干预的危机干预模式。该模式要求干预者在最短的时间内对当事人进行干预，促使当事人接受系统的心理治疗，彻底摆脱自身的心理困扰。"9·11恐怖袭击事件"发生后，危机干预者运用ACT干预模式对当地的一些高危人群进行危机干预，取得了显著的效果。

（四）整合的危机干预模式

整合的危机干预模式又叫折中危机干预模式。整合的危机干预理论是指从现有的危机干预的方法中，有意识、系统地选择和整合各种有效的方式和策略来帮助当事人。其观点认为所有人的危机都是既独特又类似的。因此，整合危机干预模式是将各种理论和模式根据实际需要结合起来，进行综合运用，是各种方法的综合，力争使干预的效果达到最佳水平。

四、团体介入危机干预模式

团体介入危机干预模式的使用方法由专职危机干预工作者及培训机构心理咨询师实施。引导当事人谈论他们的感受与挫折，形成支持体系；鼓励他们重新参与活动，维持社交往来；进行危机应对的相关教导以获得心理成长；鼓励他们积极与家人联络，寻求社会支持。

团体介入危机干预内容是根据当事人的需要，分别采取团体辅导、个人分享、互动、角色扮演、量表测试、行为训练、问卷、拓展训练、结构化面试、情境模拟等方法。其中，团体辅导是最常用的干预方式，目的是在团体情境下开展心理辅导，通过团体成员间的互动促使个体在交往中通过观察、学习、体验来调整认知，学习新的态度与行为方式，激发个体潜能，增强适应能力。行为训练是最主要的干预方式，使用行为训练可以强化其行为为动力定型。团体辅导危机干预方式方法没有固定的规律，或单独或集合使用，强度及频次也不尽相同。

五、危机事件压力经验小组分享模式

小组心理干预分为下列十二个方面：自我介绍、对死亡或事件作简要介绍、小组干预目的、开放式提问、分享经历、悲伤管理、假设、有效建议、团体意识、社会支持、纪念性活动、心理援助。

小组心理干预同样需要甄别出哪些是心理高危的人，他们可能是危机事件的当事人、接近危机事件、有个性缺陷或心理障碍、存在一些不利的环境因素等。在小组讨论的过程中，要注意观察哪些人具有较高的风险性，并对其进行单独的评估。具体可以从以下六个方面来判断：①与受害人关系密切或目击了事件但是却没有任何的情绪反应；②无法控制自己的感情；③过度自责和过度愤怒；④暗示或者提及自杀的想法；⑤明显的放纵或极端的行为；⑥在个人、家庭或人际关系方面存在问题。当然，有些人的表现并不仅仅局限在上述方面，咨询师需要凭借自己丰富的经验甚至是直觉来评估他们是否面临较严重的心理危机。对那些心理高危的人，要及时转诊，进行个别干预。

六、个体心理危机干预模式

个体心理危机干预是一对一进行的，对咨询师的危机干预技巧和心理咨询技术经验要求较高，咨询师一定要有这方面的专业知识。

咨询师参与心理危机干预的目的是主动回应危机事件当事人提出的接触要求，以非指示性的、热情的和有帮助的方式进行接触和交流。首先，要确保求助者的安全。在危机干预过程中，心理咨询师要将保证前来求助的当事人的安全作为首要目标。要将对自我和对他人的生理和心理危险性最大限度地降低。其次，要交流和沟通。咨询师和当事人之间不可避免地会谈论危机事件。咨询师的积极情感和坚定的信念会感染和激励当事人，有助于消除危机的不良影响。再次，要进行心理评估和提出应对心理危机的方法，帮助当事人选择那些能有效处理其目前境遇的适当方法。最后，制定计划。在当事人选择了有关应对危机的方法之后，必须有一个切实可行的计划来确保该应对方法的实施。计划的制定是咨询师和当事人合作的结果，要让当事人感觉到这是他（她）自己的计划，尤其是要让当事人感到他们的权利、独立性和自尊没有被剥夺。根据当事人的状况，计划应着重于帮助解决具体问题。在计划制定之后，需要重复一下计划，要得到当事人诚实、直接和适当的承诺，要明确当事人是否同意合作并实施计划。

总的来看，上述心理危机干预模式具有三个相通的特征：一是阶段划分，将干预过程划分为不同的阶段，针对不同阶段的特点采取不同的措施与策略；二是整合倾向，将不同的干预模式、支持资源加以整合，使干预的效果达到最佳水平；三是特异性发展，即针对不同人群、不同应激情境作深度拓展，发挥干预的特异性效果。各阶段有不同的干预方式，可以做到危机前有充分应对的心理准备，危机中有切实可行的干预方法，危机后有充分的总结提高，从危机中收获有效的自我调节方法。

第二节 心理危机干预的步骤

心理危机干预的主要目标是降低急性、剧烈的心理危机和创伤的风险，稳定和减少危机或创伤情境的直接严重后果，促进个体从危机和创伤事件中恢复或康复。帮助的及时性、迅速性是其突出特点，有效的行动是危机干预成败的关键。为了达到上述目标，更好地指导实践，有必要建立一个实用的危机干预程序。心理危机干预六步法已被专业咨询工作者和一般工作人员广泛采纳，用于帮助许多经历不同类型危机的当事人。

危机干预六步法包括：确定问题、保证当事人安全、提供支持、提出应对方式、制订具体计划和获得承诺。危机干预工作者应该将检查评估贯穿于整个六步法的干预过程中。

一、心理危机干预的六步法

（一）确定问题

危机干预的第一步是要从当事人的角度，确定和理解当事人所面临的问题是什么。对很多当事人来说，他们的危机往往是由多个错综复杂的问题交织而成。危机干预者必须能设身处地地感知和理解危机情境，清晰地界定每一个问题，否则他所采用的任何措施都无法取得满意的效果。在危机干预的初期，危机干预者应当以共情、尊重、积极关注的态度，与当事人建立起良好的关系，取得对方的信任。在此基础上，全面了解和评价当事人有关遭遇的诱因或事件，以及寻求心理帮助的动机。

需要明确的问题有：当前存在的主要问题是什么？有何诱因？什么问题必须首先解决？然后再处理的问题是什么？是否需要家属和同事参与？有无严重的躯体疾病或损伤？另外，还必须评估自杀或自伤的危险性，如有严重的自杀或他杀倾向时，可考虑前往精神科门诊就诊和住院治疗。

（二）保证当事人安全

安全感对处于心理危机之中的个体来说是最核心的需要。在危机干预过程中，危机干预者要将保证当事人安全作为首要目标。将当事人在身体上和心理上对自己和他人造成危险的可能性降到最低。

1. 帮助离开危机情境。保证安全意味着首先要保证当事人能够相对安全地脱离外界危险。例如，地震幸存者应离开危险的建筑，家庭暴力的受害者暂时离开施暴者等。否则，当事人生命和身体的完整性尚处于风险之中，可能不会有足够的心理资源参与到心理干预过程中。因此，当危险依然存在或者还存在潜在威胁时，危机干预者必须首先聚焦于当事人的安全。

当然，对于当事人来说，不仅需要确保现实的安全，而且要能够感知到自己是安全的。但是这常常会是一个问题，因为危机会导致过度警觉，经历过危机的人会预期危险，并将安全的环境也觉察为危险的环境。因此，在当事人获得安全感之前，让当事人回溯创伤过程是不妥的。在一些干预案例中，可以引导当事人关注一些有关安全保证的陈述，例如："张慧，你现在正和我一起坐在治疗室里，你很安全。"

2. 提供和保持稳定。稳定是一种持续的生理和心理状态，稳定感可使人不因破坏性的内在或外在刺激而陷入崩溃。应激性事件会使当事人陷入不稳定的状态，更容易出现应激反应。因此，稳定化在危机干预中对当事人来说是至关重要的一个环节，包括保持当事人生命稳定和情绪稳定两个方面。生命稳定是指一般性的生活稳定状态。对经历创伤并缺乏生命资源的人来说，首要的干预措施常常是社会工作，如保障生命安全、给幸存者提供实际的帮助、妥善安排食宿等。

在实施具体的干预措施之前，除了保持当事人的生命稳定以外，还要让当事人具备基本的心理自我平衡。这意味着有精神病急性症状、高自杀风险、严重焦虑或抑郁的人，在心理干预之前需要一些其他的干预措施，包括恰当使用药物等。

3. 提供信息。要及时提供关于当事人生命安全、危机事件的信息，以及如何正确应对应激反应的信息。以地震幸存者为例，干预者应主动提供当事人所关心的准确信息，包括地震灾害的信息、抗震救灾的进展情况、未来可能出现的危险、当事人亲属的下落，以及有关当事人躯体治疗的信息，以弥补当事人认知缺乏和信息不足造成的极度不安全感。

4. 评估危险。对当事人的内部事件及围绕当事人的情境进行评估，如对当事人躯体和心理安全的威胁程度、当事人失去能动性的可能性和严重性。评估的同时，要保证当事人知道代替冲动或自我毁灭性行动的解决方法。

（三）提供支持

提供支持强调干预者与当事人的沟通和交流，使当事人了解危机干预者是完全可以信任的，是能够给予其关心、帮助的人。当然，作为处于危机情境下的当事人来说，很难轻易相信危机干预者是值得信任的人。危机干预者必须以尊重、无条件积极关注的方式接纳当事人，而无论当事人的态度如何。提供支持就是提供这样一种机会——让当事人相信"这里有一个人确实很关心我"，如果当事人处于极度孤独的状态下，危机干预者可以说："这样一个特殊的时刻，我非常关心你的安全，我很愿意为你提供帮助，我是某某，这是我的电话号码，当你觉得无助时，可以随时联系我，好吗？"

（四）提出应对方式

第四步的目的是帮助当事人探索其可以利用的替代方法，促使当事人积极地搜索可以获得的环境支持、可以利用的应对方式，发掘积极的思维方式。

这一步是当事人和危机干预者常会忽略的一步。在多数情况下，当当事人遭受心理创伤而失去主观能动性时，思维处于混沌的状态，不能恰当地判断什么是最佳或者更适宜的选择，有些处于危机的当事人甚至认为无路可走了。危机干预者应引导当事人认识到，有许多变通的应对方式可供选择。应该从多种不同途径思考和寻找变通的方式：

1. 环境支持。这是提供帮助的最佳资源，当事人知道有哪些人现在或过去能关心自己，目标是帮助幸存者与主要的支持者或其他的支持来源（包括家庭成员、朋友、社区的帮助资源等）建立短暂的或长期的联系。

2. 应对机制。即当事人可以用来战胜目前危机的行动、行为。

3. 当事人积极的、建设性的思维方式，可用来改变自己对问题的看法并减轻应激与焦虑水平。

通过从这三方面客观地评价各种可变通的应对方式，能够给感到绝望和走投无路的当事人以极大的支持。

例如，在自然灾害或其他重大创伤事件发生过程中，当事人可能会觉得自己的经历无法被他人理解或接纳，造成心理上的孤立和社会隔绝感。可以让重点人群确认自己的社会支持网络（如家人、朋友、同事以及社区内的相关资源等），明确自己能够从哪里得到怎样的具体帮助（如情感支持、建议、信息、物质方面等）。

再如，可以与心理危机当事人讨论：在危机发生后，你都采取了哪些方法来应对？如多跟亲友或熟悉的人待在一起、积极参加各种活动、尽量保持以往的作息时间、做一些可行且对改善现状有帮助的事等，避免不好的应对（如冲动、酗酒、自伤、自杀）。要多采用开放式提问方法，启发当事人尽可能多地想出不同的选择方案。然后再将自己想到的方案加以补充。例如："我突然想到一个办法，你是否在近期内到你的朋友家里住上一段时间？或许你可以考虑一下。"为了找到最恰当的方案，可与当事人讨论在过去类似的情境中，哪些方法是有效的。通常当事人都能从过去的经验中想出好的解决方案。

【案例】 危机干预者：郝××，你说你现在害怕极了，无处可逃，不知道该怎么办好了，是吗？那么，你想一想，在过去，当你的丈夫威胁你要打你时，你是用什么方法来处理的呢？

郝××：嗯，有过几次，我去找我的朋友任××。她是个律师，很善解人意、乐于助人。我很信任她，她会给我提供住处，但是我们很久不联系了。

危机干预者：那你看看你是否能重新和她联系上？当你害怕的时候，找她倾诉，也许她在法律上也可以帮助你，可以吗？

郝××：好，那我试试。

虽然有许多可变通的方式来应对当事人的危机，但危机干预工作者只需与当事人讨论其中的几种。因为处于危机之中的当事人不需要太多的选择，他们需要的是当前境遇下切实可行的选择。此外，值得注意的是，分析并计划可供选择的方案应尽可能与当事人合作，最好的方案是当事人能接受的方案，而且是切实可行、可操作的。干预者不能将自己的选择强加于当事人，无论这个方案多么完美。

（五）制订具体计划

危机干预的第五步是制订计划，这是从第四步直接发展而来的。危机干预工作者要与当事人共同制订行动步骤来矫正其情绪的失衡状态。要针对当时的具体问题以及当事人的功能水平和心理需要来制订干预计划，同时还要考虑到有关文化背景、社会生活习惯以及家庭环境等因素。危机干预的计划是限时、具体、实用和灵活可变的，并且有利于追踪随访。

一般来说，危机干预的计划应该满足以下两点：①确定有另外的个人、组织团体或相关机构能够提供及时的支持；②提供的应对机制必须是当事人现在能够采用的、具体的、积极的。根据当事人的实际情况，干预计划应切实可行，有助于当事人解决问题。干预计划可以包括当事人与危机干预工作者的共同配合，如使用放松技术。

在制订计划的过程中，干预者既要帮助当事人拟定一个短期的行动计划，以帮助其走出当前的危机；还要拟定一个长期的行动计划，培养当事人掌握更积极恰当的应对方式。

制订干预计划的关键在于让当事人感到干预者没有剥夺他们的权利、独立性和自尊，让当事人感到这是他自己的计划。有些当事人可能并不会反对干预者决定他们应该做什么，但此时这些当事人往往过分地关注于自己的危机而忽略自己的能力，他们甚至会认为将计划强加给他们是应该的。让受情绪困扰的当事人接受一个善意强加给他们的计划往往很容易。因此，在计划制订过程中的主要问题是当事人的控制性和自主性，让当事人将计划付诸实施的目的是恢复他们的自制能力和保证他们不依赖于干预者。

（六）获得承诺

获得承诺是帮助当事人承诺而采取的确定的、积极的步骤，并从当事人那里得到会明确按照计划行事的保证。这是第五个步骤的自然延伸，同样，控制性和自主性问题也存在于这一过程。如果制订计划这一步完成得较好的话，"获得承诺"这一步就比较容易。多数情况下，保证这一步比较简单，让当事人复述一下计划："现在我们已经商讨了你计划要做什么，下一步将看你如何向他或她表达自己的愤怒情绪。请跟我讲一下你将采取哪些行动，以保证你不会大发脾气，避免危机的升级。"

这种口头概述有利于干预者把握当事人对行动计划的理解程度，也有利于强化当事人的承诺。若当事人对行动计划有所误解，干预者还可以作进一步的澄清，同时还有利于干预者对当事人进行随访。对当事人来说，作出承诺可以驱使他按行动计划去执行。

在结束危机干预前，工作者应该从当事人那里得到诚实、直接和适当的承诺。然后，在检查、核实当事人行为的过程中用理解、同情和支持的方式来进行询问。也就是说，与在确定问题或其他步骤中一样，核心的倾听技术在这一步也很重要。

危机干预的后三个步骤主要是行动。根据当事人的需要和可利用的环境支持，采取非指导性的合作和指导性的干预方式。

需要强调的是，在危机干预六步法中，评估动态地贯穿于始终，即根据当事人的应对能力、危机事件的威胁程度及当事人的能动性水平，对当事人过去和现在的危机状态进行评估，就何种类型作出判断。具体评估内容和方法参见"应激相关障碍的诊断与评估"一章。

保证危机干预六步法成功的基本要素是危机工作者和当事人之间良好的关系。相互信任的关系会让双方形成治疗同盟，当事人会积极配合干预者，从而达到更有效的干预结果。

除以上六步之外，还应该启动社会支持系统。社会支持系统主要包括：来自于父母及其他亲人，来自于老师、领导和要好的同学、朋友、同事，来自于其他方面如邻居和社区志愿者的支持等。这种支持不仅包括心理和情感的支持，也包括一些实质的救助行为。

一般经过4~6周的危机干预，绝大多数的危机当事者会度过危机，情绪危机得到缓解，这时应该及时地中断干预性治疗，以减少当事人的依赖性。在结束阶段，应该注意强化新习得的应对技巧,鼓励当事人在今后面临或遭遇类似应激或挫折时,学会举一反三地应用解决问题的方式和原理来自己处理问题和危机,自己调整心理平衡,提高自我的心理适应和承受能力。

二、心理危机干预六步法的运用

【案例】宫×,女,25岁,在读研究生,未婚,与男友异地恋5年,即将毕业。在面临留校任教、继续考博和回到男友所在城市考公务员的选择冲突时,她放弃留校、考博机会,决定回男友所在城市考公务员。筹备考试期间男友却突然提出分手。宫×出现心悸、失眠、坐立不安、食欲不振、不想走出宿舍等症状,无法参加正常社交;常梦见高考落榜、被父母送走。宫×遂寻求咨询师干预。

运用危机干预的六步法,对此案进行干预如下:

第一步:确定问题。在初步建立信任关系后,咨询师首先了解宫×求助的原因是什么?事情的经过如何?当前存在的主要问题是什么?什么问题必须首先解决?然后再处理的问题是什么?有无严重的躯体损伤?有无自杀或自伤的危险?

咨询师通过积极的倾听技术、开放式的提问获取信息,明确宫×的问题是一个失恋引起的急性突发应激事件,宫×处于无法应对突发分离危机的状态,需及时评估宫×的身体、情绪状况、应对方式等。

第二步:保证当事人宫×的安全。在明确问题的同时,咨询师必须注意宫×自杀与伤人的可能性。要采用封闭式的提问,探究她的安全状况。

宫×:我和男友分手了,我被抛弃了,好绝望。

咨询师:你可以信任我,说说发生了什么。

宫×:我觉得我从没这么喜欢一个人,我为了他可以放弃我打拼了这么多年的学业,我也可以离开院校熟悉的环境、优厚的工作待遇,我放弃一切想和他在一起。而他却在前一天还说要和我在一起,第二天就果断和我分手了,我实在无法理解。我被抛弃了,我的人生全完了,干脆死了算了(掩面哭泣)。

咨询师:我感受到了你很伤心、难过和痛苦,你有想离开世界的念头?

宫×:是的,我付出太多了,可是他却看不见我的努力,无法理解我为他放弃我的前途,获得那些有多不容易。他反而说我总是自我感觉良好,这太不公平,我不想再活了,人生没有意义。

咨询师:你服用什么药剂了?比如安眠药?或者自残、自伤了吗?

宫×:现在还没有,可我不想活了。

咨询师:你朋友怎么看你和你男朋友的相处模式?

宫×:大家都说我像妈妈照顾孩子。可我感觉我对他好有错吗?我太累了,怎么做都是错,身心俱疲,没有活下去的力气了。

咨询师:你那么年轻,那么优秀,可以成为高校教师,也有机会成为博士,还可以自信地选择参加国家公务员考试,这多么令人羡慕。你有美好的前途,有爱你的家人,还有很多朋友，你一定是他们的骄傲，我猜想你并不想伤害你的父母和爱你的朋友们。

第三步：给予支持。咨询师以尊重、无条件、积极的方式接纳宫×，耐心倾听并热情关注她所有的心理反应。咨询师身体前倾，眼神关切，鼓励宫×表达自己的情绪，宣泄她的愤怒、软弱和无助。用温和、关切的语调向宫×传递干预者的理解："听起来你正处于崩溃的边缘，你不知道该怎么办，是吗？""别着急，慢慢说。""如果你现在不想说，也没有关系，我会陪着你的。"

咨询师：是的，失恋的确让人难过。你知道他提分手的具体原因吗？

宫×：他说我给他太大压力。让他感觉一无是处。

咨询师：听了你的叙述，你在这段爱情里表现出爱的力量和勇气，这让我感动。

宫×：可这一切毫无意义。我的付出只是一场闹剧。我感觉很丢人，好像身边的人都在笑话我，我连头也抬不起来，不想出门，常常会梦见掉下悬崖，或是被父母送人，真的太恐怖了。我不想吃饭，更无法入睡。

咨询师：对未来选择的纠结、对喜爱的事业的放弃、男友的离开，这些事放在任何人身上都会难以接受，我非常理解你。你说的那些让你恐惧的事情，只是梦境，此刻你是安全的。我有什么能帮到你的吗？

宫×：我不知道，我只知道我自己一个人，快要死了。

咨询师：你来找我了，我很感谢你的信任，也需要你知道，你并不是一个人，我会陪伴你。

第四步：提出应对方式。为了缓解当下的危机压力，咨询师和宫×一起设想可能的选择方案，并且与宫×讨论在危机发生后，她都采取了哪些方法来应对。为了找到最佳方案，咨询师与宫×讨论她在过去类似的情境中曾做过哪些努力，哪些方法是有效的？通常当事人都能从过去的经验中想出好的解决方案。

咨询师：你以前和亲人、朋友有过突然的分离吗？

宫×：有过。4岁时，妈妈怀了弟弟，他们就突然决定把我送到外婆家。我和舅舅家的孩子相处得特别不好，我家穷，他们都欺负我。

咨询师：那么幼小的你在没有父母的环境里生活是不是让你害怕？

宫×：是的，那种陌生的环境和被抛弃的痛苦让我恐惧。

咨询师：你在那里生活了几年？

宫×：4岁到7岁，3年。

咨询师：你当时做了什么让自己在外婆家的3年能过得好一些？

宫×：我想想，我主动找喜欢我的表姐和表妹玩，把好吃的都留给外公、外婆。渐渐地，他们都接纳了我。可我表哥还是不喜欢我，即使我总是讨好他。

咨询师：你当时还那么小。你认为是你的什么特质赢得了大家的喜欢？哪些方法比较关键？

宫×：我聪明、友善、付出、敏感，有勇气、会分享，我喜欢帮助大家，最主要的是我喜欢我的表姐，她对我特别好，会照顾我，也想着和我分享。还有外公、外婆，他们在家里说了算，孙子和外孙里面，他们最疼爱我。

咨询师：在那段经历中，你最在乎的是什么呢？

宫×：只有大家好了，我才会好。我特别害怕冲突，和谐的关系是我最珍视的。

咨询师：后来你在生活中是如何营造和谐的人际关系的？

宫×：我很会照顾人，大家比较容易信任我，身边不少朋友。我对男朋友更是百依百顺，什么都以他的感受和利益优先。可他却总说我给他压力，现在我放弃我的事业，他却要抛弃我。

咨询师：把别人照顾好了，你就安全了，如果关系维系不够好，你就很糟糕，你是这样想的？

宫×：是的。关系不好就会感觉害怕，不安全。

咨询师：这个观念是怎么来的？

宫×：从小就是这样的。在外婆家，表哥总欺负我，其他人都对我特别好。

咨询师：表哥没有一次和你友好相处吗？

宫×：有一次我求他送我回家，天太黑了。他帮了我，我们没有吵架。

咨询师：看起来，即便关系不好，也没有那么糟糕，甚至也会带给你安全。

宫×：这个我以前没有想过。

咨询师：当你开始求助的时候也会是一种对人的信任和交流方式。你会向他人表达脆弱和柔软吗？

宫×：不会。我不允许自己表达软弱。在我的家里，也是以弟弟为先，我的感受不重要。

咨询师：你从来都没有表达过你的内心需要吗？你一直都这么坚强，习惯照顾他人吗？

宫×：表达脆弱会让我不舒服。不过，有一次生病了，我特别难受，家里只有我和爸爸，我不敢告诉他。爸爸看我难受，问我怎么了。我鼓了很大勇气告诉他："我特别难受，想去看医生。"爸爸背起我就跑到医院。那天下着雨，我第一次在爸爸的背上，感觉很幸福，也很奢侈。

咨询师：那是爸爸第一次背你？那时你多大？

宫×：10岁。

咨询师：那次和以往的你有什么不同？

宫×：我学会了求助，表达自己的需要和柔弱。但只有在我感觉足够安全的时候，我才会那么做。

咨询师：你在男朋友那里有安全感吗？表达过自己的柔弱吗？

宫×：大部分时间都是我照顾他，也表达过柔弱。不过一有压力的时候，我就会变得很强硬，只关注别人的感受和对我的评价，其实我也很痛苦。

咨询师：看上去你的确很有力量，处理关系拿捏得当，可是也有脆弱的时候。当你表达脆弱的时候，你的表哥、父亲、男朋友都会很乐于帮助你，你们的关系非但没有破坏，反而很和谐，这不正是你想要的吗？

宫×：是呀，求助对我来说很陌生，但它的确有用。

危机干预者还要帮助宫×寻找社会支持，建立短暂的或长期的联系。

咨询师：宫×，现在你是自己独自生活，还是和父母一起住？或是在外公、外婆家住？

宫×：我自己在学院宿舍住。

咨询师：你可以回家和父母或外公、外婆一起吗？

宫×：我不想让他们看到我落魄的样子，只想一个人待着。

咨询师：如果有朋友向你求助，你会因为他落魄而拒绝吗？

宫×：不会，我会特别感谢他相信我，我会全力去帮助他。

咨询师：你真的很善良，那么在你落魄时，亲人们也能帮助你，他们会和你一样有被信任的快乐。也许，你把脆弱表达给你的男朋友，也说不定会有转机。

宫×：真的吗？我可以和他们说我的委屈和脆弱吗？

第五步：制订计划。其实在任何危机情境中，探讨不同的选择方案和制订计划是密切相关的。在帮助宫×探讨了可能的选择方案后，就可以帮助她制订短期和长期的危机干预计划。这里还要注意的是，只有让宫×确实理解了该计划，且具备了执行计划的能力时，这个计划才能确定下来。

咨询师：现在我们来一起讨论一下接下来我们还能做点什么。

宫×：我的确有些想回家了，一个人在宿舍实在太孤独了。

咨询师：你的家人们都很爱你，他们需要你，你也需要他们。

宫×：是的，我想他们了。我可以和他们说说我的事，没必要总是报喜不报忧。

咨询师：你对未来你的学业和工作有什么打算吗？

宫×：你说得对，我想先回家调整一下自己，然后找机会和我男朋友做一个沟通，表达我内心真实的需要。其实，我是想读博士的。这一点我以前只在心里想，从未向他说过。

咨询师：太好了，至少你选择了尝试为自己而争取，相信你的爱人会与你一起分担，而不是讨好他。与他分担困难，也是对一个人的信任，更是一种情感的传达和共同的经历。

宫×：其实，男朋友没有让我放弃这么多，他让我自己定，可我不想让他感受到冲突，那就让我来付出。现在，我想试试。

咨询师：你真的不想放弃自己，而选择重新尝试吗？

宫×：是的，我的家人们需要我。现在这个样子，我也有责任，或许我可以换一种活法。

第六步：获得当事人宫×的承诺。从当事人那里获得对行动计划的承诺应该是简明扼要的，并且要及时去执行。如果可能的话，咨询师留下当事人的电话号码，并约定当事人在某个时间给干预者回电话，以了解计划的执行情况。

下面这段对话反映了是咨询师是如何从宫×那里获得承诺的。

咨询师：太好了，宫×，你说你要作出新的选择，首先回到亲人身边。现在你能说说你打算什么时候回家吗？

宫×：从咨询室出去，我回学校收拾一下东西就回家。

咨询师：你是想回外婆家还是自己父母家？

宫×：回父母家吧。外公、外婆年龄大了，他们见不得我不开心。

咨询师：你回家后，可以联系我、告诉我吗？

宫×：可以。

咨询师：很好。这是我们第一次见面，这是我的名片和电话，如果你需要，可以继续我们的咨询，特别是当你感受到无力、难过、情绪失控时，你随时可以打电话给我。

宫×：好的，我回家会打电话给你。整理好自己，并与男朋友再次沟通后，也会和你联系。太感谢你了。

以上就是按照危机干预的六个步骤，对一个精神处于崩溃边缘的家庭暴力的受害者实施的危机干预。危机干预工作者形成了对目前危机问题的判断，给予心理支持，克服了当事人的恐惧感，还就如何摆脱困境形成了明确的计划，得到了当事人的承诺。

在实践中，除以上六步法之外，还应该启动社会支持系统。社会支持系统主要包括：来自父母及其他亲人、来自老师和同学、来自其他方面如朋友和社区志愿者的支持等。这种支持不仅包括心理和情感的支持，也包括一些实质的救助行为。有调查表明，大学生从他人那里获得的社会支持具有可靠同盟、价值增进、工具生帮助、陪伴支持、情感支持、亲密感和满意度等调节功能，这些功能对处于危机期的大学生具有重要作用。

第三节 心理危机干预的方法与技术

心理危机干预属于广义的心理治疗范畴。它借用简单心理治疗的手段，帮助当事人处理迫在眉睫的问题，以恢复心理平衡，安全度过危机。干预的对象不一定是"患者"，尽管大多数国家将此列为精神医学服务范畴。干预的最低目标应是保护当事人，预防各种意外，故常动用各种社会资源，寻求社会支持。

一、心理危机干预适应范围

根据常见的心理冲击类型，心理危机干预主要适用的范围有：

1. 丧失因素。这涉及人员、财产、职业、躯体、爱情、职业、地位、尊严等的丧失，如亲人之故、失窃、破产、失业、受监禁、致残、失恋、离婚、事业及追求受挫等。

2. 适应问题。这包括新生入学、退伍、离休、动迁新居、初为人媳（母）、移民等情况，多指面对新的环境或状态时需要重新适应的心理应激。

3. 矛盾冲突。这是指面临各种急需作出决断的矛盾及长期的心理冲突等状况，如弃学与就商、现实的趋俗与良心道德价值观的激烈冲突等。

4. 人际紧张。严重的或持续的人事纠纷极易陷入心理危机。

二、心理危机的干预方法

心理危机干预有许多种方式，干预技巧既有共性，也各有侧重。

（一）电话危机干预

此方法比较方便、及时且经济、保密性强，但难度较大。因为互不见面，声音是获得信息、施行干预的唯一途径。干预者的任务是迅速从音调、语气及简洁应答中判断求助者的心理状态。基本干预策略是先稳住对方的情绪，引导其倾诉，并晓之以理。

（二）面谈危机干预

面谈的基本方法为倾听、观察、评估及干预等。

干预措施包括：①调整认知；②改善应对技巧；③松弛训练；④充实生活内容；⑤扩大交往，建立支持系统。

（三）社区为基础的危机干预

这包括成立各种自助组织，及时识别高危人群（如抑郁悲观者、绝症患者、老人、残疾人及天灾人祸后的当事人等）。普及相关预防知识，在社区中宣传心理卫生知识，提高扶弱济贫救危活动的公众意识，预防危机所产生的不良后果。

三、心理危机干预的技术

（一）心理危机干预的技术

心理危机干预浓缩了一系列心理治疗技术和策略。一般情况下，用来进行心理危机干预的技术和心理咨询与治疗的技术并没有本质上的不同。但是心理危机干预过程更具有时限性，需要心理危机干预者安全、快速、简捷、有效地化解当事人的心理危机。因此，从本质上讲，心理危机干预工作就是一次短程的心理咨询与矫治过程。

1. 评估技术。评定当事人的应激反应和心身症状，作出第一层次评估，或符合医学的临床诊断（如死亡恐怖、高血压、肠癌术后），或者运用临床心理学中的现象学作出"问题"诊断（如恐怖、焦虑、性格敏感）。

通过进一步分析生活事件、认知评价、应对方式和社会支持程度，作出问题的第二层次的评估，确定应激各因素在"问题"中的地位以及因素之间的互动关系。

通过分析人格特点，特别是健康观念方面的求全、敏感倾向，可作出问题的第三层次的评估，以确定人格因素在整个"问题"系统中的作用。

2. 倾听技术。在危机干预中，准确和优良的倾听技术是危机干预者必须具备的能力。倾听不仅是采集信息的过程，更是主动接纳、关切的过程。在倾听的过程中要主动倾听，去体会求助者没有说出来的"弦外之音"和"无声之音"。

有效倾听的重要因素有：一是在开始时就用自己的言语向对方真实地说明自己将要做

什么；二是让求助者知道，危机干预工作者能够准确地领会其所描述的事实和情绪体验；三是帮助当事人进一步明确了解自己的情感、内心动机和选择，帮助当事人了解危机境遇的影响因素。

心理危机干预者要达到主动倾听的目的，首先要主动引导话题，多用一些开放性的问话，把说话的主动权交给干预对象，激发、诱导出求助者感情、认知和行为方面的内容。给当事人以肯定、支持和保证，积极与当事人共情，耐心倾听并热情关注，真诚接纳当事人所有的心理反应；提供疏泄机会，鼓励其将自己的内心情感表达出来；认可当事人表露出的情感，建立同感，不要试图说服他们改变自己的感受。尽量不用或少用封闭式、审问式、探究式等提问方式，慎用"为什么"的提问方式。

3. 支持技术。通过语言、声调和躯体语言向当事人表达，危机工作者是以关心的、积极的、接纳的、中立的态度来处理事件，旨在尽可能地解决危机。使当事人的情绪状态恢复到危机前的水平。在开始阶段，被干预者的焦虑水平很高，应尽可能使之减轻，可以应用暗示、保证、疏泄、环境改变、服用镇静药物等方法；如果有必要，可考虑短期的住院治疗。

例如，对于地震灾区的人来说，主要问题来自安全感的大幅降低。他们在地震期间和震后相当长的一段时间里，会表现出惊慌、无助、逃避、退化、恐惧等一系列不良情绪和行为。其中，有人会出现情感休克，表现是发呆、反应迟钝、精神麻木、记忆丧失，甚至昏迷不醒。处理情感休克的关键是心理支持，鼓励当事人宣泄，让他尽量哭出来或说出来；同时，采取接受性、鼓励性和包容性语言，如："你的感受我完全可以理解""你说得很好，继续"等，一边安慰一边引导，可以适当通过轻抚身体、拥抱等方式来增加其安全感。

危机干预的前三个步骤可以归纳为倾听，即以共情、尊重、接受、不偏不倚和关心的态度进行倾听、观察、理解和作出反应。

4. 干预技术。干预技术又称解决问题技术，帮助被干预者按以下步骤进行思考和行动，常能取得较好效果：一是明确存在的问题和困难；二是提出各种可供选择的方案；三是罗列并澄清各种方案的利弊和可行性；四是选择最可取的方案；五是确定方案实施的具体步骤；六是执行方案；七是检查方案的执行结果。危机干预者的作用在于启发、引导、促进和鼓励，在干预过程中的职能主要是帮助求助者正视危机，寻求可能应对的方法，获得新的信息或知识，提供相应的生活帮助，回避一些应激性境遇，避免给予不恰当的保证，敦促当事人接受帮助。

5. 稳定化技术。稳定化技术就是通过引导想象练习帮助当事人在内心世界中构建一个安全的地方，适当远离令人痛苦的情景，并寻找内心的积极资源，激发内在的生命力、重新面对和解决当前困难的能力、其对未来的希望。因此，该技术主要用于危机干预的初始阶段，以帮助当事人将情绪和认知水平恢复到常态，从而接受下一步的治疗措施。

稳定化技术包括四项内容：①将负性情绪、负性画面隔开，或将负性情绪打包处理，如屏幕技术、保险箱技术等；②创造好的客体；③建立积极的内部形象，如内在帮助者、安全岛等；④自我抚慰，如放松练习等。

（二）心理危机干预的工作

心理危机并不可怕，在日常生活中呵护自己的心理健康，构建完善的心理危机干预工作系统，干预工作要做到：

1. 发现。开展心理素质教育，鼓励当事人积极求助。要开展危机重点人群排查工作，选择科学的工具对危机当事人开展心理健康测评，建立心理档案，以便做到心理问题早发现，防患于未然。并建立快速反应通道，对有危机或潜在危机的当事人做到及时发现，及时干预。

2. 监控。主动收集重点人群心理疾病与危机信息，做好监控工作。要组织有关专家对有心理困扰的当事人进行心理鉴别，通过早期干预、心理咨询和跟踪调查，形成心理问题筛查、干预、跟踪、评估一整套工作机制，提高心理危机干预工作的科学性和针对性。

3. 干预。在相关专家的指导下，根据危机的类型和性质进行"红色""橙色"和"黄色"三种紧急干预。"红色"是危机的最高级别，一旦发现有自杀等意向并计划实施自杀等行为的当事人，应立即对其实行有效的监护，确保危机当事人的人身安全，并迅速通知相关专业人员，共同采取干预措施；"橙色"是危机的次高级别，在对当事人进行心理健康普查时和日常工作生活中发现有自杀等意向者，必须甄别危机的程度，通过澄清、解释、安慰以及问题解决技术的应用，协助当事人或相关人员减少或摆脱危机的影响，恢复心理平衡，必要时应当及时转介；"黄色"是危机的较低级别，即发现有心理困扰并严重影响其劳动、生活的危机当事人，要建立良好的心理咨询关系，耐心倾听，认真记录，跟踪调查，协助当事人摆脱心理困扰，并及时通报信息。

4. 转介。与当地精神卫生机构建立良好的联络关系，按照有关规定，对不属于咨询范畴的、有严重心理障碍或心理疾病的危机当事人应转介到精神卫生机构，以便及时采取心理治疗或住院治疗等干预措施。对处于危机中的当事人要请专家进行心理评估；对自杀未遂的危机当事人，应立即送到专门机构进行救治。

5. 善后。危机过去之后，干预工作仍需进行。可以使用支持性干预及团体辅导策略，通过心理专家、志愿者等单独辅导等方法，协助经历危机的当事人及相关人员，正确总结和处理危机遗留的心理问题，尽快恢复心理平衡，并进行跟踪调查，尽量减少由于危机造成的负面影响。

第四节 心理危机干预的流程与注意事项

一、心理危机干预工作流程

第一步，启动工作团队。第一时间组建团队，成员包括精神科医生和护士、临床心理工作者或心理咨询师、社会工作者、政府管理人员等。作好出发准备，统一指挥，到达现场。

第二步，危机事件管理。到达现场以后，收集危机信息，预测心理反应，分析整体态势，对干预团队进行分组，分头开展工作。每个小组设组长1人，助理1人，进行现场访谈，收集有关信息。

第三步，受害人群分类。确定受害人群的级别和数量，进行分组。

第四步，高危人群筛查。重点筛查因应急性危机事件而引发的严重精神障碍和自杀倾向的人群，对其进行应急处置。

第五步，危机干预方案。根据受害人员的类型、人数等制定心理危机干预方案，为心理危机干预的实施提供可操作的工作流程（需要得到有关部门的批准以后实施）。

第六步，危机干预实施。按照预案中的技术方案，针对不同人群实施心理危机干预。首先，第一时间向上级领导汇报。其次，联系心理健康教育中心，如情况危急且确定，亦可直接将当事人转介到相关精神卫生机构。心理健康教育中心在接到危机情况后，视危重情况汇报给当事人的领导，并及时进行心理危机干预。最后，在干预过后，视当事人的状况对其进行转介或者继续进行咨询，并于咨询当天及时反馈给其领导和家属。

第七步，总结督导。方案实施过程中，工作团队应及时总结当天工作，每天晚上召开碰头会，对工作方案进行调整，计划次日工作，同时进行团队内的相互支持和专业督导工作（使心理咨询师保持良好的工作状态）。

具体流程如图所示：

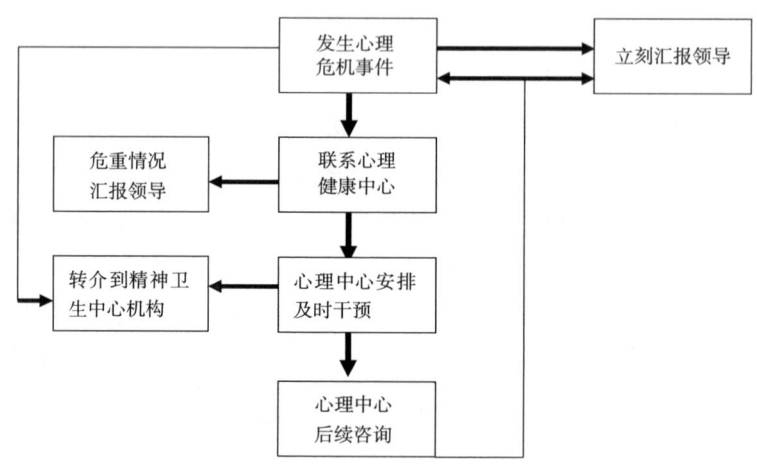

图 3-1　危机干预实施流程

二、心理危机干预过程中应注意的事项

心理危机干预过程中应注意的事项有：

1. 关心处于危机的人，要耐心聆听，切忌用大道理教训人；
2. 求助者正处于危机状态，是进行危机干预的最佳阶段；

3. 治疗者是帮助求助者去应对他们的危机，不能包办代替；

4. 处于危机状态的人不宜对重大事项作出决定，其往往考虑不周；

5. 电话和面对面危机干预的作用是有限的，一些决定结束自己生活的人不会寻求帮助；

6. 提供信息或情报，帮助求助者处理有关问题；

7. 避免在治疗者和求助者之间形成依赖关系；

8. 治疗者应努力学习有关知识（法律、文化、经济等），以便处理各种各样的问题；

9. 理解求助者拿起电话或上门是不容易的，且需要有很大的勇气，治疗者要耐心和满腔热忱地关心、理解和接受他们；

10. 向求助者提供虚假安慰是不明智的，尽管这种安慰出于好意。同样，廉价的同情也是不需要的；

11. 劝阻求助者不要过多责备他人，这无助于他们从主观角度找原因；

12. 不提供具体的建议如离婚、更换学校或职务等，但可提供可供选择的解决问题的方案，并弄清各种方案的利弊及可行性，供求助者选择最可取的方案；

13. 治疗者的作用在于启发、引导、促进和鼓励，而不是提供现成的方式。对于一个处于危机的人，别人真诚关心就是最好的安慰和支持。

三、危机干预技术宜灵活与规范结合

（一）危机处理中你可以说的语句

危机处理中你可以说的语句有：

1. 对于发生在你身上的事情，我觉得很难过；

2. 你现在安全了（如果这个人确实是安全的）；

3. 我很高兴现在你和我一起在这里/你正在跟我说话；

4. 这不是你的错；

5. 你的反应是遇到不寻常的事件时的正常反应；

6. 你有这样的感觉是可以理解的；

7. 看到/听到/感受到/闻到这些一定很令人难过/痛苦；

8. 你不会发疯的；

9. 事情可能不会一直是这样的，它会变得更好，而你也可以变得更好；

10. 你的想象会造成一个比事情原本的样子更可怕的现实；

11. 此时，哭泣、憎恨、想报复等都是没关系的。

（二）危机处理中你不可以说的语句

危机处理中你不可以说的语句有：

1. 我知道你的感觉是什么；

2. 我了解；

3. 你能活下来就是幸运的了；

4. 你能救回些东西算是幸运的了；

5. 你是幸运的，还有其他的孩子/亲属等；

6. 你还年轻，能够继续你的生活/能够再找到另一个人；

7. 你爱的人在死时并没有受到太多痛苦；

8. 在她/他死前已过了丰富的一生；

9. 她/他现在去了一个更好的地方/更快乐了；

10. 在悲剧之外会有好事发生的；

11. 你会走过来的；

12. 不会有事的，所有的事都会没有问题；

13. 你不应该有这种感觉；

14. 时间会治疗一切的创伤；

15. 你应该回到你的生活中继续过下去。

（三）危机干预中应该做的事

危机干预中应该做的事有：

1. 平静而移情地倾听；

2. 同情并给予支持；

3. 评估危险程度；

4. 询问既往史（有无自杀未遂）；

5. 分析除自杀之外还可能发生的事；

6. 询问其自杀计划；

7. 达成协议以拖延时间；

8. 参与其他支持；

9. 如可能，转移自杀工具；

10. 采取行动，告之他人，得到帮助；

11. 如自杀危险程度很高，则始终陪伴当事人；

12. 切勿让其独处；

（四）危机干预中不应该做的事

危机干预中不应该做的事有：

1. 对事态严重性认识不足；

2. 表现震惊、困窘、惊恐；

3. 空洞地说教；

4. 刺激当事人加速实行自杀；

5. 认为当事人的难题微不足道；

6. 给予虚假的承诺；

7. 发誓保守秘密；

8. 离开当事人，使其独处。

四、特别提醒

1. 心理危机干预是指针对处于心理危机状态的个人及时给予适当的心理援助。这不是一种程序化的心理治疗，而是一种心理服务。

2. 心理危机干预的最佳时间是遭遇创伤性事件后的 24～72 小时。24 小时内一般不进行危机干预。若是 72 小时后才进行危机干预，效果有所下降。若在 4 周后才进行危机干预，作用明显降低。

3. 心理危机干预的方法是最简易的心理治疗方法，如尽情倾诉、危机处理（心理支持）、放松训练、心理教育、严重事件集体减压等。

4. 心理危机干预必须和社会支持系统结合起来。尤其是在遭遇重大灾害的时候，心理危机干预和社会工作服务是紧密结合在一起的。

【思考题】

1. 简述心理危机干预的主要模式和适用对象。
2. 试论述心理危机干预的步骤有哪些。
3. 简述心理危机干预的方法和注意事项。
4. 根据案例，结合自己已学心理危机干预的知识，试制定一份自杀危机干预的方案。

佳佳，女，19 岁，大一新生，班级生活委员。佳佳在大学生活中，工作表现得非常认真负责，学习努力刻苦，周围的同学评价她团结同学，乐于助人，但辅导员观察发现佳佳时常闷闷不乐，表现出较为严重的抑郁、悲观、焦虑的症状。一开始辅导员认为是其对新环境适应不良，并未特别在意，鼓励她积极适应环境。但随着期末考试临近，辅导员发现佳佳越来越憔悴、焦虑，时常有行为异常和休息不好的表现，遂向其班级干部和同宿舍同学询问，发现她已经严重失眠半个月左右了。辅导员在与其单独深入谈话后了解到她有强烈的自杀心理动机。

第四章　心理危机干预技术

在日常生活中，我们会遇到各种应激事件，产生各类心理问题，导致我们正常有序的生活受到影响。在这种状态下，常规应对机制无法有效应对存在的挑战或威胁，导致个体在一段时间内存在着心理危机。

常见的应激生活事件有：失恋、离异、丧偶、失业、疾病、人际关系紧张、物质依赖等。极端的应激生活事件有自杀、严重事故、灾难、恐怖活动、战争、自然灾害等。如未进行及时干预，这些都可能会引发创伤或应激相关障碍等。当事人如果不能利用个人资源和应对机制，无法有效解决这些问题，就会产生危机。

危机干预被认为是一种紧急、快速的心理干预，能够帮助当事人减轻痛苦、稳定情绪以及恢复自我适应的功能。在重大的应激和创伤事件发生后，首先应关注与创伤有关群体或个体的基本需要，如安全的环境、提供食物和水、保证睡眠、干预身体的伤痛、与家庭的联系等。这些处理非常重要，亦是危机干预的重要组成部分，是所有危机干预方法共同遵守的原则并得到一致推崇。危机干预能够有效预防和缓解应激和创伤事件导致的精神损害及相关疾病，如急性应激障碍、创伤后应激障碍等。目前，创伤后早期干预最受关注的方法有：紧急事件应激晤谈、支持性心理疗法、以当事人为中心疗法、放松疗法、音乐疗法、绘画疗法、焦点解决、短期治疗、药物干预等。本章将对这些方法进行分析讲解，供大家学习参考。

第一节　紧急事件应激晤谈

紧急事件应激晤谈，也称危机事件集体减压技术，是一项有效的团体心理危机干预技术。这种技术主要采取一种结构化的小组讨论形式，系统地通过交谈来减轻压力，是一种简易的支持性团体干预。

研究发现，在发生重大灾害事件后，心理救援工作的团体心理辅导干预是干预效果最为显著的心理技术之一。通过团体辅导，可以较大范围地对相应人员实施有效干预，并同时帮助他们建立有效的社会支持系统。团体干预最大的特点是团体成员具有共同的问题和目标。例如，经历地震灾害的青少年，将他们集中起来开展团体干预，就会取得较好的辅导效果，因为他们的共同问题是地震灾害导致他们失去亲人、失去家园、今后生活失去依靠等；他们的共同目标是如何在灾后重建生活信心，过上正常生活。这些共同的问题与目标会导致他们彼此之间更加团结，更加互助地成为一个团队，共同战胜困难，从而让他们比任何时候都更具战斗力和凝聚力。

紧急事件应激晤谈的团体规模一般以10人左右为宜。在开展团体辅导时，心理干预工作者首先要向救援对象介绍紧急事件应激晤谈的目的和规则、晤谈的程序和方法，以及保密的问题，并相互进行自我介绍，然后开始正式的晤谈。

紧急事件应激晤谈最初用于减少紧急机构服务人员受害者的压力反应，包括消防员、警察、急诊医疗工作人员等，而非应用于如灾难幸存者的救助，但此后逐渐被广泛应用于各类经历精神创伤事件的人群。紧急事件应激晤谈作为危机干预急性期的干预方式，在实际的危机干预工作中易于操作，使用度高。

一、紧急事件应激晤谈干预目标

（一）开展交流

干预者应该为当事人创造一个相对安全、舒适的环境，让当事人交流危机事件发生时和发生后的情绪及生理反应、内心想法及行为表现。这个交流过程并不会每次都顺利，创伤越严重者交流越困难。一些当事人会重复某个经历细节，还有一些当事人会不敢交流某个过程，更有当事人在交流过程中会情绪失控。因此，干预者要有控制现场的能力和条件，防止突发事件发生。

（二）提供帮助

干预者要善于在当事人交流分享过程中寻找问题的关键点，并及时提供心理支持，帮助当事人消化心理创伤体验，恢复心理平衡及动力，使其获得成长。对当事人提供帮助需要把握时机，方法恰当。需要特别关注那些明确不需要别人帮助的当事人，虽然导致其产生问题的原因可能有很多，但是其问题的严重程度值得干预者重视。

（三）实现目标

晤谈干预的目标必须是明确的，可以量化的，是为了帮助当事人从危机事件中解脱出来，最大限度地保护当事人并使其能正常生活。干预目标需要结合当事人的具体情况确定，并经当事人同意。晤谈干预目标可以分解为若干个小目标，一步一个小目标分步实现，最终实现大目标。晤谈干预目标也可以根据干预的实际情况而埋设调整，但调整干预目标必须经当事人同意并确认。

二、紧急事件应激晤谈干预对象与时间

（一）干预对象

原则上危机事件发生后所有当事人都需要接受干预，包括事件受害者、参加救助者、

后勤保障者等。通过筛查，选出受事件影响较严重的人员，作为优先干预的对象。待危机事件处理妥当时，也需要对其他当事人进行复查，及时发现是否存在诸如创伤后应激障碍等问题的当事人。

（二）干预时间

晤谈干预过程是根据干预事件的具体情况而定，干预不能介入太早，更不能介入太晚。一般干预的最佳时间是危机事件发生后24~48小时，每次干预的时长以2小时为宜。

三、紧急事件应激晤谈7个干预过程

（一）介绍期

本阶段主要向各成员介绍活动组织方的基本情况、活动的组织目的、活动的基本过程与步骤、活动的相关保密内容、活动的其他内容。

标准指导语：各位，发生这样的事件，在座的每个人会感到悲伤、恐慌甚至无助。今天，我们聚在一起，遵守团体辅导的约定：尊重、真诚、分享、信任和保密，一起表达自己的感受，彼此帮助，相互支持，共同渡过难关。

（二）事实期

全组成员围圈而坐，请每位参加者从自己的角度出发，描述危机事件发生过程中的所见所闻。帮助当事人从自身的角度来描述事件，每个人都有机会补充事件细节，最终使整个事件得以重现，帮助每一位参加晤谈的当事人更全面、更客观地了解事件发生的真相。

本阶段的重点是询问当事人在这个事件过程中的所闻、所见、所为，尽量让每个当事人都发言。如果个别当事人不想交流，可以建议这些当事人最后再交流，甚至可以本次不交流，下次辅导时再交流。干预者交流必须是真实情况，而非事后听第三者传说，确保当事人了解到整个事件真相。

（三）感受期

询问当事人危机事件发生时或发生后的应激反应是什么？有何不寻常的体验？具体可以从生理反应、情绪、反应、认知、行为等五个方面来描述。确保让每个当事人都发言，协助者把大家的应激反应简要记录下来。

干预者在询问各当事人有关感受问题时，应该引导小组成员互相讨论。鼓励每名参加者依次描述其对事件的认知反应，揭示自己对于事件最主要的、最痛苦的感受，让情绪宣泄和表露出来。

（四）反应期

这一阶段是小组成员情绪反应最强烈的阶段，干预者要充分表现出关心和理解，以便让小组成员感到安全。面对当事人呈现出的各种复杂情绪反应，干预者事先向当事人讲述人在遭遇一些重大生活事件或突发事件之后可能出现的复杂情绪反应，包括冲击后的认知、情绪和行为表现，以减少他们的不适应。在此阶段，干预者最重要的工作是保护好当事人，不让他们再次受到"伤害"。

(五)症状期

要求小组成员从心理、生理、认知、行为各方面,依照时间顺序回顾性地描述和确定自己在事件中的痛苦症状。这一阶段的目的是帮助当事人识别和分享自己的应激反应,开始从情感领域引导转向认知领域,以便对事件产生更深刻的认识。

在接下来的晤谈过程中,干预者引导小组成员进一步整理和分享个人感受与想法,重点是寻找外在支持资源,挖掘内容的支持资源。当事人往往并不了解自己的外在支持系统是否完整,是否有强力的资源支持自己,甚至出于各种原因拒绝现在的支持资源帮助自己。干预者帮助当事人正确、客观地了解和评估支持系统就显得尤为重要。

(六)教育期

干预者邀请当事人发言,说说自己的感受及对未来的期望。干预者可以要求当事人拿一张纸,把想要对存在自杀倾向的成员说的话写在上面。这一阶段的重点是要让当事人认识到,其经历的应激反应是面对重大事件时正常的、可理解的行为,从而减轻其心理压力。干预者要鼓励当事人进行心理自救,并提供和教授必要的灾后应激管理技巧和积极应对技巧,提醒当事人不要使用一些不适当的应对方式。

(七)总结期

由于干预时间只有2个小时,一些活动环节可能没有给当事人充裕的时间,个别当事人还没有得到很好的宣泄。对于参与的当事人还需密切关注其后续心理状态,如有需要,再进行个别干预,从而更好地帮助他们抚平心理的创伤。

对本次晤谈进行总结,回答当事人的问题,讨论活动相关计划,强调小组成员的互相支持,并鼓励当事人使用先前紧急状态下曾使用过的成功应对策略,避免各种消极防御模式造成的长期负面影响。干预者还要评估哪些人需要转介到专业医疗机构做进一步干预,并在条件允许情况下展开随访。

第二节 支持性心理疗法

支持性心理疗法起源于20世纪初,是一种相对于精神分析来说干预目标更为局限的干预方法。它的目标是帮助危机当事人学会应对症状发作,以防止更为严重的心理疾病出现。对于相对健康的人来说,干预者帮助他们处理一些暂时的困难。而精神分析则旨在帮助当事人人格得到成长,使其意识到潜意识冲突所产生的症状,通过修通得以消除。

一、支持性心理疗法概述

(一)支持性心理疗法的概念

支持性心理疗法是一种基于心理动力学理论,利用诸如建议、劝告和鼓励等方式来对心理严重受损的当事人进行干预的方法。干预的目标是维护或提升当事人的自尊感,尽可能减少症状的反复，最大限度地提高当事人的适应能力。

（二）支持性心理疗法的特点

特点一：主动的干预方式。危机当事人主动寻求别人帮助的只占一部分比例，还有一部分往往只会被动接受干预。因此，面对被动接受干预的人群，作为主动干预方式的支持性心理干预方法就能发挥重要作用，帮助那些深受危机事件影响而导致心理压力的人群。

特点二：运用领域广泛。支持性心理疗法以解除当事人的一般疑虑为重点，适用人群较广，使用者较广。支持性心理疗法的内容集中在对当事人进行劝解、疏导、安慰、解释、鼓励、保证和具体的行为指导上。其理论背景是一般的医学和心理学知识。支持性心理疗法的适用对象极其广泛，几乎所有的危机干预、心理咨询和心理干预都适用。

二、支持性心理疗法的基本方法

（一）支持与鼓励

所谓支持技术，就是要让当事人感受到来自干预者和社会的关心，有人在帮助他共同应付困境。支持的重点是让当事人感觉到有同盟军在与他并肩作战，他不再孤独。支持性言语和行为使当事人感受到安全感，能够再次敢于尝试用新的方法去解决问题。支持的目标是带给当事人一种积极的、正面的情绪体验。

【案例】 当事人：这次火灾，房子被烧了，车子被烧了，钱财也被烧了，全部都烧完了。

干预者：对于你遭受的不幸，我非常难过。

当事人：以后日子怎么过呀！

干预者：家人都安全吗？

当事人：家人都及时逃出来了，没有受伤。

干预者：火灾是不幸的，但家人平安是最大的幸运。只要家人安全，有家人陪伴，一切都可以重新开始。

所谓鼓励技术，是指干预者通过语言等对当事人进行鼓励，鼓励其进行自我探索和改变。通过鼓励技术可以促进会谈，促进求助者的表达与探索。鼓励技术的另一个作用是通过对求助者所述内容的某一点、某一方面作选择性关注，引导求助者向着某一方面作进一步深入的探索。

【案例】 当事人：地震发生时，孩子他爸没有及时逃出房屋，被压在了屋里，再也没有出来。我一个人带着2个孩子，不知道以后怎么生活。

干预者：我非常理解你的心情，你之前伤心哭泣都是正常的反应。孩子爸爸走了，但是你还有2个孩子。他们已经没有了爸爸，唯一的希望就在你这个妈妈身上了。所以，你要坚强起来，把生活过好，让孩子们有一个安全的家庭。

当事人：是的，我必须坚强起来，我不能让孩子们再遭受痛苦与不幸了。

干预者：你说得非常好！让我们一起努力，一起战胜困难。

(二) 倾听与共情

倾听在心理学上也是有效沟通的一种方式，是在接纳的基础上，积极地听，认真地听，关注地听，并在倾听时适度参与。它包括听、接受、理解、评价以及应答的信息接收过程，是对信息进行积极主动的搜寻的行为。在心理干预的会谈过程中，倾听对方的谈话不仅是听而已，干预者需要听懂当事人所讲的事实、所持的观念、所体验的情感和所表现的行为。干预者与一般交流倾听者不同，干预者更善于倾听，主要是通过引导谈话过程的方向，在听的过程中，帮助当事人发泄负性情绪、澄清事实真相、理清混乱思维、寻找解决问题的办法、重新发现真实的自我。

所谓共情，也称同感、同理心、投情等。它是由人本主义创始人罗杰斯所阐述的概念，并越来越多地出现在现代精神分析学者的著作中。不管是人性观还是心理失调的理论及干预方法，似乎是极为对立的两个理论流派却在对共情的理解和应用上逐步趋于一致。共情似乎为现代精神分析与人本主义的融合搭起了一座桥梁。

倾听的基本要求是干预者能够在共情的水平上听当事人的倾诉。共情的要求有多个层面。首先，干预者要有同情心、同理心，即真心关心并愿意帮助当事人。单纯有丰富的知识或高超的技巧并不足够。其次，用心倾听，即在交谈过程中用心去体会、感受当事人的内心世界，进入当事人的内心世界。再次，以言语准确地表达对当事人内心世界的理解。最后，引导当事人对其感受作进一步的思考。

(三) 说明与指导

说明是干预者对相关问题进行解释。相关知识缺乏或者受错误观念的影响，会导致一些人出现情境性心理问题。此时，采取支持性心理疗法的重点是进行知识教育，或先纠正错误的观念，并以正确的观念指导行为。

指导是干预者对当事人提出行动建议，采取适当的方法解决问题，如给予失眠者恰当的行为指导。指导是基于心理学概念，但内容不限于心理学，包括运动、饮食，甚至药物。

【案例】当事人：我总是控制不住地去想那件事。我知道这样不好，导致我总是失眠，我真受不了了。

干预者：失眠是多方面的，控制不住去想是导致失眠的一个原因，但不会是全部原因，不用太计较这个。我们应该首先去医院检查一下身体，排除生理疾病，再来寻找心理问题，这样更客观有效。

当事人：是的，我一直没有检查身体，看来必须去检查一下再来找你咨询。

(四) 控制与训练

控制与训练是针对行为方面的问题而言的。控制与训练可以是一种自我约束，主要针对危机受害者中自我控制能力不强的青少年采用；也可以是一种强制力的约束，主要是针对有明显行为问题的当事人，如创伤后应激障碍者。

控制与训练的具体方法可以借鉴其他心理干预方法，如决断训练、放松训练、想象放松训练、强化训练、角色扮演训练等。

【案例】当事人：每当我空闲下来，就会控制不住去孩子的房间。看看孩子生前房间里的摆设，然后就会情不自禁地哭泣。这种情况每周都会出现三四次。

干预者：既然你来找我干预，肯定是希望自己从这种氛围中走出来，那么我们一起来行动：今后每当你空闲下来，尽量离家外出，给自己找一些事情做，不要让自己空闲下来。当然，不是不让你去孩子的房间。我们定一个限制，每周从现在的不受限制降低为每周一次，去过了这一周就不能再去。

当事人：好的，我一定按照你说的去做。

（五）改善处世态度

生活中每个人的日常行为往往与其人生态度有着紧密关联。应该让事件当事人学习认知自己的性格特点，认识到哪些人生观念和态度有利于身心健康，哪些是不利于身心健康的。

在一般人群中，常见的错误生活观念与态度包括：①不能接受痛苦、丧失；②不能接受自己的缺点；③总是抱怨命运的不公平；④与人发生冲突时往往指责他人或环境，而不反思自己；⑤对自己和家人抱有过高的期望和要求等。

每个人都是社会环境的产物，都会不同程度、采用不同的态度认识自己、评价别人。与人相处，改变或放弃以上错误观念或态度是获得幸福的必由之路。

（六）改变外在环境

心理活动是对内、对外刺激的反应，外部环境是引发内在心理变化的主动原因，外在环境也是引起人生痛苦、产生心理问题的重要因素。心理活动中所谓环境，不单是指活动的场所，更重要的是指每个人所面临的人际环境。人际环境主要是指人际关系的融洽程度。从改变外在环境的角度看，干预不能仅仅针对心理问题者本人，还必须针对他们所处的环境，包括家庭环境、工作环境、学习环境等。

在正常生活中，每个人都有相对平衡、固定的外部环境，而一旦发生危机事件，外部环境的突变往往成了事件当事人产生危机的主要原因。反之，当事人在面对大量的负面影响因素产生困惑时，改变其所处的外在环境能有效地降低危机事件对当事人的冲突，如将当事人转移出危机现场、让亲人安慰当事人、给当事人提供必要的物资支持、转移对当事人的刺激物等。

三、支持性心理疗法的注意事项

（一）必要的事先检查

干预者在开展心理问题的诊断时，往往会忽略一个重要原则：排除生理疾病。对于排除了生理疾病的当事人进行详细的心理学分析、诊断、评估，才是正确的、科学的、有意义的。

（二）紧扣问题的核心

导致当事人心理问题的原因肯定是多方面的、多层次的。干预者在帮助当事人处理这些危机困惑时应该意识到不可能在短时间内解决全部问题，应该首先帮助当事人解决当前最主要的担心、疑虑，再解决其他派生问题。坚持解决问题分主次、分先后。

（三）提供适当的保证

在危机干预过程中，干预者可以向当事人提供适当的保证，这是一种心理干预技术。但是保证的内容应该适当、属于心理学范畴，过分的保证与不给予任何保证一样有害。危机事件事发突然，干预过程复杂多变，干预者要避免为了取得短暂的干预效果而给当事人提供不恰当的保证，这会给当事人产生二次伤害，最终不利于干预效果。

（四）适度的安慰与扶持

对当事人给予安慰与扶持是干预者开展心理工作时经常使用的方法，需要注意安慰与扶持的适度，过度的安慰和扶持会使当事人以消极的方式面对生活困境，另一方面也会导致当事人对干预者产生依赖。危机干预过程并不是干预者对当事人的单向影响，更不是当事人服从于干预者，而是干预者利用专业的心理危机干预技术，以专业的角色为当事人提供恰当影响，不能放大安慰与扶持的作用。

第三节 以当事人为中心疗法

以当事人为中心疗法，也称以人为中心的心理干预法、当事人中心疗法，是人本主义心理疗法之一。它是20世纪40年代由美国心理学家卡尔·罗杰斯（Carl Rogers）倡导创立的。罗杰斯对人性持有积极的观点，认为人的天性趋向于自我发展和自我完善。与其他传统的指导性心理干预方法相比，它强调干预的非指导性，因此被称为非指导性心理干预，强调干预关系而不是干预技术。此理论最具特色的地方就是带有人本主义色彩的人性观、现象学的哲学方法论以及以辅导关系为人格改变的基本条件。

一、以人为中心疗法的理论

（一）对人的基本看法

罗杰斯相信人性本来就是倾向于创造性的、积极性的、建设性的，人需要与其他人建立亲密关系，也就是相信人性本善的思想，人性不是敌意的、破坏的、反社会的或者邪恶的。罗杰斯强调了人的主观性，这是在辅导与干预过程中要注意的一个基本特征。人所得到的感觉是他自身对真实世界感知和翻译的结果。他相信每个人都有其对现实的独特的主观认识，所以他进一步地认为人们的内心是反对那种认为只能以单一的方式看待真实世界的观点的。

罗杰斯强调人的实现的倾向。实现的倾向是一种基本的动机性驱动力，它的实现是一个积极主动的过程，不只是在人身上，在一切有机体身上都表现出先天的、发展自己各种不同能力的倾向性。所以，他所倡导的以人为本的干预的基本原理就是使当事人向着自我调整、自我成长和逐步摆脱外部力量控制的方向迈进。

（二）自我及其发展

罗杰斯的自我理论可以作为他的人格理论，也是他的心理病理学的基础。他强调自我在个人心理生活中的作用，在自我理论中，系统地阐述了他的人格结构、形成和发展、心理障碍的产生等基本概念。在罗杰斯看来，自我不等于自我意识，而是自我知觉与自我评价的统一。在个体最初的经验世界中，一切事件都是混沌一片。随着个体与环境、他人的相互作用，他开始逐渐把自己与非自我分开，有关自己的经验在现象场中被分化开来，形成最初的自我。在实现倾向的驱动下，个体与环境不断发生互动，随着这种互动，不断地获得和积累大量的经验。他通过机体对经验进行评价，若经验使他满足，就知觉为积极，寻找积极经验；若经验令其烦恼，就知觉为消极，并回避消极经验。经验中分化出的自我、那些关于自己的特点的认识，也是开放的、不歪曲的。这是一种健康的活动状态。

二、以人为中心疗法的条件与干预技术

（一）以人为中心疗法的条件

以人为中心疗法的基本目标可以说是"去伪存真"。"伪"就是一个人身上的那些与其价值条件化了的自我概念相一致的，或者说是由那些自我概念引起的生活方式、思想、情感和行为方式。要达到这一目标，罗杰斯的学生根据他的著作总结出了以人为中心疗法的三个条件：一是真诚一致，这是促使成长的最基本条件；二是无条件积极关注；三是同感理解。

在危机干预过程中，以人为中心疗法就是以危机当事人为中心的疗法。使用此疗法应该注意：一是干预者对当事人真诚，以事实为准，不伪装干预者的真实认识，让当事人最大限度地接受干预者的帮助；二是干预者对当事人的关注是无条件的积极关注，即无论当事人品质、情感和行为怎么样，干预者对其都不作任何评价和要求，并对当事人表示无条件的温暖和接纳，使当事人觉得他是一个有价值的人；三是能感同身受地理解当事人的情感、所承受的压力、所面临的困惑。

（二）以人为中心疗法的技术

以人为中心疗法特别重视干预关系，把重点放在创造一种良好的关系氛围上。干预者把自己作为一种手段，把整个人投入关系中去，通过自己的真诚、温暖、尊重、无条件积极关注、同感等来创造一种温暖的干预关系。

在危机干预中，一切以当事人为中心，让当事人感受到自己被关注和理解，使其在心理上有安全感，从而建设起战胜困难的生活信心，并有效应对可能出现的新压力。

三、以人为中心疗法的步骤

以人为中心疗法可分为若干步骤，罗杰斯强调，这些步骤并非截然分开，而是有机结合在一起的。

（一）当事人前来求助

这对干预来说是一项重要的前提，如果当事人不承认自己需要帮助，不是在很大的压力之下希望有某种改变，干预是很难成功的。因此，既要尊重当事人的主观选择，也要关

注其内心真实的想法，干预介入需要把握时机。

（二）说明干预的情况

干预者需要向当事人说明，对于他所提的问题，这里并无确定的答案，干预只是提供一个场所或一种气氛，帮助当事人自己找到某种答案或自己解决问题。干预者要使对方了解，干预的时间是属于他自己的，可以自由支配，并商讨解决问题的方法。干预者的基本作用就在于创造一种有利于当事人自我成长的气氛。

（三）鼓励自由表现

干预者必须以友好的、诚恳的、接受对方的态度，促使当事人对自己的情感体验作自由表达。在危机事件发生后，多数当事人表达的是消极的或含糊的情感，如敌意、焦虑、愧疚与疑虑等；也有些当事人不愿意表达其真实的情感，刻意回避干预者的问题；少数当事人会扩张、放大危机的严重程度，以此引起别人的关注。干预者要有掌握会谈技巧的经验，有效地促使当事人真实且最大限度地开放表达。

（四）接受消极情感

危机干预过程中，干预者要能够接受当事人的消极情感，这是很困难也是很微妙的一步。干预者接受了当事人的这种信息必须对此有所反应，但不应是对表面内容的简单反应，而是应该深入当事人的内心深处，注意发现当事人影射或隐含的情感，如矛盾、敌意或不适应的情感。不论当事人所讲的内容是如何荒诞无稽或滑稽可笑，干预者都应秉持接受当事人的态度，努力创造出一种气氛，使对方认识到这些消极的情感也是自身的一部分。有时干预者也需对这些情感加以澄清，但不是解释，目的是使当事人自己对此有更清楚的认识。

（五）帮助当事人成长

危机干预到一定时期，在干预者引导下，当事人充分表达其情感之后，情感内容开始从消极的、模糊的情感发展为积极的、试探性的情感。此时，干预者需要关注当事人语言、行为、表情方面的微小变化，抓住这些变化是合格干预者的一个重要标志。要充分认识到积极情感出现的重要性，这说明当事人对危机之后的认识开始向客观评价发展，个体成长由此开始。

（六）接受积极感情

对当事人所表达出的积极的情感，如同对其消极的情感一样，干预者要予以接受，但并不加以表扬或赞许，也不加以道德的评价。而只是使当事人在生命之中，有这样一个机会去了解自己，使之既无需为其消极情感而采取防御措施，也无需为其积极的情感而自傲。在这种情况下，促使当事人自然达到领悟与自我了解的境地。

（七）接受真实的自我

由于社会评价的作用，经历危机后，当事人作出反应总会有几分保留，加之价值的条件化，使人具有不正确的自我概念，因此常常会否认、歪曲若干情感和经验。这与人的真实自我是有很大距离的。而在干预中，当事人因处于良好的、能被人理解与接受的气氛之中，有一种完全不同的心境，能够有机会重新考察自己，对自己的了解达到一种领悟，进而达到接受真我的境地。当事人的这种对自我的理解和接受，为其进一步在新的水平上达到心理的调合奠定了基础。

（八）帮助采取行动

在干预者引导当事人通过危机事件得到领悟的过程中，必然会涉及新的决定，以及采取下一步行动。为此，干预者要协助当事人澄清其可能作出的选择。另外，对于当事人这段时期常常会有的恐惧与缺乏勇气，以及不敢作出决定的表现，应有足够的认识。此时，干预者也不能勉强当事人做出某种行动，而应该使用支持与鼓励技术帮助当事人自己做出某种行动。

（九）干预效果的产生

在干预过程中，领悟必然导致了某种积极的、尝试性的行动，此时干预就产生了效果。由于是当事人自己领悟到了，有了新的认识，并且付之于行动，因此这种效果即使只是瞬间的，仍然很有意义。干预者也需要清醒地认识到干预的效果是一个动态变数，时多时少、时有时无，甚至有时还会倒退，但这都不影响干预效果产生这一事实。随着干预的不断深入，效果自然会更加明显。

（十）扩大干预效果

在经历危机干预后，当事人已能有所领悟，并开始进行一些积极的尝试时，干预工作就转向帮助当事人发展其领悟，以求达到更深的层次，并注意扩展其领悟的范围。干预者要努力帮助当事人探索更完全、更正确的自我，这样当事人便会具有更大的勇气面对自己的经验、体验并更主动地考察自己的行动。

（十一）当事人的全面成长

当事人从缺乏面对危机事实的勇气发展到能客观评估危机影响，做出积极行动，这是当事人的全面成长。此时，当事人处于积极行动与成长的过程之中，并有较大的信心进行自我指导。此时，不仅当事人对危机影响实现自控，并且干预者与当事人的关系达到顶点，当事人常常主动提出问题与干预者共同讨论，那么干预者将开始考虑退出危机干预过程。

（十二）干预结束

在危机干预后期，当事人如果感到无须再寻求干预者的帮助，也能正常生活、应对压力，那么干预关系就此终止。结束干预需要征询当事人的同意，并且分步开始，不可在事先无通知的情况下突然结束干预。同时，需要帮助当事人接受和认识干预关系即将结束的事实。

第四节 放松疗法

放松疗法（Relaxation Therapy），又称松弛疗法、放松训练，它是一种通过训练有意识地控制自身的心理与生理活动、降低唤醒水平、改善机体紊乱功能的心理干预方法。实践表明，心理与生理的放松均有利于身心健康，起到治病防病的作用。如我国的气功，印度的瑜伽术，日本的坐禅，德国的自生训练，美国的渐进松弛训练、超然沉思等，都是以放松为主要目的的自我控制训练。

一、放松疗法的理论基础

放松疗法是基于下述理论假设：认为危机当事人的紧张焦虑的心情反应包含"情绪"与"躯体"两部分。假如能改变"躯体"的反应，"情绪"也会随着改变。至于躯体的反应，除了受自主神经系统控制的"内脏内分泌"系统的反应不易随意操纵和控制外，受随意神经系统控制的"随意肌肉"反应，则可由人们的意念来操纵。也就是说，经干预者引导，危机当事人的意识可以将"随意肌肉"控制下来，再间接地把"情绪"松弛下来，建立轻松的心情状态。当人们受到危机事件冲击时，不仅"情绪"上"张皇失措"，连身体各部分的肌肉也变得紧张僵硬，即所谓的心惊肉跳、呆若木鸡；而当紧张的情绪松弛后，僵硬肌肉还不能松弛下来，除了通过心理放松法外，也可通过按摩、沐浴、睡眠等方式让其松弛。基于这一原理，"放松疗法"就是训练一个人，使其能随意地把自己的全身肌肉放松，以便随时保持心情轻松的状态。

二、放松疗法的功能

对危机事件当事人使用放松疗法，可以实现以下三个方面的功能：

1. 降低中枢神经系统的兴奋性。危机事件发生后，绝大多数当事人精神紧张，中枢神经系统兴奋。在这种状态下不利于开展危机干预，也容易使当事人受到新的创伤。

2. 降低由情绪紧张而产生的过多能量消耗。处于情绪高度紧张状态的当事人的身体能量消耗是巨大的。由于精神高度紧张，当事人意识不到身体由于大量消耗能量导致的疲劳，如果精神一旦放松，身体就会亏空，需要很长时间才能恢复，且容易生病。因此，干预者要尽量帮助当事人，使其身心得到适当休息并加速疲劳的恢复。

3. 为进行其他心理技能打下基础。在紧张情绪状态下，当事人是无法学习新的心理技能的，而这些心理技能能够帮助当事人尽快适应新的环境，应对新的心理压力，因此需要帮助当事人放松精神。

三、放松疗法的适应证

渐进性的放松训练是对抗焦虑的一种常用方法，和系统脱敏疗法相结合，可干预各种焦虑性神经症、恐怖症，且对各系统的身心疾病都有较好的疗效。在危机事件发生后，当事人面对突发事件的冲击，普遍会出现焦虑、恐惧心理，后期会出现抑郁、失眠等问题，这些症状都比较适合使用放松疗法。

四、放松疗法的操作实务

（一）练习环境和身体位置

当事人需要找一个安静的环境，光线柔和，温度和暖，关掉电话，避免穿紧身的衣服或佩戴饰物，有需要的话，可脱掉鞋子。当感到身体不适或肌肉绷紧、疼痛时，要立刻停止。在椅上舒服地坐下,将手放在两旁,脚微微分开,将注意力集中在"放松"上。需要的话,可放一个枕头在当事人颈下或膝下,尽量让当事人感到舒服。

(二) 操作实务

闭上眼睛,深深吸一口气,保持住,然后慢慢用口呼气。

将注意力集中在手上,用力紧握拳头;将注意力集中在用力的拳头上,紧握拳头。

这时,拳头、手及前臂都紧张起来。现在放松拳头,感觉很放松,体会紧张和放松的对比感受,你的手会感到温暖和放松。

再紧握右手拳头,用力、再用力,之后放开拳头。注意右手更放松和更温暖,将这种感觉与上次对比。

用力紧握左手拳头,握紧,体会紧握拳头时紧张的感觉。放开左手拳头,感到左手全部放松,注意这种松弛感觉和以前不同:可能和右手一样感到温暖和放松。跟着紧握左手拳头,集中所有注意力在拳头上,然后放开,注意现在是多么放松和温暖。

比较紧张和放松的对比感受,形容给自己听。

现在举起两个拳头,放松,感觉一下松弛的感受。举起双手,紧握拳头,曲手,注意由前臂到二头肌紧张的感受,放下手,放松,完全松弛,体会紧张和放松的对比感受。

再来一次,举起双手,屈手,放下手,慢慢放松,静静坐下来,深呼吸,让你的手沉下,深深吸气,然后慢慢地用口呼气。

将注意力集中在头、颈及肩膀上,它们是最重要的肌肉群。将注意力放在头部,皱起眉头,尽量扬起,保持数秒,放松,放平它,想象整个额头都是平滑的,放松。再一次,皱起眉头,尽量上扬,放松,额头像丝一样平滑。

闭上眼睛,用力闭眼皱鼻,保持住,现在放松。眼睛闭上,很静、很舒服。再来一次,紧紧地闭上眼睛,很紧、很紧,现在放松,感受一下放松和平滑的面部。

现在咬紧牙齿,注意整个下颚都紧张起来。现在放松,当下颚放松,唇会微微张开,体会一下下颚紧张和放松的对比感受。

再咬紧牙关,保持住这个紧张的姿态,放松、再放松,松弛的感觉分布口唇。

现在将舌头用力顶在上颚,感到口的后部分紧张,然后放松,让口微微张开,再将舌头用力顶着上颚,保持住,放松,现在感到温暖和平静。

将口唇向外伸出成"O"形,尽量伸出,保持数秒,现在放松,享受一下放松的愉悦。嘴唇感到温暖和放松,前额、头、眼睛、上颚、舌头及嘴唇都很放松。

现在将头尽量向后仰,注意颈部紧张的感觉。将头转向右边,紧张的感觉转到另一位置,将头转向左边,将头转向中间、向前,好像下颌要触碰胸前一样,感到喉部和头都紧张,将头放松到舒服的位置。让这种放松的感觉加深,再注意这些紧张的部位现在是那么松弛。

现在耸起双肩,好像有两条绳子从天花板垂下来在拉着一样,将头向下,放在两肩之间,体会紧张的感觉。现在放松,让肩膀下坠松弛,感到喉、头和肩都放松。

再来一次，高耸双肩，现在放松，让身体全都放松，温暖而舒服。

深深地吸一口气，将注意力集中在心胸间，肺储满气，腹部突出，保持屏气，收紧胸部肌肉。现在慢慢用口呼气，速度要尽量平缓，继续正常地呼吸。再深深吸一口气，保持屏气，感到胸部肌肉紧张。现在将气吹出，再自然地呼吸。在以下30秒，慢慢地呼吸，平静、温暖和放松的感觉遍布全身。

腹部用力收紧，尽量将肚子缩进去，保持收紧，放松，体会腹部收紧和放松时的对比感受。

现在将手放在腹部，深深地吸气，收缩肚子，将手推向外，保持住，放松。

注意深呼吸怎样可以令身体更加放松。

现在将胸部突出，双肩向后，收紧背部肌肉，放松，保持平静，放松的暖流畅通全身。

收紧双腿及双臀，将脚跟尽量压在地上，让肌肉紧张起来，放松，体会紧张和放松时的对比感觉。再来一次，脚跟尽量下压，收紧双腿及双臀，保持住，放松。

现在脚趾向下时令小腿紧张，收紧时不要用力太猛而令脚抽筋，保持住，放松，让松弛的感觉布满小腿。

将脚趾向下压，令小腿紧张，保持住，放松，小腿感到很松弛。

将脚趾尽量上扬，向着脸部，令脚紧张起来，保持脚趾上扬紧张，放松，令脚松弛，体会紧张和松弛的对比感受。

现在静静坐着，让放松的暖流遍布全身，身体更加放松。放松脚、脚跟、小腿、膝、大腿和双臀，让松弛的感觉布满腹、背、胸，感觉到手、手臂和肩也深深地放松，安详和放松的感觉伸展到颈、下颚和脸部肌肉。深深吸气，保持屏气，慢慢呼气，稍后慢慢张开眼睛，你会觉得安稳而精神。

在日常生活中，你可利用这种深深放松的感受来协助你放松紧张的肌肉。现在继续慢慢呼吸，想象房间的东西，当你准备好，便可以慢慢张开眼睛。看看四周的东西，习惯一下这个环境，然后慢慢起身及伸展，体会一下这种安详和松弛的感觉。

五、放松训练注意事项

(一) 动作示范

第一次进行放松训练时，考虑到当事人对动作不熟悉，干预者可以为当事人进行示范。做示范可以减轻当事人的羞涩感，也可以为当事人提供模仿对象。事先需要告诉当事人，如果不明白指示语的要求，可以先观察一下干预者的动作，再闭上眼睛继续练。

(二) 口头指示

干预时进行的放松训练，最好用干预者的口头指示，以便在当事人遇上问题时，能及时停下来。干预者还可以根据情况，主动控制干预的进程，或者根据当事人的情绪变化有意重复某些放松环节。

（三）体验感受

在放松过程中，为了帮助当事人体验其身体感受，干预者可以在每一步间隔中指导当事人，如"注意放松状态的沉重、温暖和轻松的感觉""感到你身上的肌肉放松"，或者"注意肌肉放松时与紧张的感觉差异"等。

（四）家庭作业

当事人在干预中接受了放松训练之后，需要回家去练习。干预者可以为当事人提供书面指示语或视频录音材料，供当事人在家练习。要求当事人每日练习1~2次，每次15分钟左右。干预者应该向当事人强调，开始几次的放松训练并不能使肌肉很快进入深度放松，需要坚持下去才会有效果。

第五节 音乐疗法

音乐放松疗法是危机干预的重要技术，对于预防和干预当事人的身心问题，调适当事人的不良情绪，培养当事人的健康情感和协作精神，促进当事人的自我表达，开发当事人的创新思维和创新能力等具有非常重要的作用。

一、音乐放松疗法的概念

音乐放松疗法（Music Therapy），是以音乐艺术为表达形式，运用音乐来减轻当事人因受到危机事件影响而产生的情绪压抑状态，再综合利用生物感知科技调节不良的心理状态，直至当事人恢复到正常心理状况的心理干预方法。比起传统的心理暗示、干预，音乐放松发挥的作用优势尤为显著。

二、音乐放松疗法的适宜人群

音乐放松疗法需要根据当事人不同的心理问题来选择合适的音乐。

（一）忧郁的当事人

不管是"悲痛"的"圆舞曲"还是其他有忧郁成分的乐曲，都是具有美感的。危机当事人的心灵在接受了这些乐曲的"美感"的沐浴之后，会慢慢地消去心中的忧郁。这是最科学，也是最易见效的方法。

（二）性情急躁的当事人

危机经历者的情绪变得急躁、焦虑，此时听节奏慢的乐曲，可以有效调整当事人的心绪，帮助他们克服急躁情绪。研究发现，一些古典交响乐曲中的慢板部分能有效降低危机当事人的紧张程度，消除急躁行为。

（三）悲观消极的当事人

危机干预过程中，当事人往往表现出悲观和消极情绪。此时，应让当事人多听宏伟、粗犷和令人振奋的音乐。这些乐曲对缺乏自信的当事人是有帮助的。乐曲中充满的坚定、无坚不摧的力量，会随着飞溢的旋律而洒向当事人"软弱"的灵魂。久而久之，会使当事人树立起信心，振奋起精神，认真地考虑和对待自己今后的人生道路。

（四）记忆力衰退的当事人

一些受到危机事件影响的当事人会出现记忆力下降的情况，此时应让他们多听熟悉的音乐。这些音乐往往与过去难忘的生活片段紧密缠绕在一起，从而帮助他们想起难忘的生活，情不自禁地哼起那些歌和音乐。哼起那些歌和音乐，也同样会回忆起难忘的生活，从而帮助记忆力衰退的当事人恢复记忆。

总之，音乐放松干预不同于一般的音乐欣赏，它是在特定的环境气氛和特定的乐曲旋律、节奏中，使当事人在心理上产生自我调节作用，从而达到干预的目的。

三、音乐放松疗法的干预途径

音乐放松疗法是通过生理和心理两个方面的途径来干预危机当事人的情绪的。

1. 音乐声波的频率和声压会引起生理上的反应。音乐的频率、节奏和有规律的声波振动是一种物理能量，而适度的物理能量会引起受到危机事件冲击的当事人人体组织细胞发生和谐共振现象，使颅腔、胸腔或某一个组织产生共振。这种声波引起的共振现象，会直接影响当事人的脑电波、心率、呼吸节奏等。科学家研究发现，让危机经历当事人处在优美悦耳的音乐环境之中，可以改善神经系统、心血管系统、内分泌系统和消化系统的功能，促使人体分泌一种有利于身体健康的活性物质，可以调节体内血管的流量和神经传导。

2. 音乐声波的频率和声压会引起心理上的反应。良性的音乐能提高危机当事人大脑皮层的兴奋性，可以改善当事人的情绪，激发他们的感情，振奋他们的精神。同时，有助于消除心理、社会因素所造成的紧张、焦虑、忧郁、恐怖等不良心理状态，提高危机当事人的应激能力。

第六节 绘画疗法

危机当事人在绘画的过程中，通过绘画工具将潜意识内压抑的感情与冲突呈现出来。同时，在绘画的过程中，当事人在心灵上、情感上、思想上将获得负能量的释放、解压、宣泄情绪、调整情绪和心态、修复心灵上的创伤、填补内心世界的空白，获得满足感、成就感、自信心，从而达到诊断与干预的良好效果。绘画干预法不限制年龄，成人或青少年都可以通过绘画干预法获得任何良好的心理需求。同时，干预者可以通过当事人的绘画分析其心理，透析深度困扰当事人的"症结"，从而对症解题，让当事人在一定的时间内得到帮助和缓解。绘画疗法是危机事件当事人心理健康恢复的重要方法之一。

一、绘画疗法的概念

绘画疗法是表达性艺术干预的方法之一，主要通过当事人透过绘画的创作过程，利用非语言工具，将混乱的心、不解的感受导入清晰、有趣的状态。该方法可将潜意识内压抑的感情与冲突呈现出来，并且在绘画的过程中获得纾解与满足，从而达到干预的效果。绘画疗法可以在有限的空间（纸张）呈现完整的表现，当事人可以客观地观看自己的作品。当事人的绘画作品能够呈现个体的发展、人格、能力、关注点、兴趣和冲突，用于增强自我意识、缓解情感冲突、提升行为管理、发展社会技能、减少焦虑、解决焦虑和心理困惑，帮助当事人联系现实并提高自尊。

二、绘画疗法的优势

1. 艺术是一个要求全身心投入的过程。要验证这一点，可以追溯到远古的希腊文明，柏拉图和亚里士多德等思想的巨匠都有过相关的论述。

2. 我们的思维绝大多数是视觉性的，但要将这种视觉信息用语言转述出来，或用理性将感性信息表达出来就要困难得多。

3. 我们的记忆可能是前语言的，或者是受到禁锢的。我们的创伤经验在心理防御机制的作用下很可能会被压抑，无法透过语言来提取相关的信息，从而难以治愈。

4. 被训练过的道德准则不允许我们将心理的阴暗面暴露给别人，但通过艺术方式就会相对容易表达出来。

5. 艺术作品提供一个多元性的空间，包括：一是艺术品中的空间，二是艺术创作的物理空间，三是干预关系空间。

6. 艺术史的传统的干预和干预显得更加正常化和通俗化。

三、绘画疗法的操作实务

绘画疗法的操作实施灵活，主要是以当事人创作的绘画为中介，对当事人进行分析和干预。它的实施过程体现了精神分析干预、结构化干预、人本主义干预等思想。罗杰斯认为，只有让个体在一个无条件的正向尊重的环境中，他们才能真正地表达自己。在绘画疗法的过程中，干预者会给当事人尊重和积极关注的环境进行创作。根据实际情况，可以按照精神分析干预那样把创作的成果作为进行心理分析的依据和工具；也可以根据结构化干预，使当事人通过绘画发泄能量、降低驱力，从而摆脱心理困扰。

（一）绘画疗法形式

随着绘画干预的发展，在实际干预中，投射潜意识的绘画形式主要有三类：

第一类是自由绘画。让当事人随意画，可以画任何想画的东西。干预者观察当事人最主要的情绪、被压抑最深的情绪和最迫切需要解决的问题等。

第二类是规定了内容的绘画。例如，让当事人绘制可以反映家族成员的构成、关系及相互行为的画作，可以分析当事人的家庭人际关系，从而寻找危机导致其心理问题的家庭因素。

第三类介于二者之间，给出一定的刺激，但并不规定以什么内容作画，主要是对未完成的绘画进行添补。干预者最终的分析也不是根据当事人的绘画内容，而是根据当事人在给定图画上做了什么性质的改动。

绘画投射出的信息是丰富的、开放的，这是其他干预技术望尘莫及的地方，但它对干预者的评估能力要求较高。干预者对作者的熟悉、双方信任关系的建立,对理解绘画作品,充分利用其信息有重要作用。此外,对绘画作品的解释应该谨慎,既需要由专业人员来解释,也需要重视当事人本人的解读。因为作画带有一定的随意性,只凭书本上的标准解释是一种不专业、不严谨的做法,对当事人的帮助是有限的,有时甚至是无益的。

(二)绘画疗法形式

绘画疗法的优势除了展示信息的丰富之外,它还不受当事人年龄、绘画水平的限制,并且根据实际情况,可以进行单个当事人干预,也可以进行集体干预。集体绘画干预研究中发现,成员在展示和解释画的同时也在表达自己的心理状况。当其他成员提出对自己的画的印象时,当事人多会虚心地接受和反思自己,有的甚至反思自己性格的特点和不足。并且,由于言谈的中心是以画为线索展开的,当事人一般不会认为话题是针对自己的,从而使集体的交流变得流畅。同时,集体绘画干预也给当事人一个接触他人的机会,在观察他人的画时会发现有自己没有想到的,有利于把自我关注拉向外界,走出危机影响。绘画干预的实施过程实际是当事人在干预者的引导下进行思考——创作——回顾——比较——反思的过程,有助于当事人自己发现和解决自己的问题,真正地做到"助人自助"。

(三)曼陀罗绘画举例

"曼陀罗"(梵语 Mandala,即圆轮)原是佛教修行密法、观想的地域,被视为是佛陀觉悟境地、宇宙万物居住世界的缩图。后来,曼陀罗被心理学家荣格联想为自我及整体个性的核心。他发现个体绘画曼陀罗具有暗示其潜能和独特性的力量,并将其转化发展成艺术干预的理论和方法。荣格发现,我们每一个人的原型都是分裂的,以至于我们需要"曼陀罗"让它整合起来。而曼陀罗透过精密的图腾、坛场能量、几何中的体结构奥秘,以及色彩的力量,可以连结我们内在的圆满力,创造强有力的能量圈。

图 4-1 曼陀罗绘画

1. 曼陀罗绘画步骤。

第一步:入静。干预者引导当事人慢慢调整自己的心境,可以通过专注呼吸或听轻音乐的方式让自己安静下来,并为绘制曼陀罗作准备。入静的时间根据当事人的个体情况而定,一般不宜过长。

第二步：绘画。当事人在曼陀罗的大圆内绘画，在大圆的保护下，当事人可以将危机事件导致的心理压力、困惑，以及心里的人和情绪、意象、故事表达出来。如果干预者给当事人的绘画模板是曼陀罗，可以先观察模板并体会它的意思，根据当事人自己的理解再进行绘画。

第三步：书写。当事人的曼陀罗绘制完成后，可以为这幅作品起一个名字。尝试让当事人从不同角度来欣赏自己的作品、描述心情、进行联想等。

第四步：分析。曼陀罗绘制为当事人体内积压的情绪情感提供了抒发的出口，同时表达出的无意识信息也需要去发现并领悟。随着不断地绘制曼陀罗，当事人可以越来越多地去发现和关注这些部分。如果当事人内心充满好奇和探索动力，可以与干预者一起分析探索。这样，当事人无意识的信息得以呈现在意识领域，动力受阻的部分得以疏通，有利于当事人自我提供更多能量去适应危机事件后的生活。

最后，绘制曼陀罗是为了更好地探索和成长。因此，在绘制的过程中，当事人需要听从内心的需要，无需从审美评价的角度出发。有无绘画基础的当事人都可以在曼陀罗绘画中尽情表达，接受自己便是成长疗愈的开始。

2. 曼陀罗绘画对色彩的要求。曼陀罗绘画一般不规范用什么颜色，但在某些整合干预中会根据情况做一些限定，比如规定对方只用红、黄、蓝三原色。画笔画第一层，接下来做静心，再画第二次，再涂，这时候可能有颜色会重叠，会发现有新的颜色跑出来。这之后再做内在的冥想，给以正向的意念，然后再涂第三层的三原色，最后的曼陀罗才产生。这时，当事人会发现此时的画跟最初的颜色都不一样了，也会发现自己的潜力。在这其中画绿色的特别多，会发现整个心都开了，从中可以看到很精良的能量的对称。

3. 曼陀罗绘画解读。根据曼陀罗的线条、形状、色彩是可以很直观地看到当事人的内在现状的。不过相对来说，画的过程是更为重要的，因为危机事件后，当事人的心理能量无时无刻不在变动。更多的时候看着变动在发生，或者体验到能量在这个过程中是如何流动的，就非常好。曼陀罗疗法重要的一点就是让当事人参与和体验。

曼陀罗绘画会帮当事人宣泄心中的负面力量。经历过重大危机事件的当事人，难免会遗留下一些负面的情绪和体验。这时，为了能够维护当事人的身心健康，保持内在的活力，就要学会为这些积累在心中的"垃圾"找一个出口，定期地将它们适当宣泄掉。而曼陀罗绘画，刚好为从危机中走出来的人们提供这样一个直观、深刻且安全的通道。

第七节 焦点解决短期治疗

焦点解决短期治疗（Solution-Focused Brief Therapy，SFBT）是指以寻找解决问题的方法为核心的短程心理干预技术，其主要特征是关注未来、目标明确。焦点解决短期治疗兴起于20世纪80年代，是由美国威斯康星州密尔沃基市的短期家庭干预中心（Brief Family

Therapy Center）的创办者史蒂夫·德·沙泽尔（Steve De Shazer）、其韩国裔夫人因苏·金·伯格（Sue King Burger）、他们的同事以及当事人共同发展起来的。创立者用多年的时间来观察干预过程，仔细记录当事人的行为、问题和情绪，并最终引导他们概括和完成最终可行的解决方案。

一、焦点解决短期治疗的基本理念

焦点解决短期治疗的来源大体可以分为三个部分：位于美国加州的帕洛阿尔托市的心智研究所和催眠心理干预大师弥尔顿·H. 埃里克森（Milton H. Erikson）的早期研究、英国哲学家路德维希·约瑟夫·约翰·维特根斯坦（Ludwig Josef Johann Wittgenstein）的观点以及佛教思想。

（一）没有问题就无需干预

这是焦点解决短期治疗最重要的理念。如果当事人自己已经解决了问题，那么我们采取干预的理论、模式和哲学背景都不重要了。但在现实中，尽管当事人的问题已经得到改善，很多心理疗法仍然鼓励继续干预。

（二）干预有效就深入下去

这条理念依然遵循"不干涉"原则。如果当事人已经自行解决了问题，那么干预者的主要任务就是鼓励当事人在原有的基础上更进一步。焦点解决短期治疗的干预者只评价当事人的方法是否有效，而不评判其质量如何。当干预者充分了解了当事人在改进过程中不同时期的行为和反馈，任务才算真正完成。只有充分了解是什么起了作用，当事人才能取得更多的进步和成功。

（三）干预若无效就及时尝试其他方法

作为最重要的三个理念之一，这一条意味着效果才是评判一个干预方案的真正标准。人类总是倾向于通过重复过去的问题来寻求解决之道，然而这些问题往往是之前就没有得到解决的。心理干预也是如此，如果当事人的情况没有得到改善，很多理论将失败归结于当事人，而非理论或操作方法的不足。焦点解决短期治疗则不然，如果当事人没有完成家庭作业或是没有通过考核，那么干预者就会放弃这种方法，转而寻求其他方法。

（四）"滚雪球"效应

焦点解决短期治疗的建构模式包含了很多连续、可控的步骤，一旦其中某个环节发生变化，就可能会产生一系列连锁反应。因此，在实际情况下，那些起作用的细微环节能有效地帮助当事人逐渐平稳地达到预期的改善效果，并最终取得干预的成功。

（五）解决方法不一定必须与问题直接相关

焦点解决短期治疗首创了这样的干预理念：当问题解决后，当事人的情况会发生怎样的变化。这就形成了一种全新的干预模式：对于当事人问题的根源和性质，或是当事人的病理特征和人际关系失调，干预者只会花很少的时间去了解和分析这些问题，甚至根本不去关注。虽然以上的因素可能会对当事人的行为产生影响，但根据焦点解决短期治疗的理念，现在和未来怎么做才是最重要的。

（六）解决问题和描述问题的语言不尽相同

阐述问题的时候，语言显得较为消极，倾向于对过去的描述，而且往往会表露出问题永久存在的观念；相比之下，解决问题时所用的语言就相对积极、充满希望，着眼于未来，同时表明问题是暂时性的。

（七）问题不会一直存在，"例外"就是解决之道

焦点解决短期治疗一直坚持的干预手段就是寻找"例外"。当事人总是展现出问题的"例外性"，即使是在非常微细的地方，这些例外之处也可以被充分利用，从而导致当事人做出一些改变。

（八）未来是可创造和改变的

人类不能简单地被定义成历史、社会阶层和心理诊断下的行为集合体。在社会建构主义的理论支持下，这个理念表明，未来是充满希望的，人类自己才是命运的建筑师。

二、焦点解决短期疗法干预者的角色

焦点解决短期治疗几乎从不对当事人进行判断和评价，同时避免对当事人的想法、期望和行为作出任何解释。干预者的作用更应该被看作是去拓展而非限定解决方法的可选择性。焦点解决短期治疗的干预者用一种"非常温和的方式"引导整个会谈，即"站在身后指导"。干预者应该为当事人指明思考的方向，避免对当事人解释、劝导、阻止或强制推进干预。

三、干预的主要原则和技术

（一）采取积极的、正向的和聚焦于解决方法的立场

干预的总体态度必须是积极的、尊重的和充满希望的。焦点解决短期治疗存在一个基本假设，即相信人们自身有强大的自我恢复能力，人们可以利用这种能力做出改变。此外，焦点解决短期治疗的核心信念是相信绝大部分人拥有充分改变自我的能力、智慧和经验。这些假设使得干预更趋向于正向，而非严格区分干预者与当事人的角色；更趋向于合作，而非对抗。

（二）关注当事人过去的解决方法

干预者发现，很多人在不同的时间、地点和情境下，已经自行解决了大量问题。虽然同一问题有可能再次出现，但关键在于人们已经解决了自己的问题，即使是暂时性的。

（三）注重"例外"

就算来访者之前没有成功解决问题的方法可以拿来重复使用，大部分人也会有一些现成的例子是关于自己的问题的"例外"情况的。"例外"通常是当事人无意间的举动，他甚至都不明白自己为什么会这么做。

（四）注重"提问"

焦点解决短期治疗干预者将提问看作是最主要的交流工具和干预手段，直接给当事人布置任务，对其不合理之处提出质疑，并且避免作出任何解释说明。

（五）关注现在和未来

焦点解决短期治疗干预者提问的关注点总是落在现在和未来上，即关注那些已经产生作用的因素，以及当事人对生活有怎样的期望，才能使问题得到较为完善的解决，而不是仅仅抓住当事人的过去经历和问题的根源。

（六）赞许

表扬是焦点解决短期治疗一个相当重要的部分。干预者认可当事人所做的努力，理解他们的困难，会极大地鼓舞当事人，激励他们自我改变。赞许能让当事人认识到自己所做的哪些内容是有效的。

（七）逐步鼓励当事人继续努力

干预者通常都根据当事人先前的解决途径和"例外"来作出干预的进一步建议并布置任务。因为当事人更熟悉自己的问题所在，所以这个过程应该在双方讨论的过程中制定，而不能仅仅靠干预者完成。

四、焦点解决短期疗法干预的方法

（一）关注会谈前的改变

在首次干预的开始阶段，干预者通常会问当事人："从你开始电话约见后，你发现自己有变化吗？"问题是为了让当事人意识到自己在寻求改变，而这个改变不仅对当事人具有积极作用，也对干预者构建良好咨询关系显得非常重要。干预不是目的，改变才是开始。

（二）制订以解决问题为核心的目标

一个清晰、具体、针对性强的目标是焦点解决短期治疗的重要组成部分。干预者可以及时制订阶段性的目标，而非长远的目标。更重要的是，鼓励当事人自己规划和制订目标，避免当事人完全不参与这个过程。

（三）奇迹问句

奇迹问句是一种干预方式，它在询问当事人的目的时表示出对他们问题的重视，同时又能引导当事人提出较为细化的、具有可操作性的目标。基本措辞大致为："如果你今天回去以后，一觉醒来发现奇迹出现了，今天困扰你、让你来跟我会谈的问题全都解决了。这时，你的生活会发生什么样的变化呢？"当问题得到解决时，一些具体的方面可能会发生变化，而当事人的具体反馈往往可以用来当作干预的目标。同时，这些反馈可以让干预者了解到当事人所期望的生活的一些细节，这些细节可以反过来解释当事人以前解决问题的方法和"例外"。

（四）评量问句

焦点解决短期治疗的一个重要的干预手段就是将目标评量化。所谓评量化，就是划分一定的等级。通常干预者会问当事人："等级从 1 到 10，当你初次预约咨询的时候，你的情况属于哪个等级？现在又是哪个等级？当'奇迹'发生后，又会属于哪个等级呢？换言之，干预到什么时候才算'成功'？"

（五）构建解决方法和"例外"

在谈话过程中，焦点解决短期治疗的干预者会用大部分的时间来留意当事人过去解决问题的方法、"例外"和目标。当当事人说出这些后，干预者应用极大的热情去加以肯定与支持，以此来重点强调这些内容。总之，焦点解决短期治疗的干预者关注的是那些之前没有被注意到的当事人进步的标志及其使用到的解决办法。

（六）应对的问题

如果当事人报告问题没有好转，干预者有时会提一些问题来应对这种情况，如"你是怎么做才使情况没有变得更糟的"。能成为一个心理问题而影响当事人正常生活，这个过程自然漫长，消除需要一定的时间。干预者所提问题，重点是帮助当事人对自己当下状态进行自我对话，从而对当事人进行有效引导。

（七）有什么地方是我遗漏的

干预者与当事人对话过程中，当事人或多或少会讲一些他自己认为重要的话，或者因为某种原因当事人隐瞒一些事情，故意不说。此时干预者就需要有意识地引导、提醒当事人能全面客观反映问题。干预者可以问当事人："还有什么是我遗漏的吗？"或是"还有什么需要我去了解的吗？"

（八）中途休息和再次会谈

焦点解决短期治疗中，一般会提倡干预者在结束会谈前休息一下。如果有干预团队在的话，他们会给干预者反馈，给予当事人一些表扬，并根据当事人的实际能力、以往的问题解决方法和问题的"例外"，给整个干预方案一些建议。如果没有团队，干预者仍然需要中断一下去理顺思路。

（九）做一些新的尝试与布置家庭作业

在焦点解决短期治疗中，干预者通常会在会谈接近尾声的时候，建议当事人在下次会谈前选择完成一个可能的新尝试。这个尝试应该建立在当事人已经在做的、正在思考和感受的基础上，因为这些能引导他们直面目标，完成目标。也可以让当事人自己设置家庭作业。这两种办法都遵循一个理念，即来源于当事人自身的要比来源于干预者的好。

（十）寻找得到改善的地方

在每次会谈之初，干预者通常会询问当事人从上次会谈到现在，当事人的问题有了哪些进展。无论当事人是怎么做的，这种努力都应该被肯定，所以这些努力是干预者赞扬的重点和提出新尝试的源头。

五、焦点解决短期治疗的适用性

焦点解决疗法是目前最流行、适用范围最广的危机干预技术之一。它建立在信任当事人自我恢复能力的理念的基础上，根据当事人过去解决问题的方法和"例外"来制定策略，适用于几乎所有的心理问题，被广泛用于临床，包括危机事件、家庭疗法、药物滥用的干预和精神分裂的干预。焦点解决疗法在逐步代替传统的心理疗法，运用到社会服务机构、教育部门和学校以及商业系统的实践中。

六、焦点解决短期疗法在危机干预中的应用举例

焦点解决疗法最有特色的地方在于干预者的提问,这一系列的询问对话主要是协助当事人探讨改变的可能线索,并改变当事人的知觉、行为、经验及判断。下面将焦点解决疗法中的一些关键技术在危机干预领域的应用作简要的介绍,给该领域的从业人员作一借鉴。当然,要系统地掌握这些焦点解决疗法的技术,还需要参加系统的培训和深入的实践。

(一)奇迹询问

以假设性语句(如"如果"等词)探问当事人在某特定情境下的可能想法与作为。假设奇迹发生、情况已经改变,或者假设期待情况出现。帮助当事人创造希望,寻找目标。

举例 1:当事人因为自己与同学的关系而苦恼。

干预者:假设你已经和同学们建立了良好的关系,你的同学会说你现在做了哪些不同的事情?

当事人:他们会说我会经常面带笑容,愿意主动与他们聊天,会帮他们一些忙。

干预者:假设你保持这种状态一段时间,放轻松点,主动帮忙,而不是一天到晚那么严肃,他们会做哪些不一样的事情?

当事人:他们应该会和我一起说笑,请我一起吃午饭……

举例 2:危机干预的各种情形下通用问句。

干预者:现在,我想问你一个奇怪的问题,假如晚上你在睡觉,整间屋子静悄悄的,奇迹发生了。这个奇迹就是:迫使你来这儿的问题已经解决了。然而,你在睡梦中,所以你并没有意识到发生奇迹。所以,当你第二天早上醒来时,是什么变化让你感觉到奇迹发生,问题已经解决了呢?

干预者:当你开始与过去有所不同时,你的老师或父母,第一个能够注意到的你的改变是什么?

干预者:接下来会发生什么?会产生什么样的不同?

(二)例外询问

例外询问就是探问当事人过去问题不存在的经验或问题较轻的例外经验及其细节。例如,询问何时问题没有发生?何时不那么严重?处理成功是什么时候?通过例外询问可以增加当事人自尊,减少其被问题打败的感觉。提高当事人解决问题的信心,利用例外产生小的改变。

举例 3:当事人为自己与导师的关系苦恼。

干预者:请你回想一下,当你做什么事情的时候,你的导师比较不会发火,甚至还会对你比较友善、更客气?

干预者:你来我这里之前,已经做了哪些努力来改善与导师的关系?

（三）关系询问

关系询问就是了解与当事人有重要关系的他人，如家人、朋友、老师等，对当事人改变的看法。通过关系询问，当事人可以从其他人的视角来看自己的改变带来的变化，可以进一步理清通过咨询要达到什么目标。焦点解决强调社会关系在咨询中的重要性。

举例4：危机干预的各种情形下通用问句。

干预者：谁最了解你？

干预者：你的家人或者最好的朋友会怎么说呢？

干预者：你的朋友如何会发现你做得更好？

（四）刻度化询问

以10分为刻度，邀请当事人评量及说明特定向度的满分意义及现况的所在位置。将改变视为一系列的小目标，不是全有或全无地解决。

举例5：面对有自杀倾向的当事人。

干预者：用1~10分来衡量，如果1分代表了今天你下定决心自杀，而10分代表了奇迹发生的一天。你今天来这里之前的状态，可以用数字几来代表？

干预者：你现在的状态是几分？

干预者：发生了什么可以让你维持在现有水平，或者稍微提高一点？

干预者：为了让你提高1分，什么必须有所改变，你能做什么？

干预者：处在几分上，对你来说是安全的，不会去自杀了？

干预者：处在几分上，对你来说是安全的，连自杀的想法也没有了？

【思考题】

1. 什么是紧急事件应激晤谈（CISD），它的主要流程是怎样的？
2. 什么是放松疗法，它的功能有哪些？
3. 什么是焦点解决短期治疗，它有哪些主要的干预方法？

第五章　自杀的诊断与评估

自杀是典型的心理危机事件,也是一种复杂的社会现象,近年来自杀已经成为一个全世界广泛关注的重点问题。根据世界卫生组织 2019 年的报告,全球每 40 秒就有一个人自杀身亡,尽管近年来各国采取了很多措施来预防和干预自杀,自杀仍然是各年龄阶段人群死亡的重要原因,尤其是老人和青少年。从我国的数据来看,20 世纪 90 年代,我国的自杀率也曾经居高不下,而且是世界上为数不多的女性自杀率高于男性的国家,从 2009 年的研究报道来看,自杀也已经成为我国死亡人数前五位的死因,同时也是导致疾病和残疾的第六位原因。从我国卫生统计年鉴来看,我国整体自杀率大幅度下降,由 2002 年的 15.61/10 万下降至 2015 年的 6.61/10 万,在世界上处于较低水平,这与政府和社会各界的努力息息相关。虽然在我国监狱、强制隔离戒毒场所内发生自杀既遂事件的比例并不高,但是监禁(封闭环境、限制自由)本身就会引起监狱罪犯和戒毒所里戒毒人员的自杀倾向。有研究表明,监狱罪犯的自杀风险是其他社会普通人员的 3~4 倍,在以往对罪犯进行心理咨询和危机干预工作中,也经常会遇到有自杀想法或自杀行为的干预对象。

第一节　自杀及其分类

一、自杀的概述

自杀(Suicide)是个体有意识地采用各种方法故意或自愿结束自己生命的行为,是一种复杂的社会现象。目前对自杀概念的界定有很多种,从心理学、社会学、精神病学等不同的理论背景出发,不同的学者对自杀有不同的见解。

一般来说,自杀都是心理崩溃的行为,是心理危机的典型表现。例如,弗洛伊德的心理动力学观点认为,自杀是由一个人经历强大的心理刺激时激发的内部冲突所导致的,是个人将潜意识中的攻击性指向了自身而不是外部的他人或情境。

美国疾病预防控制中心认为,自杀是因受伤、中毒或窒息死亡,并有证据(直接或间接）表明该受伤是由自己造成的，而且死者有意图致死自己。

除了成功完成的自杀行为，还有三个重要概念值得注意：自杀意念（Suicide Ideation）、自杀计划（Suicide Plans）、自杀企图（Suicide Attempts）。

自杀意念是指丧失了活下去的动力，认真地考虑自杀的一种心理状态。

自杀计划是在自杀意念的基础上产生的，是指已经形成的关于实施自杀的具体方法、自杀地点和具体时间。通常来说，如果自杀计划中选择的场所不容易被人发现，选择的时间在夜深人静时，表明其自杀的意愿相对较强，获救的机会比较小，自杀成功的危险性较高。

自杀企图是具有一定程度的自杀意念，并且实施了自我伤害的行为，但是结果是非致命的，可能出现受伤或没有受伤。同时还应该注意，在监狱和戒毒所中，罪犯（戒毒人员）的自杀、自伤及自残行为有时候是通过伤害自己来表达自己的诉求或影响和操纵他人。

二、自杀的分类

社会学家迪尔凯姆（Durkheim）认为，社会和文化压力与影响是自杀行为的主要决定因素。他将自杀分为四种类型：自我型自杀（Egoistic Suicide）、利他型自杀（Altruistic Suicide）、紊乱型自杀（Anomic Suicide）和宿命型自杀（Fatalistic Suicide）。

1. 自我型自杀。由于失去社会支持而出现的自杀属于自我型自杀，比如有些老年人由于失去与朋友和家人的联系而选择自杀。

2. 利他型自杀。受到社会文化肯定的"形式化"自杀属于利他型自杀，比如传统日本文化中，若使自己或家族蒙羞，为了挽回名誉，日本武士就会采取剖腹的方式自杀。

3. 紊乱型自杀。紊乱型自杀是因现有状态遭到显著破坏（如突然失业、失恋等）而造成的，紊乱描述的是一种失去和迷茫的感觉。

4. 宿命型自杀。宿命型自杀的人通常会觉得对自身命运失去控制，比如有些邪教组织信徒的集体自杀就属于这种类型，1997年美国"天堂之门"信徒就认为他们的生命都操控在教主马歇尔·阿普尔怀特（Marshall Applewhite）的手中。

富基穆拉（Fujimura）等还提出了安乐死也是一种自杀的类型，是指一个人面临不治之症（或痛苦至极等）而自愿选择死亡。

第二节 自杀的高危因素分析与征兆识别

一、自杀的危险因素

自杀是多种因素相互作用下形成的复杂行为，大多数试图自杀的人身上都存在一些共同的特征，我们将这些特征称为自杀的危险因素。巴特尔（Battle）等通过大量的工作列出了17项可以帮助危机工作者用来评价潜在自杀危险的危险因素，他认为如果一个人具备 17 项中的 4~5 项危险因素，则可以认定这个人处于自杀的高危时期。

北京回龙观医院和中国疾病预防控制中心合作的"自杀和其他伤害性死亡的原因"研究中，通过调查 895 例自杀死亡案例，发现了 10 个影响自杀的危险因素：①死前 2 周抑郁程度重；②有自杀未遂既往史；③负性生活事件导致死亡当时急性应激强度大；④死前 1 个月的生活质量低；⑤死前 1 年内负性生活事件产生的慢性心理压力大；⑥死前 2 天发生剧烈的人际冲突；⑦朋友或熟人曾有过自杀行为；⑧有血缘关系的人曾有过自杀行为；⑨失业或没有收入者；⑩死前 1 个月内的社会交往少。个体暴露的危险因素越多，自杀的危险性越高。

下面从神经生物学因素、遗传因素、躯体疾病、应激生活事件、心理障碍、人格和认知因素等几个方面来分析自杀的危险因素。

（一）神经生物学因素

很多研究显示，自杀行为和神经递质 5-羟色胺的低水平有关，冲动性、不稳定性以及对情境的过度反应倾向也与低水平的 5-羟色胺有关，从而也可能影响自杀这种冲动的行为。尸检研究中发现自杀者脑部的 5-羟色胺水平偏低。有研究证实，心境障碍易感性的遗传特征可能影响了自杀意念的遗传。同时，在不抑郁的人身上，自杀倾向也和偏低的 5-羟色胺水平有关。

（二）遗传因素

自杀行为存在家族聚集出现的情况，如果家庭中有一个成员自杀，那么其他成员的自杀风险也比较高。国外的研究发现，如果父母曾尝试自杀，那么其子女自杀的可能性是父母未尝试过自杀的子女的 6 倍，如果兄弟姐妹中也有人尝试过自杀，则这个可能性将更高。但是也有研究者提出，任何一种行为都是遗传和环境的共同产物，故这些自杀家族聚集的情况可能与相似的生活环境因素有关，也不能排除与心境障碍等其他相关障碍的遗传因素有关。因此，研究者们进一步进行双生子研究和领养研究，在这两类研究中都证明了遗传的影响因素。

在双生子研究中发现，同卵双胞胎比异卵双胞胎具有更高的自杀行为同步性。在领养子女与其血缘家庭和领养家庭的研究中发现，被领养的个体与其血缘亲属（即使从未谋面）的自杀同病率更高。基因方面，研究发现 TPH1、5-HTTLPR 以及 MAOA 基因目前被认为可直接或间接导致基因拥有者更容易自杀。

【案例】《老人与海》的作者，美国著名作家海明威在他 62 岁那年，选择了开枪自杀身亡。而在此之前，他曾经很多次当着朋友的面，拿枪指着自己的脑袋"练习自杀"。更令人惊讶的是，在海明威 28 岁的时候，他的父亲就自杀身亡了。还有报道称，他的祖父也曾经试图用枪结束自己的生命，但被海明威的父亲及时阻止，自杀未遂。同时，在海明威去世 5 年之后，他的妹妹由于身患癌症和抑郁症，服药自杀。16 年后，他唯一的弟弟，得知自己因患糖尿病需要截肢后，也选择了和父亲以及哥哥同样的方式，结束了自己的生命。而在海明威自杀的 35 年后，他的孙女也被认为死于自杀。有医生认为，海明威家族的自杀史可能与心境障碍相关,而这种障碍被认为具有遗传倾向。当然并不是具有遗传倾向就一定会选择自杀,正如海明威的家族,他的小孙女玛丽尔·海明威致力于演艺事业,积极向上,曾获得过1980年奥斯卡女配角提名,用自己的行动破除了所谓的"海明威家族的自杀诅咒之谜",还登上了《人物》杂志封面。

（三）躯体疾病

大量的研究表明,慢性病患者、绝症患者或其他难以治疗的躯体疾病患者,如肝脏与肾脏疾病、癌症、糖尿病、AIDS等疾病的患者,其自杀率明显高于一般人群,在自杀死亡者中患有各种躯体疾病者占比也达到25%~75%。

躯体疾病患者自杀的原因可能与以下因素相关:①躯体疾病导致的难以耐受的慢性疼痛、失眠;②躯体疾病导致的功能受限,不能生活自理或参与社交、职业活动;③治疗过程中的经济负担、家庭成员负担;④患者难以接受躯体疾病导致的外形变化;⑤因疾病导致的悲观、绝望情绪;等等。

【案例】有媒体报道,2021年2月19日早上8时许,千喜救援芝英中队接到群众求助,称浙江省永康市某村,一位六十多岁的男子因患重病带着农药跑进山里轻生。救援队员第一时间赶到现场进行救援处置,经了解,该老人由于生病,不堪病痛困扰折磨才一时想不开选择轻生,老人带了2瓶高度白酒、一瓶农药进山。经过6个多小时的搜寻,救援队终于找到了失踪的老人,他摔倒在半山腰,酒气熏天,一瓶白酒已经空了,嘴角有白沫冒出,好在人还醒着,嘴上尽说胡话。因为救助及时,老人没有生命危险。[1]

（四）应激生活事件

应激生活事件是自杀最重要的风险因素之一,主要是指重大负性生活事件,即让个体产生焦虑、抑郁等消极情绪体验的重大事件。

有研究表明,自杀者在自杀行为前的3个月内负性生活事件的发生频率明显高于正常人群。常见的自杀相关负性生活事件包括家庭矛盾、恋爱婚姻问题、经济困难、学业或工作失败、严重的精神疾病或身体疾病、突发的自然灾害等。其中,对于大学生群体来说,负性生活事件主要来源于:①学业问题,如学习成绩连续下降,网络成瘾,毕业困难;②人际关系问题,如同学关系紧张,孤僻、自卑等,最为主要的还有恋爱相关问题;③家庭问题困扰,如父母离异或关系不融洽、父母病重或失去至亲、家庭经济困难等;④旷课、作弊、打架等受到学校处罚等;⑤身体的疾病等。

罪犯长时间处于监禁生活,承受着巨大的心理压力,与其他人群的负性生活事件相比,其来源具有某些共性特征。例如,来源于情感性的危机,包括失恋、离婚、失去亲人等;来源于生理上的危机,如残疾、生病、伤痛等;来源于突发性的危机,比如自然灾害（洪水、地震等）、传染性疾病、意外伤害等。同时,由于罪犯本身身份特征和监内改造环

---

[1] 赵德龙:"六旬老人因患病欲轻生,喝完一瓶白酒后醉倒在半山腰",载 https://baijiahao.baidu.com/s?id=1692386279484823493&wfr=spider&for=pc,最后访问时间:2022年1月15日。

境的特殊性，其来源也存在一些特性，如来源于刑罚的危机，如入狱、监内环境适应问题、余罪、被诬陷、刑期过长、自罪感等；来源于监内社会性的危机，如同犯矛盾、与干警的关系问题、与家人的分离、监内劳动相关问题等。

也有学者将负性生活事件分为急性诱发性生活事件和慢性生活事件两种，并指出与其对应的两种变量指标"急性应激强度"和"慢性心理压力"相互独立，是自杀行为发生的独立危险因素。

【案例】罪犯王某（男，因盗窃被判处有期徒刑3年3个月。家有父母、妻子、弟弟），已婚目前未有小孩。×年×月×日，妻子会见时提出离婚，该犯当场哭泣并瘫倒在地，情绪极为激动和反常。当天晚上经过民警教育，情绪始终未得到稳定，就寝后辗转反侧、整夜未眠，深感人生失败，前途茫茫，凌晨2点时实施自杀行为，因及时发现被制止。[1]

(五) 心理障碍

很多研究发现自杀者中超过80%的人存在心理障碍，其中心境障碍的数量最多，因此，心境障碍常常被认为是自杀的高风险性因素。重度抑郁的患者企图自杀的风险是未出现心境障碍人群的11倍，如果患者已经出现过躁狂，那么其企图自杀的风险将更高；有数据显示其风险甚至可以达到正常人群的30倍。双相情感障碍患者实施自杀的死亡率相比其他心境障碍类型则更高，可达到390/10万。但是，我们也需要注意到，并不是所有心境障碍的患者都会有自杀行为，同时也有很多没有心境障碍的人成功实施了自杀。因此研究者们进一步对心境障碍和自杀的关系展开研究，有学者提出无望感（绝望感）作为抑郁的核心症状之一，可以单独作为自杀的有力预测指标，而且有研究表明这个指标对于抑郁之外的其他心理健康问题个体的自杀行为同样具有预测效力。

越来越多的研究认为，无望感是一种稳定的心理特质，与自杀意念、自杀企图和自杀行为都有密切的关系，由此可见，我们在对有自杀观念者进行评估时，除了进行心理障碍的评估，也常常需要对无望感单独进行评估。

【案例】罪犯陈某，51岁，个性内向，敏感多疑，入监后不能很好地适应监内生活，在劳动改造过程中遇到一系列挫折后，他产生了一个不可抑制的愿望，就是想刺伤另外一个罪犯。在这种念头的干扰下，他的工作效率越来越低下，并频频出现差错，因而屡次受到批评。他开始对自己的能力产生怀疑，生活退缩，出现了抑郁症状，包括：早醒，流泪，无兴趣，缺乏动力，体重比2月前减少10公斤，感觉到出狱无望、前途渺茫。他不能想象还有什么乐趣，并和其他罪犯越来越疏远。他为没有能力完成生产任务而感到非常焦虑与抑郁，就有了悲观自杀的念头。3个月以后，他的症状更明显，自杀的念头常常萦绕在脑间，挥之不去。[2]

(六) 人格认知因素

冲动性指行为冲动且难以为了等待时机而抑制冲动的一般倾向，被认为是人格特征中

---

[1] 来源：监狱内部资料。
[2] 来源：监狱内部资料。

对自杀最具预测效力的。冲动性不仅与物质滥用、攻击行为等密切相关，而且在自杀行为的发生中具有重要作用，这种人格特征在青少年和女性自杀者中更为常见。当遭遇重大的负性生活事件时，具有冲动性特征的个体与其他人群相比更容易出现极端情绪，从而采用自杀行为来发泄，这些个体本身常常并未伴有心境障碍。

另外，还有一些其他的人格特征也被认为是自杀的风险因素，如攻击性、神经质、精神质、知觉偏差等，当这些易感因素与其他心理问题出现叠加时，可能出现自杀的风险更高。冲动型人格障碍（又称攻击型人格障碍），以阵发性情感爆发，伴明显冲动性行为为特征，这种类型的人格障碍个体也经常出现自杀和自伤行为。

有学者对自杀者的认知方式进行了研究，发现与其他人群相比，自杀者在思维和解决问题的方式上存在一些突出的特征。在思维方式上，自杀者倾向于采用非黑即白和以偏概全的方式看待问题。在解决问题的方式上，缺乏解决问题的技巧，或者对自己解决问题的能力缺乏正确的认识。在分析问题时，倾向于将自己遇到问题归因于外部原因，如客观环境、运气、命运等，否定自己的内部能动性，认为只能被动接受，无法解决问题或不可避免问题的发生。甚至，有研究发现，很多人将自杀当作是解决问题的最终手段，这一点与自杀意念的强烈程度存在高度的相关性。

二、自杀征兆的识别

大多数试图自杀者在实施自杀行为前，都会表现出一些自杀的征兆，一般可以从两个方面来观察，包括言语性表达和行为性表达。这些言语和行为的表达实际上是自杀者发出的求救信号，如果能及时识别这些线索，实施自杀危机干预，就能有效地预防自杀。

近年来，常常会在媒体中看到关于自杀的报道，有身患抑郁症或身陷其他困扰的成年人，也有因为与家长发生冲突采取冲动行为的学生，他们在采取自杀行为前往往都会出现自杀的征兆。

【案例】2021年11月，有一位25岁的知名摄影师跳海自杀，在实施自杀计划前，他在微博上设置了一封定时发送的遗书，退租了房子，把摄影器材送人，把东西打包，分两次寄回家。他甚至还把自己最喜欢的美学书，都捐给了杭州市图书馆。遗憾的是没有人发现他的反常，这些线索都是在他身亡后才被重视起来，如果有人提前发现这些征兆也许会有不同的结局。[1]

（一）言语性表达

言语性表达是人们通过语言进行沟通交流、表达内在心理活动的重要方式。在出现自杀行为之前，有自杀意念的人往往会通过口头言语或书面言语的方式直接或间接地表达自己自杀的想法。

1. 口头言语表达。口头言语包括对话言语和独白言语，其中由对话言语中透露出来

---

[1] 李月亮：" 杭州25岁摄影师跳海自杀：他留下5千字的遗书，还有扎心的转账记录"，载 https://k.sina.com.cn/article_ 1094411443_ 413b64b3019010c03.html，最后访问时间：2022年1月15日。

的自杀意念是比较常见的。对话言语指通过相互谈话进行交流时的言语，包括聊天、谈论、辩论等。

在聊天或谈话过程中，自杀（自杀意念）者有时候会直接表露出个人自杀的想法，如"我要死了""我不想活了""活着真没意思"等，有时候则会出现一些间接式的表达，"做人真的太累"，"我再也受不了了"，"我再也不能照顾你了"，"我不在了，家人会过得更好吧"等这样的话语。这些表达既可能是在面对面地聊天或对话时出现，也可能是通过电话交流、网络视频对话等远程对话的方式出现。对话的对象通常是其身边的、比较亲近或熟悉的人，如家人、朋友、同学、同宿舍（室友、狱友等）、分管民警等。

从对话的内容来看，有很多的自杀者曾经与人讨论过死亡相关的话题，可能涉及死亡的意义、死后的世界、自杀方式、自杀地点和自杀时间的选择等，比如讨论自杀的方式哪种痛苦最小、哪种方式结束生命后尸体不会过于难看等。在实施自杀前，自杀者会选择与最亲近（或最信得过）的人联系，通过对话言语表达自己的歉疚，如"我对不起父母的养育之恩""原谅我""我辜负了大家的期望""我死了对大家都好"等；也有自杀者会选择与有关热线或公益组织联系等。

独白言语是指一个人独自进行的言语，通常有报告、演讲等。近年来兴起的抖音、快手等小视频软件中有些人就会使用独白言语来表达自己的观点、记录自己的生活，自杀者也可能会通过这个方式留下自己的遗言，记录自己实施自杀行为之前的生活。

随着新媒体的发展，近年来发现有些人会选择直播自杀，如果排除掉故意以这种方式博取关注、炒作的状况，其他的"直播自杀"可能表达了这类自杀者对生还有留恋，他在一定程度上期待大家安慰他或者有一个人能够出现在身边阻止他，直播本身就是在向大家发出一个"安慰我！阻止我！救救我！"的信号。同时，"直播自杀"还存在一种可能的心理状态，就是自杀者还没有足够的勇气去实施自杀行为，因此通过直播营造了一个剧场情境，在大家的关注中，让自己进入角色，从而获得一种自杀的悲壮感和勇气。

直播本身就像是在完成一个表演程序，这样，他就不再是一个没人关注的独孤的自杀者，而是一个真正的表演者：通过表演来完成真正的自杀。在这个直播过程中，自杀者多少都会在乎观众对他说什么，不可能做到只顾按自己的表演程序走，而完全不理会别人对他说什么。对于他来说，他的表演本身相当于对观众的一种承诺：我说话算数，不是在耍弄大家好玩。因此如果观众尽力安慰规劝他，可能让他在心理上接受自己的"言而无信"，合理化自己最终不选择死的行为。相反地，如果观众极不友好，出现刺激性、对抗性的言语对话，则可能就会给他一个履行承诺的压力，从而强化其自杀倾向。如果最终不自杀，他会害怕丢脸，害怕被人鄙视。因此在发现直播自杀时，作为观众比较好的做法是一边安慰、规劝，一边第一时间确定他的地址并报警，同时避免任何不友好和刺激性的言语。

【案例】95后少年自杀微博直播事件

2014年11月30日，19岁的小曾在微博中直播了自己服用安眠药并烧炭自杀的过程，尽管最终警方锁定了他所在的位置，并与其家人一起赶到现场将小曾救出，但是小曾仍然在医院内抢救无效死亡。30日早上8点到12点半这4个多小时的时间里，从买药到失去意识，小曾一共发了38条微博。在最后的几条微博中，小曾一直说自己意识模糊，甚至流露出了求生的欲望，在12：01，他曾经写道"炭燃了。安眠药起效了，我还不想死，但是没法自救了"。不少网友在微博中对他开导劝阻，曾一度缓解了小曾冲动绝望的情绪，但是也有很多网友认为这是一场表演，涌进微博恶语相向、咒骂攻击小曾。小曾死后，在微博里曾经刺激嘲讽他的人，态度出现了反转，通过私信向他道歉的留言也达到了数千条，还有许多网友找到他留在网站上的翻唱歌曲表达歉意和遗憾，但是这个年轻的生命却永远离开了。[1]

2. 书面言语表达。书面言语表达是借助文字表达思想或通过阅读理解他人思想的活动。目前，对于自杀者来说有两种书面言语表达的方式比较常见，一种是以遗书或遗言的方式留下自杀证据，另外一种是通过网络和社交媒体记录的文字痕迹。

遗书通常被认为是自杀最直接、最客观的证据，很多自杀者会在遗书中表达自己选择自杀的原因、动机等信息。有研究发现大约30%的青少年会选择留下遗书自杀，而成年的自杀者大约有17%会写下遗书。

随着网络技术的发展和智能手机的普及，越来越多的人倾向于通过网络和社交媒体来记录与分享自己的观点，如微博、微信朋友圈、博客、日志等。由于网络环境的特殊性，人们通过网络发表观点时既可以是实名的，也可以是匿名的，有自杀意念的人有时候也会在这些网络媒体上公开表达自己的厌世的心理状态或自杀的想法。他们当中有的人会通过这样的方式与网友们讨论具体的自杀计划，了解自己实施自杀的方式，但是也有的人其实并没有下定决心实施自杀，会通过网络寻求自杀的勇气，这其实也是一种求救的信号，希望网络上的其他人可以帮助自己。如果能够及时通过这些言语信息发现个体的自杀意念或企图，然后给予有效的干预，则可能帮助其避免自杀行为。

【案例】2020年10月13日凌晨，大连理工大学一名研三的学生在网络上留下长篇遗书后，在自己的实验室里自杀身亡。微博发出后，不少网友留言宽慰他，希望他不要想不开，相关话题的阅读量达2.9亿，讨论3.8万，然而不幸的消息还是传来，14日校方发布通报该研究生已身亡，排除他杀。

以下是这位研究生当时通过微博发布的遗书（微博：红烧土豆叶）。

大家好，我是大连理工大学化学工程专业专硕三年级学生，导师是Z老师。我的研究课题是……

啊别走嘛，我不是来进行答辩的啦（笑哭）。

只是想来告个别，待会我就准备一挂解千愁了。

今年真是糟糕的一年呢，国际国内都鸡飞蛋打的，想当初为了逃避找工作考了研究

---

[1] "11·30少年自杀微博直播事件"，载 https://baike.baidu.com/item/11·30少年自杀微博直播事件/16255681?fr=aladdin，最后访问时间：2022年1月15日。

生，结果刚考上贸易战就开打，就业形势一下严峻了起来。今年又赶上（新冠）疫情，好像这三年读研期间世界跟闹肚子似的。

啊对了，说起闹肚子我不知怎么的越来越受不了圣女果，最近一次吃完之后拉了好几回。

然后我还想起刚考上之后没多久，一个认识的学长推荐我去跟 Z 老师学习，第一次跟 Z 老师见面他把煤化工行业的上下五千年都给我讲了一遍，讲到一半我肚子也不舒服，精神也快绷不住了，但脸上还得维持认真听讲的表情。估计那一次是我人生中坚持最久的一次。之后每次找他，哪怕是问个小问题，都有可能让我坐在沙发上听他讲半天行业背景，从此我十分不乐意去找他商量事情。

这三年过的，额，过得挺快的，体会到了给研究生讲课的老师授课质量差到了酸奶没吃完放垃圾桶里一周的地步。上完大部分课程就开始进实验室做实验了。

开题答辩那天，听完我的汇报，评审的老师嘟噜了一句"还可以"，问了一两个问题就结束了。其实吧，我挺希望他们能针对我的思路和目的给出具体的意见来着，没想到那天我算是最快结束答辩的。

"多去看文献，看看别人怎么做的。"如果去找组里的老师问问题的话，经常得到这个回答。于是我综合了几个博士论文的实验思路和内容，就撸起袖子去干活了，然后我就跟我那台如同祖宗一般的实验设备开始了长达一年的交流，每次做实验前我都要先祈祷一下待会它可千万要一直正常工作，你能想象一台普通的实验设备正常工作的概率居然不超过 1/3 吗？我差点都把佛祖保佑几个字刻在它上面了。谢天谢地，它终于在今年 1 月份，我催了好几回组里的 H 老师后，算是修好了。

今年大概 1 月 18 日，我还待在实验室做实验，其实当时也有想过要不要申请寒假也不回家了，毕竟感觉进度不是很好，后来想着也没剩几个寒暑假了，还是回去了。

疫情暴发困在家里后，在家里人建议下开始备考公务员。过了半年回到学校，在宿舍隔离时我们开了线上组会，组里的老师看了我的数据，平静地表达了我的数据都没意义的评论。

啊？什么？我照着文献做的啊？不是你给的建议吗？

好吧，是我不对，我太笨了，不懂得自己思考。

行吧，过去一年做的一切推翻重来。

夏天，拼了命地赶进度，还得跟其他人公用一些设备，于是为了提高使用效率，我把白天让给了别人，晚上通宵了好几次做实验，期望着赶紧做完，我好专心备考公务员。

然后？然后就是不断地，不断地做无用功，我也不知道为什么，一模一样的条件，每一次居然都能得到不同的结果，趴在电脑前看着自己的数据，感受着自己的心态一块一块碎落下来。

看着我的实验设备，然后看了看自己的手，不知道是哪一个出了毛病，或许是脑子也说不定。

"不对啦！肯定是你自己的问题！"

"我……我哪里出问题了？"

"你少玩点游戏，少刷些视频还会这样吗？"

"可……可我确实尽力了啊？"

"那就是你笨，懒，没用。这二十几年家里人给你这么多关怀，结果养了一个废物出来。"

"那……咋办？"

"你这样下去肯定延毕了，真丢人，几百万研究生，不缺你这么一个废物，去死吧。"

"那好吧。"

我真是个够无聊的人，这样无聊的小剧场我居然能自己演好几回。

想起来了，前几天开组会，Z老师说让我们赶紧着手构思专利，不然赶不上毕业。结果H老师怒喷："不能让他们发专利！得让他们发论文！专利太简单了，发个专利就毕业，太水了！"

开的是线上组会，我当时通宵做PPT困得不行，听了H老师的话，我关掉麦克风苦笑了一声，精神了。

其实我觉得H老师要求挺合理的，我们组一直要求很宽松，以前连组会都不开，除了每年年末老师请我们吃一顿饭，年中夏天带我们跟当届毕业生一起出去玩之外，并不怎么主动跟我们见面。不过，对不起，我可能没办法满足您的要求了，把疫情夺走的半年还给我，可能还有希望，但在这个节点上，我看着自己的数据，除了绝望还是绝望。可能是我太笨了，可能是我太懒了，也可能那几台设备不足以完成我的课题。总之，以前我们组还没出现过无法按时毕业的，为了不打破这个优良传统，那我消失好了。正好国家今年正为了就业问题犯愁，我就不给国家添麻烦了，我想我这样的人也没有资格加入公务员队伍为人民服务。

如果我身上还有哪个部位能用的，都拿走吧。请把我烧成灰随便埋到哪块地里，好歹能贡献点养分。

谢谢你，谢谢你看到了这里，我其实算是个挺内向的人，第一次跟人倾吐了这么多。

想起来之前在美团点外卖时给他们的公益活动捐过一块钱，希望能实现我一个愿望，让我下辈子变成某间猫咖里的一只猫吧，野猫也行，毕竟猫的年龄十来年，我活了25年，也没比猫久多少。

希望家人朋友今后顺顺利利，祝愿国家一直繁荣昌盛。[1]

（二）行为性表达

行为是心理活动的外在表现。心理具有一定的内隐性，而行为相对于心理来说具有外

---

[1] 中华网河南："大连理工大学—研究生凌晨发遗书'再见'：自己心态一块块碎落下来"，载 https://www.sohu.com/a/424858288_643923，最后访问时间：2022年1月17日。

显性的特征，比较容易通过观察而发现行为的变化。当个体出现自杀意念或自杀企图时，会出现与之对应的外在行为变化，这些异常的行为性表达都是重要的自杀信号，主要表现在以下几个方面：

1. 安排后事。有详细的自杀计划的个体通常在自杀前会有条不紊地安排好后事，比如提前向他人道谢、致歉或告别，将自己原本杂乱无章的个人物品分门别类地整理归置，把自己的物品、财产赠送给其他人，尤其是有些自杀者会将自己的心爱之物、以前舍不得给人的物品也一反常态地赠与他人。也有些个体表现为将自己的所有相关物品突然丢弃或烧毁，清理删除手机、电脑、网络上的信息。比如有一名罪犯在决定实施自杀前，突然将服刑期间原本摆放较为杂乱的物品整理得井然有序，并且把自己的必要生活用品分送给其他与其关系较好的罪犯，还为自己留下遗书说明对自己遗体的处置，并表达对亲人的感谢和歉疚。

2. 反复出现的危险性行为。除了之前讨论过的由于个体自身的冲动性特征，在某些强烈刺激的条件下突然采取的自杀行为外，大多数自杀者从出现自杀意念到真正实施自杀行为之间，往往经过了较长时间的挣扎和犹豫，在这个过程中他们可能已经反复出现一些危险性的行为。自杀者会通过各种方式收集与自杀方式有关的资料，不同方式的自杀者往往会出现不同的危险性行为，如计划从高处坠落的人，可能会数次出现在高楼上，站在窗户口或楼边缘向下、向远处张望；计划使用割腕的方式自杀者，可能会经常挽起自己的袖子，在胳膊上比划，并且对刀产生兴趣，经常拿出刀看看，有些自杀者的胳膊上、手腕处有数道新旧不一、深浅不一的伤口，这些都说明这个人可能已经出现了一些危险性的行为，提示有自杀的风险。

【案例】罪犯王某有情绪障碍，在入狱前曾多次实施自杀行为，入狱谈话时民警发现其手腕上有多条陈旧性伤疤，布置包夹犯予以关注。2021年4月某日，包夹犯报告最近观察到王某多次出现一动不动盯着窗外看的情况，当天晚上睡觉听到其躲在被子里撕囚服的声音。包夹犯报告后，警官马上对其隔离审查，发现王某已经撕下一条大约长30厘米，宽5厘米的布条，企图晚上就寝后勒自己的脖子自杀。[1]

3. "一反常态"的行为改变。这些改变是指与个体之前的日常状态相比，有比较突然的、明显的改变，通常表现在行为、情绪、人格特征等方面，如慢性难治性躯体疾病患者突然不愿接受医疗干预，或突然出现"反常性"情绪好转。

人格（又称个性）是个人带有倾向性的、本质的、比较稳定的心理特征（兴趣、爱好、能力、气质、性格等）的总和，具有稳定性的特征。如果在外部环境没有出现明显变化的情况下，一个人的个性特征和行为出现显著的变化，那可能提示这个个体的内部心理状态出现了较大的改变。因此，有的时候我们能观察到有自杀意念者，从平时积极外向的状态变得消极、抑郁，不愿意与家人、朋友交流，或者从以前安静内敛的状态突然变得活

---

[1] 来源：监狱内部资料。

跃且话语增多，从认真努力工作的状态突然变得懒散且缺乏上进心，等等。这些都提示我们需要关注出现这类改变的人群，如果这些"一反常态"的行为被注意到，那么就可以有针对性地进行干预。

【案例】 罪犯徐某，男，1965年出生，2017年因虚开增值税发票被判处有期徒刑14年，2018年入监。该犯刚入监时，表现较好，性格较为温和。自2019年10月与家人会见时得知他一个最好的朋友前几天过世的消息后，突然变得情绪低落，猜疑心重，脾气暴躁，与同监罪犯矛盾增多，怀疑其他罪犯在背后故意整他，并在民警面前说他坏话，有时还会突然大吵大闹，在同犯面前经常说自己年龄这么大，出狱无望，不如死了算了。[1]

第三节 自杀风险性评估与防范

一、自杀的风险性评估

自杀风险评估是估计一个人企图自杀或死于自杀的可能性的过程。自杀风险的识别，可以通过科学有效的评估方法，提前发现可能实施自杀行为的人群。目前常用的评估方法主要有经验性评估和心理测量评估。

（一）经验性评估

经验性评估主要是指通过观察法和访谈法对当事人进行评估，但需要根据不同的人群、不同的评估目的，选择更加有效的评估方法。

1. 观察法。观察法是指在自然条件或预设的情境下，观察者通过自己的感官或其他仪器（如录音、录像设备）和辅助手段，有目的、有计划地对被观察者的表情、动作、言语、行为等进行观察，来研究和分析其心理活动的方法。在自杀的经验性评估中，干预者通常更多地在自然条件下进行观察，注意观察当事人在日常生活中的言语和非言语动作，通过观察发现其身上是否存在自杀的高危因素，如观察其情绪情感状态、人际关系状况等。也可以观察其手臂、身上是否存在陈旧性的伤疤，关注伤疤的形状和特征，评估其是否曾经出现过自残或自杀行为，是否与其对自身的描述一致。当然也需要注意观察其在日常生活中是否出现自杀的征兆，包括在前面已经详细阐述的言语性表达和行为性表达的线索。

2. 访谈法。访谈法是咨询师通过面对面与当事人交谈来了解其心理和行为的方法。咨询师开展危机干预前，与当事人面对面直接接触是极有必要的，而这个初次访谈对之后工作同盟的建立也影响重大。

如在监狱戒毒系统，访谈前，一般应事先通过访谈管教民警和熟悉访谈对象身边的其他罪犯（戒毒人员）、查阅其档案，对访谈对象进行了解。访谈伊始，民警应以罪犯（戒

---

[1] 来源：监狱内部资料。

毒人员）当前的状态为切入点，调整自己的方法和谈话风格来适应当事人。建立关系的同时，评估罪犯（戒毒人员）的认知状态、情绪情感状态，留心观察其动作、表情等非言语行为，看是否与其表达一致。怀疑当事人有自杀风险时，应当直接询问其个人的自杀意向，但要避免批评、评价、指责。

面对不合作的当事人，不要急于交谈，可以采取适当行动，让其感受到民警的真诚尊重。例如，在征得其同意的情况下，给他递水、提供食物，可以在操场上边散步边聊天。当他不愿交谈时，可以先处理情绪问题，介绍呼吸、冥想等方法，陪伴并指导其一起进行放松训练。

也有学者提出，当我们已经与当事人建立起来良好的治疗联盟关系后，同时自杀者愿意分享自己的自杀计划时，可以采用自杀事件的编年体评估法（Chronological Assessment of Suicide Events，以下简称 CASE）来进行风险评估。CASE 评估法是一种结构化的访谈，采用循序渐进的方式，从四个阶段来评估来访者的自杀风险，这一方法所具有的清晰的顺序结构可以减少干预者在信息搜集中可能的疏漏和偏见。第一阶段重点探索自杀意念的强度，主要评估的是现阶段的自杀事件。第二阶段通过探讨近期（2 个月之内）自杀事件来获得对自杀危险严重程度的评估，包括在近两个月中的自杀意念的频率和致命性以及自杀计划的细致和完整性等。第三阶段是对过去（2 个月之前）自杀事件的探讨，重点包括最严重的一次自杀尝试是什么情况，曾有过的自杀尝试具体次数，两个月之前，最近一次的自杀尝试在何时。第四阶段则是探讨即刻自杀事件。此阶段可以提供最直接的自杀者即刻的自杀计划的危险程度的线索，注意要考察患者的绝望程度和愿意为应对目前的问题而制订详细计划的程度。CASE 评估是逐步进行的，可以使来访者慢慢建立信任和自信来谈论自杀想法。同时需要注意的是，在访谈过程中干预者传达了一个很重要的信息"自杀者是被允许和干预者分享自己的痛苦和关于自杀的想法的"，这对于增强自杀者暴露自杀相关想法的意愿非常重要。

（二）心理测量评估

心理测量评估是指咨询师使用标准化量表，对当事人的认知、行为、情感等心理活动予以量化，依据量化的结果进行分析评价。施测时应尽量减少主观因素造成的误差，同时对于量表特别是自陈式量表的解释应当谨慎，牢记量表只是辅助工具，不可盲目迷信。

心理测量评估作为最为常见的自杀风险评估方法被广泛使用，它能够快速且有效地帮助识别自杀的风险因素。但是也有学者提出，心理测验法在信息的收集方面不够全面，尤其是早期的量表多是从单一的方面（如自杀意念、情绪状态）去测量单个特定的自杀相关危险因素。随着研究的不断深入，很多学者设计了新的、更为全面的心理测量方式，下面就较为常见的心理测量评估进行介绍。

1. 自杀风险评估的量表。

（1）贝克抑郁量表（Beck Depression Inventory，以下简称 BDI）。贝克抑郁量表共有三个版本，BDI，BDI-1A，BDI-II。最初的 BDI，于 1961 年首次发布，后来于 1978 年修订为 BDI-1A，以及于 1996 年发布 BDI-II。以 BDI-II 为例，该量表为自评问卷，包含 21 个条目，每个条目的评分范围为 0~3 分，量表总分为 21 个条目评分总和，按照总分划分为四个抑郁等级，总分越高表示抑郁症状越严重。许多研究发现，贝克抑郁量表的得分与自杀意念存在相关。

（2）贝克绝望量表（Beck Hopelessness Scale，以下简称 BHS）。贝克绝望量表是由 20 个条目的真/假问题组成，是一个自评问卷，被设计用来测量绝望的三个主要方面：对未来的感情、动机丧失和期望。它用来衡量受访者对未来的消极态度或悲观情绪的程度，可用作曾尝试自杀的抑郁症患者的自杀风险指标。

（3）自杀意念量表（Scale for Suicide Ideation，以下简称 SSI）。自杀意念量表用于量化自杀意念的强度，是为临床医生在半结构化访谈中使用而开发的，也可以作为自评量表。该量表包含 19 个条目，每个条目的评分范围为 0~2 分，分为自杀意念和自杀倾向两个方面，得分越高，自杀意念越强，自杀风险越高。自杀意念修正量表（Modified Scale for Suicide Ideation，以下简称 MSSI）使用 SSI 中的 13 个项目和 5 个新项目，量表评分范围改为 0~3 分，增加了量表的信度和效度。

（4）自杀意念自评量表（Self-raiing Idea of Suicide Scale，以下简称 SIOSS）。为了编制适合我国国情的自杀意念自评量表，夏朝云等人参考 BDI、精神症状自评量表 SCL-90、明尼苏达多相人格调查问卷 MMPI 等筛选编制了 40 条反映自杀意念的自评量表。量表中的因子包括绝望、乐观、睡眠、掩饰四个方面。该量表条目少、易理解，能快速筛查自杀意念，但缺少常模和样本，有待进一步修订与完善。

（5）自杀意图客观强度量表（Objective Scale for Suicidal Intent，以下简称 OSSI）。自杀意图客观强度量表由童永胜等编制，是一个他评量表，通过已实施的自杀行为的客观特征评价自杀当事人的自杀意念强度。该量表共 8 个条目，每个条目为三级评分，每一级的评分标准均有清晰界定。量表条目包括自杀环境和自杀准备两个方面，内容包括自杀行为的时间、地点、事先准备情况等。例如，选择的自杀事件是否容易被别人发现、有无求助、是否充分准备自杀行为、有无事先准备后事等。

（6）自杀行为量表（Suicide Behaviors Questionnaire，以下简称 SBQ）。自杀行为量表—修订版（Suicide Behaviors Questionnaire-Revised，以下简称 SBQ-R）是一个自评量表，它与其他常用的自杀风险评估工具不同，它询问未来对自杀想法或行为的预期以及过去和现在的预期，并包括一个关于终生自杀的问题想法、自杀计划和实际尝试。该量表共有 4 个问题，每个问题针对一个特定的风险因素，包括既往自杀意念评估、自杀计划与自杀未遂、近 1 年内自杀意念、自杀威胁性和未来自杀可能性。每个问题都有特定的计分分值，一般人群总分≥7 分（精神障碍患者总分≥8 分），表明存在显著的自杀行为风险，总分数越高，自杀风险越高。

2. 自杀风险评估的投射式测验。投射测验是指主试者给被试者提供一些意义多样的刺激物，如墨渍、无结构图片等，然后要求被试者在极短的时间内立即做出反应。与前面的自陈式问卷测试相比，被试者通常并不能很清晰地了解测试的目的和判断方式，可以减少其伪装或故意规避的情况。罪犯与其他人群相比，具有较高的自我防御性和伪装性，因此对于监狱来说，利用投射测验可以更有效地检测被测人的自杀倾向性和潜意识中的自杀意图。

常见的投射测验有罗夏墨迹测试、主题统觉测试、房树人绘画测试等。

（1）罗夏墨迹测试。罗夏墨迹测验是由瑞士精神科医生、精神病学家罗夏创立的，是临床心理学中应用比较广泛的投射型测验。它通过向被试者呈现标准化的由墨渍偶然形成的刺激图版，让被试自由地看并说出由此所联想到的东西，然后将这些反应用符号进行分类记录，加以分析。一些心理学家使用这个测试来检查一个人的人格特征和情绪功能。

最早对罗夏墨迹测试和自杀相关的研究是在20世纪40年代，林达（Linder）提出墨渍卡片中的6号图卡为自杀图卡。随着大量自杀个体临床工作经验和研究的积累，该测试在这个领域有了更为广泛的应用，出现了罗夏墨迹测试的自杀单指标法、多指标法，即使用某一个特殊的或一套罗夏墨渍指标来预测自杀，如马丁清单。目前国内对于罗夏墨迹测试运用的研究较少，也没有相关研究在罪犯自杀风险评估中使用，其原因可能一方面在于研究者们对于该测验的科学性抱有怀疑态度，另一方面则在于该测验对于实施测验者的要求较高。

图5-1　罗夏墨迹图Ⅵ（6号图卡被称为自杀图卡）

（2）主题统觉测试。主题统觉测试是20世纪20年代由心理学家默里（H. A. Murray）开发的一种投射性心理测验，从历史上看，该测验是此类技术中研究和使用最广泛的测试之一。该测试也被称为图片解释技术，它使用了一系列意义隐晦的图片，鼓励受试者无拘束地想象，自由随意地讲述。受试者被认为在这个过程中会不自觉地根据自己潜意识汇总的欲望、情绪、动机或冲突来编织一个逻辑上连贯的故事，这样研究者就可以对故事内容进行分析，从而了解他们的潜在动机、关注点以及他们看待社会世界的方式。1993年张延同等编制和修订了我国主题统觉测试的中文版，并制定了常模。

主题统觉测试共包含30张有主题的图片，这些图卡的内容有男性形象、女性形象、男性和女性形象、性别不明确的形象、儿童、成人、景物等，另外还有一张空白图卡，用于从讲故事的人那里引出一个场景和一个关于给定场景的故事。每张图卡都有标号,可以按照年龄、性别把图片组合成4套测验,每套20张,分为1和2两个系列。尽管卡片最初设计为在年龄和性别方面与对象相匹配,但也可能将任何卡片与任何对象一起使用。测验时,每张图卡逐一出示,要求受试者根据自身的感受针对图卡讲述一个故事,故事的内容需要包括以下几个方面:①图卡说明一件什么事,是什么导致了该事件;②目前正在发生什么;③图卡中角色的感受和想法;④故事的结局是什么。每套测验的两个系列分两次进行,且测试前不提前告知第二系列的存在,在第一系列测试结束的一天后或更长的时间之后再进行第二系列的测试。通常第二系列的图片内容更容易引起情绪反应,要求受试者更多一些想象将故事讲得生动。空白卡在第二系列,呈现白卡时,要受试者想象这白卡里有画,根据这想象的画来编故事,如果不能,便要他闭上眼完全凭想象来编故事。在第二系列测验完毕后,主测者会与受试者作一次谈话,了解受试者编造故事的来源和依据,作为结果分析的参考。

图 5-2 主题统觉测验图

与其他投射技术一样,主题统觉测试也因较差的心理测量特性而受到批评,它没有标准化的施测规程,做完全套测验的人也不多,尽管默里建议使用20张卡片,但是很多从业者会选择8~12张精选图卡,还有一些批评者认为图卡的角色和环境已经"过时",受试者和图卡刺激之间形成了"文化或心理社会距离"。尽管受到批评,主题统觉测试仍然被用作研究心理学领域的工具,如梦、幻想、择偶以及人们选择职业的动机,有时也用于评估人格障碍、思维障碍、法医检查以及评估犯罪嫌疑人。蒋庆飞等人通过对197例抑郁症患者的主题统觉测试和贝克抑郁问卷的比较分析,发现潜意识人格结构中,有自杀意念者以负性欲求和负性压力为主导,表明自杀意念与人格特征之间存在密切联系。

(3)房树人绘画测试。房树人绘画测验又称屋树人测验,简称HTP,也是一种投射性测试,通过对图画的解释和对问题的回答、自我认知和态度来衡量一个人个性的各个方面。该测验可以用于个体测试,也可以用于团体测试;可以作为了解心理健康的工具,也可以提供人格方面的信息。房树人测验描绘的是画,具有主动性、构成性和非言语性的特点,避免了反应内容在言语化过程中变形。从而可以更具体地了解受试者的人格特征,捕捉到难以言表的心理冲突，并且不容易引发受试者的警觉、反感或创伤体验。房树人测试自20世纪末就被引入监狱了，有不少监狱在对罪犯进行入监、出监、日常心理评估中既使用问卷测试，也使用房树人测试，尤其是对于问卷测试无效的罪犯来说，房树人测试可以作为问卷测试的补充。

该测试只需要纸和笔，操作方便。以张延同教授的标准房树人测试为例，在一张A3的纸上，先让受试者分别画出房子、两个人和一棵树，然后再将分别画的房树人画到一起。这样可以更好地识别分离状态和组合状态下的关系，并识别重复绘画中的异常。在绘画过程中，主测者需要记录绘画的时间、顺序，受试者在绘画过程中的言语、情绪状态等。

在自杀风险评估方面，国内有学者报告了房树人测试在学生自杀调查中的应用情况。在调查中发现，有自杀意念的学生和有自杀计划的学生均在房树人测试中与其他学生有明显的差异。比如有自杀意念的学生对枯树、月亮、动物、水等有更细致的描绘；有自杀意念的学生则出现了画面中房子数量增多、画面中出现尖锐部分；等等。

在对罪犯的自杀风险评估中，房树人测试主要从以下几个方面来进行识别：①精神动力情况，关注画面的整体布局和线条；②特征性指标，比如树的枯萎、人的构造缺失或特异性表情、房子门窗的缺失等；③情绪的愤怒象征，如云团、大块的涂黑样的水流；④攻击性的标志，如尖锐的物品、手拿器物等。

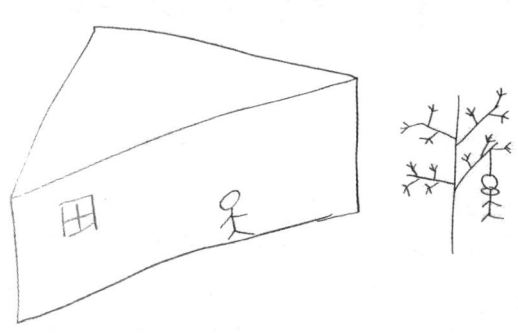

图5-3　有自杀倾向的房树人图

值得注意的是，在对罪犯进行房树人测试时，环境需要安静，在测试前做好解释和说明，在测试中也要时刻关注被测罪犯的进程，对出现的异常情况做好记录。在对房树人进行分析时，也需要按照顺序进行，先观察方位，再观察线条，然后观察画面的特异性指标，最后再对内容进行分析。

（4）沙盘游戏。沙盘游戏是基于心理动力学的一种游戏干预形式，也称箱庭疗法。瑞士荣格分析心理学家多拉·卡尔夫（Dora Kalff）是沙盘游戏治疗的正式创立者。与传统的儿童心理疗法相比，沙盘游戏特别适合儿童，国内外已经将其广泛运用于儿童诸多心理疾病的治疗。沙盘游戏是指在咨询师的陪伴下,让来访者从摆放着各种微缩模具(玩具)的架子上,自由挑选沙具,摆放在盛有细沙的特制的容器(沙盘)里,创造出一些场景,然后由咨询师运用荣格的"心象"理论去分析来访者的作品。个体沙盘游戏可以深入展示个人的内心世界,让自己与潜意识对话,了解自己的深层次需要。同时咨询师也可以运用沙具的原型和象征性来理解当事人的内心世界,尤其是一些自杀倾向者不愿意通过言语表达的方式来沟通时,沙盘游戏是一个很好的沟通媒介,可以提供一种更为安全轻松的矫治氛围。

图 5-4　沙盘示例

二、自杀的防范

(一) 社会性三级预防模式

关于自杀的预防,国际上目前比较认可的是三级预防模式。

一级预防是指为了防止引起致命后果的行为而采取的措施,包括控制枪支、控制有毒物质的获取途径、治疗精神疾病等,从而降低自杀死亡率,比如医院对于镇静催眠类的药物实施严格管控,限制一次性拿药的数量,从而避免患者使用过量药物实施自杀行为。

二级预防是指对于有高自杀风险的人(有明显自杀企图者)进行早期干预,防止其进一步实施自杀行为,措施包括自杀或危机干预机构的建立、加强急诊服务、心理咨询服务等。

三级预防是针对曾经有过自杀未遂的人群,防止其再次实施自杀行为,措施包括心理咨询和早期危机干预、加强高危个体的药物和心理治疗、开展自杀原因和自杀预防相关的研究工作,通过职业训练、提高教育文化水平、调整容易导致自杀的亚文化心态等措施来减少环境文化对自杀意念或行为的影响,从而有效地预防自杀和矫正歪曲的行为方式。

我国在自杀的预防和干预方面采取了多层面、多部门配合的相应措施,如政府和医院开办了心理危机干预中心和心理援助热线，学校设立心理健康中心，为有自杀风险的人提供帮助；限制常用自杀工具的易获得性，如农药的销售；面向社会普及心理精神卫生知识，对公众进行心理健康宣教，提高人们的心理健康水平和应对能力，鼓励存在困扰的人群寻求专业的帮助，等等。

（二）监狱戒毒系统的三种预防和管控措施

由于监狱（戒毒所）内部环境的特殊性，与社会上的自杀预防干预不同，监狱（戒毒所）对罪犯（戒毒人员）的自杀预防和干预也是一项执法活动。目前在监狱戒毒系统中对于自杀的防范较多地采用以下三种预防和管控措施：

1. 一般预防。对不具有自杀意念和自杀行为倾向的人群也需要采取相应的预防措施。目前监狱（戒毒所）主要通过黑板报、内网、广播、讲座、杂志、书籍等方式，对罪犯开展普适性的心理健康教育和生命观教育，普及心理健康知识，让罪犯了解促进心理健康的方法和途径，引导罪犯学会以积极、乐观的态度面对困境，珍爱生命，认识心理危机，提高面对危机的应对能力。

2. 特定预防。特定预防是针对有自杀风险的个体（如存在自杀意念、曾经出现过自杀行为、受到危机事件影响的个体）采取的防范措施。通常会安排互监犯对其进行包夹控制，随时关注风险个体的状况，避免其出现单独行动，在出现自杀危险性行为时互监犯也会第一时间予以制止并报告分管警官。同时也可以针对自杀风险个体开展干预，其中对于自杀风险高的个体更多地会采用个体心理咨询的方式，以达到消除个体自杀意念或自杀倾向性的目的。

3. 强制管控。强制管控是在监狱（戒毒所）中所采用的特殊手段，目的在于保证自杀者的生命安全。对于随时都可能自伤自残或具有强烈自杀意愿的罪犯，予以隔离防控，通过特别的安全屋隔离（安全屋具有用软垫包裹的墙壁和地板，没有任何可以实施自杀行为的工具并实时监控等），以保护性拘禁的方式24小时监控其活动，使自杀者无法实施对自己或他人的伤害活动。一般这个时间不超过一周。

第四节　自杀的心理危机干预

自杀的危机干预是指对出现自杀意念、准备实施自杀行为以及自杀未遂者采取积极有效的心理干预措施，从而防止自杀实施，改变自杀意念，帮助其顺利度过心理危机。（特别说明，对罪犯和戒毒人员的自杀干预是确保监管安全和实现执法任务的重要工作，罪犯和戒毒人员的自杀危机干预与其他人群的危机干预有所不同，这是一种主动的介入，有时可能会采取限制性手段。）

一、自杀干预的原则

（一）保障自杀者的安全

保障自杀者的生命安全是危机干预的关键之一，对于有自杀倾向的人，应当尽可能地不让其单独行动，家人和朋友给予陪伴，同时帮助自杀者稳定情绪，尽量移除其周围可能引起或用于自杀的工具，并且向其提供随时可用的求助方式如危机干预热线、专业心理机构及人员等。

虽然需要保护自杀者的隐私，但是通常监狱（戒毒所）一旦发现有罪犯（戒毒人员）意图自杀，会立即布置人员24小时跟踪包夹，有效地保护他们，消除其准备实施自杀的时间、空间和工具。对于具有强烈自杀意愿，随时都可能自伤自残的罪犯，还可予以隔离防控，通过特别的安全屋隔离，使自杀者无法实施对自己或他人的伤害活动。

（二）重视自杀的复杂因素

监狱（戒毒所）封闭管理的特殊性，导致罪犯（戒毒人员）出现自杀意念或自杀行为的原因也是复杂多样的。有些罪犯自杀行为的出现是因为服刑带来的无望和绝望，有些可能是由于童年时期的不良经历或生理上的病痛折磨，还有些是因为有些诉求无法得到满足，想要通过自杀的方式来寻求帮助等。需要有针对性地收集自杀者多方面的资料，进行更为全面的评估，来更好地帮助自杀者发现和理解自己的内心冲突。

（三）建立信任的关系

干预者与自杀者在第一次面谈开始时，就需要迅速建立起相互信任的关系，给自杀者提供可以沟通的安全氛围，让其可以放心地说出自己的痛苦和需求，以帮助其重建希望，减少无助感。信任的关系也有助于干预者对自杀者进行更为准确的评估，从而更好地判断其危机是境遇性的还是系统性的，有针对性地制订干预措施计划。

（四）保护干预者

作为干预者也需要注意保护自己，对于干预者来说直面危机现场也是一次应激性的事件，干预者自身当下的身心状况、能力水平也会影响干预现场的处置效果。因此当干预者发现自己出现无法很好地完成干预的情况时，应当及时上报，求助其他专业人士。

（五）干预与防控相结合

对于有自杀风险的个体，从出现自杀意念到实施自杀行为之前，如果能在早期识别到自杀意念或自杀行为的倾向，消除他们内心的死亡意愿，就能有效地预防其自杀行为。因此，除了保障自杀者的生命安全外，早期的自杀风险评估、心理健康影响和生命观教育、心理咨询等都是有效防范自杀的基础。

【案例】某日上午，某监狱某监区某分监区指导员在劳动现场巡查时，发现罪犯金某坐在劳动岗位上不劳动，情绪低落，就立即找其谈话。谈话过程中，金某表情异常、表达语无伦次。当班民警认为该犯留在劳动现场有较大的危险性，于是安排其坐在值班岗位位置，并落实2名互监犯对其进行包夹控制。9点20分左右，金某回到自己的劳动位置，拆下劳动工具藏匿后又回到值班岗处。整个过程，包夹犯跟随在旁，并立即向分监区长作了汇报。分监区当即对金某进行控制、搜身，并在其身边的物料中搜出被藏匿的工具。分监区及时将该情况上报监狱并迅速对该犯采取了隔离审查措施，还为该犯预约评矫中心咨询师进行心理干预。[1]

二、自杀干预的具体方法

自杀危机干预技术大多数都是采用会谈技术，一般不涉及药物治疗和工具治疗。在特定的咨询室内开展，紧急情况下，干预也会在危机现场进行。

（一）自杀危机的现场处理

当出现自杀危机时，通常有两种情况，第一种是已经实施了自杀行为的现场，第二种是即将实施自杀行为的现场。

这两种情况下都需要立即了解自杀者情况，控制现场并疏散人群，对于第一种情况而言，还需要第一时间进行急救，争取时间，等待专业医务人员到场或立即送往医院救治，同时对自杀现场采取保护措施，通知相关职能部门进行现场勘查。

【案例】2004年4月22日2时30分左右，罪犯陈某从枕头内拿出事先藏好的铁片割开手腕，被同宿舍罪犯及时发现并夺下铁片，值班民警小刘立即呼叫指挥中心，并维持现场其他罪犯秩序，等待狱内侦查部门前来进行现场勘查。同时民警小张打开执法记录仪，对陈某状态进行评估，发现陈某虽流血较多但神志尚清，手足发凉，使用压指法进行应急止血处置，等待监狱医务人员到来并将陈某送往医院救治。[2]

对于第二种情况，则需要在自杀现场进行紧急干预，对具有自杀倾向者的劝导，通常可以从以下几个方面提供一些思路：

1. 倾听并表现出你的关注。当控制现场并疏散人群后，需要设法让自杀者开口并建立起信任关系。倾听是建立信任关系的基础，它传达了干预者的一种理解和关心。在这个过程中，还可以帮助自杀者表达自己的情绪和诉求，同时也有利于干预者收集其自杀动机、诱发事件等更多的资料，以供接下来的劝导和谈判使用。

2. 表达对自杀者想法的部分认同。通过真诚的言语或行动上的微小帮助来打动自杀者，让其感受到被尊重、被重视，在沟通中表达出对其受到伤害的同情和理解，同时也需要尽可能地发现自杀者的优势和闪光点，给予肯定和表扬。如果自杀者感受到被理解和被接纳，会更愿意说出内心真实的想法；反之如果在交流的过程中对他选择自杀的行为进行全盘否定，尽管有时是出于善意，也容易让自杀者进一步封闭自己的内心，拒绝继续交流。

3. 帮助自杀者稳定情绪。自杀者通常会表现出比较激动的情绪反应，需要设法让自杀者宣泄内心的情绪。情绪高涨会使人出现意识狭窄，无法很好地进行理性思考，因此需要帮助自杀者将激烈情绪发泄后慢慢稳定，然后帮助其更好地理解自己的行为和后果，促

---

[1] 来源：监狱内部资料。
[2] 来源：监狱内部资料。

进自杀者自己恢复理性思考。

4. 寻求帮助，移除可能致命的危险因素。例如，自杀者使用锐器割腕，在劝说其放下锐器的过程中，如果有合适的时机，需要在其他人员的帮助下，夺下锐器，并对已受伤的自杀者进行包扎。如果自杀者企图跳楼，在劝说过程中，也需要其他工作人员帮助做好地面防护准备等。

5. 危机现场解除后进一步干预。现场危机干预受到很多因素的限制，可能无法与自杀者深入探讨其自杀的动机、无法完全处理曾经的创伤等，因此需要在自杀者情况稳定后进一步进行咨询和干预。

【案例】某日凌晨，某市危机干预热线接到一个女孩的来电，接线咨询师一边通知警察寻找女孩的位置，一边在电话里跟女孩保持通话。

女：我不想活了。（语气平静）

咨询师：您打这个电话，是希望我为您做点什么呢？

女（沉默了几分钟）：只是希望在离开这个世界以前再找个人说说话。

咨询师：你已经决定自杀了吗？

女：是的。

咨询师：那么你打算用什么方法结束自己的生命呢？

女：跳楼。

咨询师：你现在的位置是在哪里呢？

女：我在楼顶。你不用劝我，我死的决心已定。

咨询师：你的生命当然掌握在你自己的手里，那么能不能说一说你怎么会选择今天这个特殊的日子呢？

女：我今天分手了。（突然开始抽泣）他突然离开了我，因为别的女孩！我那么爱他，为他付出了一切，现在他却突然要甩了我！我什么都没有了！我要让他后悔！（女孩说话的速度越来越快，声音也变得尖锐）

咨询师：你感觉到伤心、愤怒，是吗？

女：我恨他！我恨他们两个！我要报复他们！让他们内疚一辈子、痛苦一辈子！

咨询师：这样的方式真的会让他后悔吗？也许他会内疚一阵子，但是他也很可能会暗自庆幸没有选择你。你想过吗，如果你自杀成功，谁会是真正为你痛心的人呢？真的是你男朋友吗？

女（呼吸困难，沉默）：……

咨询师：你家里还有些什么人吗？

女：有。爸爸妈妈。

咨询师：他们爱你吗？你爱他们吗？

女（开始哭泣）：……

咨询师：你其实是爱他们的、在乎他们的，是吗？

女：我好想他们，但是我不敢跟他们联系，他们一定会马上发现我出了问题。

咨询师：假如你的父母得了重病，你是希望他们瞒着你放弃努力，自杀死去，还是更希望他们及时告知你努力与疾病斗争呢？

女：当然是告诉我一起努力……我明白你的意思了，我再想想。

咨询师：你看，你其实是一个非常有头脑，又懂得听取别人建议的女孩子。你能打这个电话，说明其实你还是很需要情感交流，你的心并没有死，死去的只是你的一段爱情。你想到自杀，其实只是因为你一时还找不到更好的办法来解决你内心里的痛苦和冲突，所以你就误以为这是报复伤害了你的人的最好的办法。

女：是的。

咨询师：我也经历过失恋的痛苦，它需要我们花一些时间慢慢调整，只通过这一次通话可能没办法完全疗愈，如果你愿意的话可以在线下进行更全面更系统的心理咨询，这会给你提供更多的帮助。现在你愿意先转移到安全的地方吗？

女：谢谢您，我现在感觉比之前好很多，我已经下来了，我想我之后还需要继续跟心理咨询师谈谈。

咨询师：我应该谢谢你，因为你信任我，愿意和我分享你的想法。

（二）动机性访谈干预技术

关于自杀干预的具体方法有很多，不同的心理治疗流派有不同的关注重点，下面简单介绍一下动机性访谈技术。

动机访谈是指通过独有的面谈原则和谈话技巧，协助人们认识到现有的或潜在的问题，从而提升其改变的动机。这是一种以当事人为中心的、引导的、通过探究和解决心理冲突来增加内部改变动机的会谈咨询技术。

在自杀危机干预中，通常会将动机性访谈分为两个阶段，第一阶段的目标是寻找改变的动机，第二阶段的目标是加大自杀倾向者对改变的投入，并制订具体的计划来完成改变。在动机性访谈的过程中，有四种访谈的方法在整个访谈过程中都具有重要的作用，简称OARS技术，包括开放式提问（Open-ended Questions）、给予肯定（Affirmation）、反馈式倾听（Reflective Listening）和摘要（Summaries）。

开放式提问是心理咨询中经常使用的一种提问技术，应用这种方式提出的问题比较概括、广泛、范围较大，对回答的内容限制不严格，给对方自由发挥的空间。这样的问题可以鼓励当事人更多地表达自己的观点、情绪，引发其对事件的思考，从而对自身的忧虑进行探究。开放式提问经常使用"怎么""什么""为什么"这样的词语，比如"你对这件事情是怎么看的呢？""为什么你觉得这样做不公平？""那么之后又发生了什么事情呢？"等等。

给予肯定是指在访谈过程中，给予当事人肯定与支持，有助于建立良好访谈关系。尤其是直接给予肯定、称赞、表示理解和欣赏等，如"能来到这里，你前进了一大步，太棒了""今天与你的谈话非常愉快，下次希望能再多了解你一些"等。这样的方式也有利于缓解当事人的心理冲突，进一步探索自身改变的动机。

反馈式倾听是动机性访谈中最重要的技术。倾听是在接纳的基础上认真地听，这不仅仅是听当事人的话语，还需要注意感受对方在谈话过程中的言语信息和非言语信息，通过思维活动而达到认知、理解的全过程。反馈式倾听中包含了倾听的部分，还包含反馈式陈述的部分。反馈式陈述通常会使用其他的话语将当事人说出来的内容重新表达一次，从而鼓励个体进一步探究自身的心理冲突。

在动机性访谈中，摘要可以让当事人感受到被倾听和关注，同时也有助于其澄清自己的观点，并进一步阐述自己的想法。不同的小节类型可以对会谈产生不同的效果，常用的小节形式有三种，包括采集式小节、链接式小节和过渡式小节。采集式小节一般在探究心理冲突的阶段使用，一般比较简短，既不会打扰当事人谈话，又有鼓励其继续陈述的效果，如"还有什么呢"。

此外在访谈中还需要注意有一个非常关键的原则，激发引发改变的对话，避免对抗性的对话。对抗性的对话通常是由于干预者站在"问题—改变"的立场上，而当事人则站在相反的立场上为不改变而辩护，这样的对话方式有害无益。动机性访谈在会谈的过程中需要以"激发引起改变的对话"为导向，引导当事人自己寻找改变的动机，通过自己陈述的改变理由，引发其意识到自己目前行为和自己的期望值之间的差距。这种差距越大，当事人体会到的改变的重要性也越强，其改变的动机也会随之加强。

动机性访谈技术的核心环节是让试图实施自杀者意识到自己想实施自杀，是为了通过自杀行为实现某种目的，而这个目的并不能通过这种方式实现。这是一种发现最初动机，通过认知改变而减弱自杀倾向的干预方式，在干预的初期具有非常重要的作用。

看看《动机式访谈手册》中的应用案例：这是一次评估性会谈，在会谈过程中，出现了唤起动机的机会，来访者在会谈的过程中增加了改变的动机和信心，同时也获得了一些可行的计划。

咨询师：看看我是否正确理解了你的意思。虽然现在找不到外在的戒酒原因，但好像有一些内在原因在推动你，因为你一直还来戒酒，即使有时你倍感艰难。你希望有所起色，你也知道自己能行，只是不清楚眼下该怎么做到。山路崎岖，但你已决心攀登。

来访者：我是有决心，但我也不知道自己到底行不行。

咨询师：存在一些实际的困难，同时，你也是有决心的。我在想，我们要不要拿出些时间来讨论一下这个问题。

来访者：嗯，我觉得需要吧。

咨询师：你不确定讨论这个是否会有帮助？

来访者：我知道自己必须戒酒，之前我也试过，但没成功。

咨询师：3年滴酒不沾也不算成功？

来访者：我觉得算吧，但没有延续下来。

咨询师：你曾有很长一段时间成功地戒酒，后来你又喝酒了。你好像感到，现在务必停下来，这事儿太重要了。实际上，戒酒，你也不知道是为了什么，但同时，你在做这件事。在信心方面，咱们还是有些不清楚。如果用1~10分来表示，1分代表完全没有信心，10分代表极度有信心，那你对于在之后一个月里不喝酒有多大的信心呢？你给自己打多少分呢？

来访者：我觉得4分吧。

咨询师：有意思的是，你选的不是1分或2分。为什么呢？

来访者：呃，虽然难，但我也不想走老路了。我跟自己说了，就算觉得没什么起色也要坚持来治疗，我觉得有帮助时，那更要过来了。

咨询师：你这是拒绝喝酒了。

来访者：（笑了起来）对，我觉得是这样的。但有时候会觉得，真的好难啊。

咨询师：所以你打的是4分，而不是7分或8分。

来访者：对。但我之前撑过了这种煎熬。

咨询师：你知道自己的坚强。

来访者：说来奇妙，我今天刚进来时，还没有这种体会。

咨询师：当你看到自己已经做到了什么事情，对自己、对自己的承诺有了了解后，这让你更有信心了。你的打分应该高一些了吧，比如5分或6分？

来访者：可能6分更合适。

咨询师：我还有一个问题，问完咱们就开始进入评估工作的其他环节了。现在是6分，你觉得，要怎样达到7分或8分呢？

来访者：我需要感受到更多的希望。

咨询师：感受到更多的希望。你如何判断这种情况有没有出现呢？

来访者：我觉得到那会儿，我心情会更快乐。我会有个计划，是关于今后住哪儿的。我也会有份工作。

咨询师：哇哦，上升1分得做这么多的事儿啊。

来访者：（笑了起来）我估计是吧。可能这也是我总把自己搞得不堪重负的原因吧。好吧，1分的话，也许是有个计划来安置住处吧。

咨询师：感觉这就更可行了——你可以做到！

来访者：其实现在情况还可以。我是说，只要不喝酒，我就还能住弟弟家。等我有工作了，可以存点钱，然后找新的住处。

咨询师：似乎你心里已经有了一个计划，要做的就是把它说出来，当然需要放慢节奏。别图快，这样你就不会让自己那么不堪重负了。我在想，把这个计划写下来会不会有帮助。

来访者：我想会有的。我在公交车上写，我等会儿坐车去参加治疗会谈。其实我也想在会谈室说说这个计划，因为这也能帮我坚持做下去。

咨询师：什么对自己有帮助，需要怎么做，你看得很清楚了。

来访者：（微笑）是的。就是我一定要记下来，可别忘了。

【思考题】

1. 如果你发现生活中的某位同学出现了自杀的征兆，你会怎么做？
2. 回想一个你曾经看到的新闻报道或影视剧情中的自杀相关案例，尝试使用本章节学习的要点对其进行分析。
3. 在心理咨询过程中，发现了有自杀倾向的来访者时，是否需要遵循咨询伦理中的保密原则？为什么？
4. 你所知道的自杀求助方式有哪些？
5. 如果在监狱或戒毒所中出现了自杀事件，你将对与自杀者密切相关的人员开展什么样的心理辅导？

第六章 几种常见的心理危机干预方案

心理危机是指由于突然遭受严重灾难、重大生活事件或精神压力,生活状况发生明显的变化,尤其是出现了用现有的生活条件和经验难以克服的困难,使当事人陷于痛苦、不安状态,常伴有绝望、麻木不仁、焦虑,以及植物神经症状和行为障碍。心理危机干预是指针对处于心理危机状态的个人及时给予适当的心理援助,使之尽快摆脱困难。但干预必须具体问题具体对待。

第一节 性暴力危机的干预

性暴力的受害者是较广泛的,从天真烂漫的儿童到步履蹒跚的老人,都可能成为性暴力的受害者。性暴力有不同的形式和成因,但受害者的痛苦经历却是类似的,都会经历危机状态。

一、性暴力概述

性暴力(Sexual Violence)被世界卫生组织的资料界定为"无论在任何地方,包括但不限于家和工作场所,用强迫手段、使用有害性的物体或体力威胁,无论关系到任何人的任何性行为,或企图获得一个性行为、有害的性评论或买卖女性性特征的行为"。简单地说,性暴力是利用武力或威胁以及药物等手段与他人发生性交等与性有关的行为。性暴力是一种严重的性虐待方式,术语"强奸"(Rape)、"性攻击"(Sexual Assault)、"性虐待"(Sexual Abuse)以及"性剥削"(Sexual Exploitation)经常与"性暴力"混用,被认为是同义语。但这些词汇在汉语中是有差别的,在国外的书籍中有时也有很大区别。

目前,在一些书籍或研究中使用"性侵犯"一词替代性暴力。性侵犯(Sexual Assault)是指任何非双方自愿的性行为,包括不恰当的接触,阴道、肛门或口腔插入,一方拒绝后仍进行的性行为,强奸,强奸未遂,儿童性骚扰,等等。

性侵犯可以是言语的、视觉的或以任何形式强迫某人接受其所不情愿的性接触或性行为。性侵犯中伤害最为严重的形式是强奸，强奸受害者最突出的问题是安全感的丧失，她们担心自身安全，担心强奸犯的报复，甚至害怕所有男人，恐惧性行为，出现抑郁症状（有时强奸的受害者是男性）。许多受害者在几个月之后仍然处于抑郁状态，甚至达到临床诊断标准的抑郁症。

这些抑郁症患者除了有做噩梦、易发怒的症状，有玩弄异性的报复心理，还可能表现出破罐子破摔的状态；担心健康问题也比较突出，尤其是担心怀孕和感染性病。性虐待经历会影响受害者未来的婚恋关系和生活质量。最为严重的问题是自杀倾向，50%的受害者会有自杀念头，23%的受害者有过自杀行为。

二、常见的几种性暴力

世界卫生组织所界定的性暴力行为有：性奴役、性骚扰、以强迫卖淫为目的的非法交易、强迫暴露以制作色情资料、强迫怀孕、强迫绝育、强迫流产、强迫结婚、女性生殖器毁损、童真检查等。

（一）强奸

【案例】卢某某，男，2001年出生，汉族，某学校学生。

2018年10月3日15时许，卢某某途经某市通州区东社镇街道时发现被害人庄某甲相貌姣好且独自行走，即产生要与之发生性关系的想法，遂尾随进入被害人庄某甲家中，强行对被害人庄某甲实施摸胸、扒内裤、摸阴部等行为。许某某、庄某乙听到被害人庄某甲的呼叫后赶至现场，将犯罪嫌疑人卢某某控制并报警。当日，犯罪嫌疑人卢某某被抓获归案，如实供述自己的罪行，案发后与被害人达成和解。社会调查显示，卢某某平时表现良好，无不良社会评价。

本案由某市通州区公安局侦查终结，以卢某某涉嫌强奸罪，于2019年6月25日向通州区检察院移送审查起诉，通州区检察院经审查后认为卢某某实施了《中华人民共和国刑法》第236条规定的行为，属犯罪未遂，可能判处一年有期徒刑以下刑罚，符合起诉条件，但有悔罪表现，与被害人达成和解，于2019年9月22日对其作出附条件不起诉决定，考察期六个月。本院于2020年3月21日对其作不起诉决定。[1]

该院在审查该案的过程中落实"以事实证据审查为根本，以社会调查为基础，以心理干预结果为参考，以帮教挽救的效果为依据，动态审查未成年人的认罪悔罪表现"的审查模式，主要做到以下几点：

1. 扎实开展社会调查，人性化办案。检察院通过审查公安机关制作询问笔录的真实性、全面性以及出具社会调查报告的客观性，着重了解卢某某的成长经历、学习情况、家庭教养方式、监护条件等。卢某某5岁时父母离异，7岁时父亲再婚，12岁时生母去世。虽重组家庭人员关系和睦融洽，但父母长期在北京工作，其在通州区上学，平时由姑妈照

---

[1] 南通检察："典型案例：卢某某强奸案"，载http://nt.jsjc.gov.cn/tslm_8051/dxalts/201906/t20190624_828977.shtml，最后访问时间：2021年6月24日。

顾，只有假期才与父母团聚，成长经历较为特殊。案发时，其正处高二，学业压力较重，精神紧张又无处疏导，其犯罪与成长经历和心理压力有一定关系。公安机关将该案移送审查起诉时，因已临近高考，为最大程度减轻对卢某某的精神压力，避免其情绪波动，影响高考，承办人先以电话告知的形式向其法定代理人告知未成年犯罪嫌疑人权利义务及法定代理人权利义务，并将讯问安排在其高考结束后。

2. 注重运用心理干预，为评价未成年人品性提供参考依据。通过社会调查，初步分析了卢某某实施犯罪行为与其心理压力有一定关系，通州区检察院委托心理咨询师在"青少年心理成长基地"为其进行专业的心理测评与疏导，其在开展沙盘游戏时摆放了一个转化主题的沙盘，名为"西天取经"。在沙盘中，其展示了自己的孤独无助，希望借助神佛的力量来打败自己内心的妖魔鬼怪，沙盘主题预示着他能浪子回头，他也告诉心理咨询师沙盘游戏缓解了他的压力。心理咨询师的专业判断为案件恰当处理提供参考依据，在之后考察帮教中也可以进行针对性的教育挽救。因其要填报高考志愿，心理咨询师让其做了职业倾向系列问卷及职业价值观自测量表以资参考。

3. 积极促成刑事和解，为非刑罚化处理创造条件。案件移送审查起诉时，双方当事人多次协商暂未能达成和解。为最大限度挽救卢某某，在案件退查期间，承办人与公安机关配合，多次开展和解工作，最终促成双方和解，被害人鉴于卢某某的真诚悔罪，出具《谅解书》对其谅解，本院就附条件不起诉征询被害人意见，被害人无异议。

4. 针对性考察帮教，最大限度挽救未成年人。退查期间，卢某某收到大学录取通知书，将异地就学，通州区检察院拟开展异地考察帮教。卢某某及家人恳求不要通知学校，该院为不影响其学业，遂自行成立考察帮教小组对其帮教。为解决距离遥远，考察不便的问题，该院运用工作微信和其保持实时联系，让其汇报每周动态，掌握其学习、生活情况；每两个月对其谈话帮教，并聘请心理咨询师对其开展心理疏导。经过考察期间三次心理疏导，卢某某敢于正视自己的内心世界，明白人生的选择，能够拒绝一些诱惑、干扰或者难以取舍的因素，心理状态明显改善。

类似的报道常见于报端和网络。人们愤恨之余不禁好奇：这些人为什么会有这些行为，他们是单纯地想满足生理的冲动吗？哪些因素促成了这样的事件？受害人会受到怎样的心理伤害？她们怎样摆脱这些心理伤害？

1. 强奸的定义。我国的法律定义强奸（Rape）是以暴力、胁迫或者其他手段，违背妇女的意志，强行与其发生性交的行为。

在所有的国家，强奸行为都属于犯罪行为。当被害人因为酒精或药物的影响，而无法拒绝进行性行为时，与其发生性行为也被视为强奸。比如使用药物麻醉女性后，与其发生性行为，事后证实该性行为不是该女子自愿的，也属于强奸。

2. 强奸的类型。强奸类型主要划分为陌生人强奸、熟人强奸、婚姻强奸和团伙强奸。

（1）陌生人强奸是指强奸犯与受害人并不相识。陌生人强奸主要选择那些看起来易受攻击的目标——独自生活的、在人少或者是黑暗的大街走路的或者是那些在公共场所睡着的或喝醉的女性。

（2）熟人强奸是指受害人与犯罪者之间相互了解、并发生在两者约会期间的强奸犯罪。约会强奸更可能发生在两人都喝醉后的男性的车上或是其家中。男性认为愿意一同回到自己家中约会的人就会愿意与自己发生性关系。大部分实施约会强奸的男性通过暴力压制女性的反抗。

一些约会强奸犯认为，女性接受约会就是愿意与其发生性关系，而那些经常出没于酒店的女性也是愿意与其发生性关系的，把女性在强迫性关系中的反抗误以为是女性假装的，把女性说的"不"认为是"继续吧"。

（3）婚姻中的强奸会比约会强奸更普遍，因为在婚姻中彼此已经建立了性关系。丈夫可能认为与妻子发生性关系是他的权利，只要他想，任何时候都可以。这些男性把性看成妻子应尽的义务，即使妻子不愿意。

（4）团伙强奸。团伙意为只讲不听的组织，很冲动"火"的一群人，在利益的驱使下临时性结成团伙同冲击目标，但缺乏稳定性、持久性和前瞻性，将来不明确。团伙强奸可能是陌生人或相识者所为。这是青少年强奸的一种常见形式，施暴者大多数是陌生人。当团伙强奸发生在校园时，攻击者们可能认识受害女性。

3. 强奸对受害者的心理影响。在被强奸的过程中，受害者感到极度恐惧，随之感到麻木、不相信、讨厌及反感。被强奸后马上会感到处于一种以多重情感交织为特征的混乱状态，恐惧和自责最为常见，同时伴有愤怒、羞辱及难堪。在此期间常出现身体反应，女性常感到胃肠不适、失眠、没有食欲或食欲增强、做噩梦及全身紧张。

被强奸的人在情感和心理上都遭受极大的打击，几乎所有被强奸女性在第1个或第2个星期里都会表现出创伤后应激障碍的严重症状。情绪上的痛苦在被强奸后的前3个星期内是一直上涨的，通常这种极度痛苦的情绪在下降前会持续大约1个月，但是很多受害者处在持续的痛苦之中。有些出现"复合反应"，感到严重抑郁、身心不适、患精神病，甚至自杀。另一些女性会出现"沉默反应"，她们对自己的遭遇保持沉默。在事件发生后的3个月里表现出该症状的女性比例逐渐下降。但是近半数女性3个月后仍然不能摆脱创伤后应激障碍的困扰。

（二）儿童性虐待

我们可能已经听说过关于成人与未成年人的性活动，多数人只是认识到这是一种不道德的行为，但关于这些事件对未成年人的伤害，特别是心理的伤害，很多人还没有清楚的认识。在此部分我们主要来探讨这些行为问题对年幼的当事人造成的心理伤害及其心理干预。

【案例】齐某是一所小学的班主任，在一年多的时间里，齐某将班里多名不满12岁的女生单独叫到学校无人的宿舍、教室等地方，甚至带到校外，进行猥亵或者强奸。他还在晚上熄灯后，以查寝为名，多次到女生集体宿舍猥亵女生。该案中，根据证据，能够认定他多次强奸2名女生，猥亵7名女生，某省高级人民法院终审判决认定齐某犯强奸罪、猥亵儿童罪，却只合并判处其有期徒刑10年，剥夺政治权利1年。最高人民检察院经审查，认为该判决适用法律错误，量刑不当，于2017年3月依法向最高人民法院提出抗诉。2018年7月27日，最高人民法院作出终审判决，认定原审被告人齐某犯强奸罪，判处无期徒刑，剥夺政治权利终身；犯猥亵儿童罪，判处有期徒刑10年；决定执行无期徒刑，剥夺政治权利终身。

儿童遭受性虐待的事件在我们周围一直发生，只是社会及文化等因素以及家丑不可外扬的观念，使得儿童性虐待事件控制在家庭以内而不为社会所知。施虐者大多数为男性；只有少数的施虐者采用了暴力手段；近半数的施虐者是与受害儿童生活、学习关系密切的亲戚、邻居和老师。

1. 儿童性虐待的形式。儿童性虐待根据不同的实施对象可以划分为乱伦、熟人和陌生人对儿童的性虐待行为。儿童由于缺乏必要的知识和经验因此是不被允许发生性关系的。儿童性骚扰者涉及对儿童权利的侵犯，儿童也会因此而受到严重的心理伤害。

儿童性虐待的方式可以是强迫性的性接触，例如，可能会在抚摸儿童的同时偷偷地或公然地进行手淫、敲打儿童的生殖器，让儿童用手或嘴对他或她进行刺激；或者接吻、拥抱、口交、插入式阴道性交或肛交以及包括生殖器在内的任何形式的惩戒（如打屁股）。也可以是非接触性的方式。非接触性的性虐待包括露阴癖、窥阴癖、强迫儿童观看或参加色情影像活动、淫秽的性言语、淫秽或色情电话以及任何形式的其他非侵入式行为（如让儿童在不被保护隐私的条件下脱衣服或使用洗手间）。性侵犯者大多数情况下使用贿赂、欺骗、威胁、控制等手段让孩子相信正在发生的性行为是可以接受的并要保守秘密。

2. 对受害儿童的心理影响。受虐待的时间越早，虐待的时间持续越长，受害者与实施者之间的关系越密切，虐待过程越严重或具有暴力性，对儿童所造成的消极心理影响会越严重。而且如果儿童当时是合作的，当他或她长大后意识到这种行为是被禁止的，或者如果这件事被发现以后，父母对儿童很生气或进行责备的话，那么儿童受到的心理伤害就会更严重。

另外，创伤儿童的表现、行为、感受和想法可能导致他们受到二次刺激。传染性疾病、躯体形象的改变、社会隔离、记忆力受损、智力功能下降、内疚感和羞愧感等问题，都可能出现在创伤后。而这些问题都可能带来儿童在创伤前后社会功能、活动的巨大差异，并改变其家庭、同伴和老师们对性虐待事件的看法。然后，这些负面的反应会加重最初的创伤，并加重适应过程中的心理负担。

（1）幼年时的影响。性虐待的受害儿童所具有的明显的创伤后应激障碍的特征要比躯体疾病或一般的住院精神病患者多得多。除此之外，这些儿童中还存在很多其他问题：

第一，情绪异常。性伤害儿童要么使创伤内向化，表现为退缩和抑郁、焦虑和极端泛化的恐怖；要么使创伤外向化，表现为侵略和愤怒。创伤儿童会无视痛苦，缺乏同情心，不会定义或表达感情，绝对回避心理上的亲近。这种否认很是彻底，以至于有些创伤儿童可能会完全忘记自己的童年。但是更为常见的是，这类儿童会产生对痛苦、性的麻木以及极端的情感疏离,这并不意味着他们不对发生的事情感到愤怒。这种愤怒的指向既包括向内对自己的伤害,还包括向外对他人的谋杀。这种创伤产生的愤怒经常出现,以至于表现为一种习惯性的侵犯,而燃烧的怒火可能会随着他们的逐渐麻木而衰减。矛盾的是,这种攻击性可能是由创伤时的完全被动所导致的,也可能是由对攻击者的内化和认同而造成的。由此他们往往突然讨厌起某一个人,或是突然与某一个人如胶似漆而离不开他。

第二,行为异常。睡眠和饮食障碍、注意力难以集中、活动过度、侵略性行为、社会退缩、躯体化症状(有一些与性密切相关的生理及躯体症状,如阴道出血)、过度依从、反社会倾向、行为退化、学业困难。常有自残行为,如割伤或烫伤自己。

第三,人际关系障碍。儿童性虐待受害者在社交生活中孤僻退缩或过度顺从,总是把自己关在房子里,或者把自己隐藏、封闭起来,以避免与攻击者接触。他们一般很早到校,很晚离校,而且从不逃学。

第四,不适龄的性活动和性行为。这些孩子会完全了解他(她)本不该懂得的性行为的细节,还会出现与过度性放纵相关的躯体症状。常表现出明显的性诱惑的身体姿势,如夸张地叉开双腿、抚摸生殖器部位、穿着性感等,可以无节制地或者强迫地当众进行手淫,以性感的方式挑逗成人,小孩子还可能与真的或玩具动物进行性活动,产生性反应;常画一些与性有关的绘画、编造与性有关的故事且做梦的内容也常与性有关。而且也可能与其他成年男性发生性关系。十几岁的青少年可能还会离家出走,从事卖淫活动。

(2)成人后心理影响。儿童时期由性虐待造成的心理创伤会对其成年以后的生活产生巨大影响。

第一,在儿童时期常遭到性侵犯的人成年后会表现出抑郁、分离性障碍、自我毁灭性行为、感觉被人孤立和指责、不信任他人等症状。严重者对所经历的创伤是坚决的否认和精神麻木;还可能会转化为自我陶醉、反社会、边缘型人格及回避型人格障碍,其自我催眠和分裂会表现为成人后的精神分裂障碍(一般被看作各种人格障碍)。

第二,增加婚姻暴力和约会强奸的危险。儿童时期遭受过性虐待的女性在成年后比其他女性更容易受到丈夫或性伙伴对其身体的虐待。幼年时期的性伤害可能导致她们在成年后再次遭受性暴力时表现出软弱的一面;这些都是潜在的危险因素。同时,性早熟、对性行为规范的认识不清、孤僻和我行我素等行为使他们更易过早(频)地进行性活动;这反过来又可能成为遭受约会强奸的危险因素。

第三,增加患精神障碍的可能。临床已经发现相当数量的女性精神病患者曾有儿童时期性伤害的经历。她们所表现出来的症状,除了强迫性的性活动、性的施虐(受虐幻想、性识别困难以及性欲丧失)等问题外,还有常常酗酒和使用药物使自己麻醉,或有自杀的意念。她们经常表现出抑郁障碍、惊恐障碍、边缘性人格障碍、分离性障碍、性功能障碍等,有时还会出现一些躯体疾病。而男性受害者的境遇并不比女性好,症状与女性相同,同时还伴有性意向模糊,对成年男性不信任,同性恐怖症等。

三、性暴力心理危机的干预策略

（一）对强奸受害者的干预

1. 即时干预。对强奸受害者来说，最重要的是得到别人的认可和信任，需要的是安全和心理上的接纳和支持。她已经以极大的勇气做了为生存可做的一切，刚刚经历的惊心动魄的磨难，需要从部分或全部失控中找回自己，不管她还有多少自制力，都是她今后长时间恢复的基础。

所以在事件发生的早期阶段，对受害者具体的干预措施有：①为受害者找一个安全的地方休息和治疗，同时帮助受害者寻求社会支持系统的帮助——找一个可以信任和了解的人来陪伴她；②向受害者提供医学、心理治疗、家庭接纳等方面的支持，尤其要给予受害者更多的心理支持。

一般情况下，早期的干预可能会遭到受害者的拒绝，可能是因为他们把事件看得太难，以至于难以处理；或他们相信有良好素质的人应该自己有能力应付，而不需要外界的干预，这些观念会使一些受害者陷入延迟性应激性精神障碍。

密歇根大学性侵犯预防和教育中心就遭受性侵犯的受害者给出了一些建议：①相信自己。不要责怪自己；照顾好自己。②告诉你信任的人。也可拨打心理援助热线。③接受身体检查。即使觉得自己并没有受伤，但是尽快检查可以让你了解是否有内伤、妊娠和性传播疾病。而且，72小时内进行身体检查是收集强奸证据的最佳时机。④报案。是否报案是你的权利。如果立即报案，不要清洗身体或触摸案发现场的任何物品。⑤寻求其他支持性的指导——无论是否进行体检或报案，可能都需要他人的帮助来克服性侵犯产生的影响；从痛苦中解脱需要时间和专业指导。

2. 长期干预。受害女性在创伤后的3个月可能持续存在着上面提到的心理问题，且还进一步表现为：①由性伤害导致的心理问题转移到工作中，对日常工作感到力不从心；②与性伴侣的关系变得困难，需要性伴侣无条件的理解；③情绪突然失控或表现为出尔反尔，需要周围人的理解和接纳；④可能由情绪抑郁发展为自杀行为。

这个阶段的干预措施：

（1）继续理解和接纳受害者，认识到身体特别是心理恢复工作的长期性和艰巨性，但要充满信心。

（2）对受害者表现出关心、理解，而不是支配，用积极的方式对待她，不让其感到是自己促成了强奸或者让其感到自己太无能，想方设法让她清楚她自己的真正价值，而且是受尊重的。

（3）鼓励受害人积极地面对生活，而不是逃避（比如更换工作或者搬家），鼓励家人等要开诚布公地对待她和强奸事件。

（4）让其自由选择是否报案、起诉强奸者；自由选择告诉她自己信任的人（但不要不经她同意而公布有关强奸的事），通过鼓励使她重新恢复控制能力，恢复生活，而不是强迫其做事情。

（5）帮助受害人澄清其对强奸犯的情感，关键是帮助其尽快产生一种对其生活的自主感和决定权。不是所有被强奸的人都能解决心理问题。

（6）鼓励受害者的丈夫或未婚夫给予她充分的时间来恢复性生活，一定要让她感到，他对她依然如故，但是性生活的恢复则要依据受害者的情况而定。

（二）儿童性虐待的干预

最初的干预技术是暴露伤害性事件及处理受害儿童由此引起的害怕和焦虑等。应立即作出保护，避免其受到进一步的伤害，并通过危机干预工作者做进一步的评估和治疗工作。

1. 心理健康评估。与其他类型的危机干预一样，首先是对创伤进行评估。早期评估对于确定儿童是否具有创伤隐患十分关键，其评估和治疗的方法与对成年人有所不同。

心理评估的目的：确定性虐待是否真的发生；对受虐儿童的安全状况作出评价，提出治疗方案；根据治疗情况对儿童的预后作出推测；确定是否请司法部门协助。

目前性虐待对儿童心理影响的结果还无法衡量，但是在临床上已经形成了对这些受伤害儿童的心理功能进行全方位评估的方法。其中根据儿童性虐待后表现的一些行为及创伤后应激障碍的一些症状特征，可以判断儿童遭受了性虐待事件。此外，还可以借助一些特有的心理量表及投射技术来鉴定儿童性虐待。

国外发展的用于儿童性虐待的心理量表有许多，比如儿童PTSD临床监测量表、儿童及青少年诊断访谈修订版（Diagnostic Interview for Children and Adolescents-Revised, DICA-R）及儿童创伤后应激障碍症状量表。这些量表有的测量儿童创伤后应激障碍症状，确定社会和学校的影响，同时显示儿童对事件的处理情况；有的主要用于半结构化访谈，测量大量的创伤经历或评估儿童遭遇创伤的创伤后应激障碍严重程度。

由于受性伤害的儿童经常会隐藏他们的问题，所以一般的评估可能难以判断创伤事件对儿童的严重影响。所以儿童危机干预工作者需要掌握投射技术和人格问卷两方面的知识，才能获得有关创伤的信息。

2. 儿童性虐待干预的具体措施。可对受虐的儿童运用认知行为疗法、游戏治疗和教育等。

（1）国际创伤压力研究协会认为，认知行为疗法是治疗儿童创伤性障碍的首选。任何认知行为疗法都应该增强儿童的主动权和控制感。

放松技术、认知重建、情绪控制、脱敏及其他认知与行为技术，都应该与儿童的步调相一致，干预者必须特别注意安全问题。要与儿童及其监护人讨论治疗中可能发生的问题，怎样逐渐使儿童获得掌控事情的力量，要有足够的时间用来调整治疗进程、宣泄情感以及进行随访，这些都是干预方案的一部分。

（2）要减轻对性伤害事件和对施暴者的焦虑和恐惧，就必须使孩子重新暴露于创伤之中，这件工作最合适的方法就是使用游戏疗法。使用安全恰当的游戏方法，采取温和的、直接的态度，鼓励儿童对性问题重新认识和讨论。儿童逐渐消除恐惧和焦虑，学会一些健康的心理感受和体验交流技能。

愤怒和悲伤是儿童性伤害的情绪变化的副产品。对这种情感发泄应给予鼓励,特别是当孩子感到身体不适而试图表达时。绘图、涂色、泥塑、推沙、写作以及学习使用语言表达情绪都是宣泄情感和失落的治疗工具。有些技术还可以通过让孩子扮演游戏角色,使其表达出愤怒和悲伤,提高对生活的掌控力,获得新生的感觉,从而减轻长期的无助感。如运用拳击玩具或拿起玩具电话报警,可以让孩子们感到能够控制他们曾经无能为力的事态。随着孩子的放松和应激的减轻,游戏技术可用来教会他们在向同龄人或其他重要人物表达内心感受的时候,如何控制自己。

运用游戏治疗对性伤害的儿童进行治疗时,可能会面对她们心理发展的不成熟、对立、侵略、孤僻和被动、自我贬低和自我毁灭、高度戒备、性问题、人格分离等心理问题。

心理发展不成熟的性伤害儿童表现为学习能力减退;对立和侵略问题表现为儿童在游戏时攻击其他儿童或破坏玩具。如果孩子充满敌意(敌对状态),那么表现为在游戏过程中对其他孩子进行身体上的伤害。人格分离问题表现为性伤害儿童否定、回避他们所经历的创伤性事件,以免引起痛苦。

(3) 需要对孩子进行性犯罪和性知识教育,这样能够使他们明白在自己身上到底发生了什么事情。需要告诉他们:①所发生的事情是由成年人造成的,是成年人的错误;②身体上的不舒服很快就会过去,不需要担心;③虽然发生了这样的事情,但她/他与别人没有什么不一样;④如果性伤害已经使孩子的心理行为发生了改变,要告知哪些行为是社会提倡的,而哪些行为是社会禁止的;⑤教育孩子一些性和性暴力的知识,同时对孩子进行自信心训练,对伤害他们的行为勇敢地说"不"。

(三) 性暴力心理危机的干预模式

对于性暴力的干预模式分为两类,一类是社会预防模式,另一类是针对性侵犯受害者的心理治疗性干预模式。

1. 社会性预防模式。性侵犯预防模式,可以从四个层面和三个层级进行社会干预:

(1) 四个层面。包括:①消除强暴,挑战社会信念、文化价值;②向可能的受害者进行有关避免危险和自我防御的训练;③减少早期受害者的情绪与生理伤害;④加害者的监禁、治疗和预防再犯罪。

(2) 三级预防。一般倾向于使用公共卫生预防方案,它可以分为三个层次:①一级预防以全体居民为主,在社区中进行,主要是宣传教育,提高必要的法律知识;②二级预防是针对高危人群或重点人群,如青少年预防犯罪的教育,对青少年进行性保护知识的教育以及约会教育;③三级预防是针对性侵害的受害者和加害者,这是补救教育,其实是以心理咨询和治疗为主。

其中一级预防才是最为有效的预防工作,能够起到事半功倍的效果,也是预防性暴力工作的主线。宣传教育永远是最好的预防,因为它能够提高受害者的认识,也能够让施暴者认识到他们的行为的违法性和将受到的惩治。

2. 性侵犯受害者的心理治疗性干预模式。

（1）短期干预目标。短期目标有：①对当事人提供积极的心理咨询和必要的救助服务，如查验有无怀孕、生殖器损伤、身体外伤等，积极联系公安局或派出所和相关司法部门，对于性侵害案件要有准确和详细的描述，向执法部门提交报告；②做必要的心理测验和深入访谈，评价受害者的精神状态以及自杀或伤人倾向，以便采取必要的监护措施；③评价当事人行为变化、对性伤害的恐惧感以及日常生活方式的改变等，采取积极的行为治疗和必要的精神药物治疗；④根据评估做心理治疗方案，减轻性伤害对当事人的心理影响；⑤使用系统脱敏、放松技术、绘画技术等帮助当事人宣泄不良情绪，减少精神压力；⑥对当事人睡眠、进食、工作或学习以及人际交往等方面做出评估，采取针对性的心理支持或治疗；⑦长期对当事人进行随访和监督，定期做心理辅导。

（2）短期干预方案。短期干预是对受害者身体和心理状况进行评估，稳定其情绪，让其尽快从创伤性事件中恢复过来。这就意味着可以使用冥想、放松、催眠和生物反馈等方法，减轻对创伤事件的焦虑和生理反应。以下是具体的方案：

第一，充分接纳受害者。由于患者带着各种消极和矛盾的情感负担，故治疗者建立一种可接纳的氛围至关重要，以便患者可以陈述并面对创伤。对于受害者来说，揭示创伤是很困难的，因为陈述发生的事情可能很可怕，也可能是社会所不能接受的。一旦治疗过程开始，我们就需要全面地接纳受害者及其经历。

第二，评估身体和心理状况。评估内容涉及确定创伤性事件的发生、是否有性伤害的证据和出现心理异常反应。①自我报告曾被迫与他人发生性行为；②有性侵害伤害的证据（如擦伤、青肿、切伤、性病等）；③回避与性侵害有关的活动、地点或环境；④害怕独自一人在公共场所或人群中；⑤反复地强制性回忆、噩耗、抑或有被性侵害的想法；⑥自性侵害发生以来一直有焦虑、无助、恐惧或易怒的主观体验；⑦情感范围受限，麻木的主观感觉，抑或不真实感；⑧有脆弱感、无能感、罪恶感和羞耻感；⑨失眠、注意力不集中和坐立不安。

第三，减轻焦虑。通过放松和冥想训练，教会受害者怎样放松躯体肌肉组织，并平静地集中于心理意象。训练使受害者学会怎样对众多的压力、焦虑和消极无力的心理反应进行自我控制。

仅仅学会放松就会对缓解当前的症状有所帮助，并使受害者重新获得对情感和行为的控制力。而且还会初步解决创伤事件导致心理危机的一系列典型问题。通过深度放松或催眠，受害者可能会回到创伤事件的画面中。受害者这种形式的回顾，对于把有关创伤事件的负性记忆和伴随他们的侵入性意象提高到意识中来很有必要。

（3）长期干预目标。长期的干预目标是运用多重治疗方法（包括药物治疗和各种心理治疗），逐步消除各种症状，完成心理上的整合：①重返性侵害前呈现的工作、心理和社会功能水平；②减少有关性侵害的强制性回忆、想法和噩耗；③从事各种社会活动，这些社会活动是愉快和满意的源泉；④进行令人满意的性交活动；⑤将性侵犯事件逐渐消化。

（4）长期干预方案。在干预过程中，运用最多的是认知行为疗法。它与其他治疗方法相比，呈现出了更显著的治疗效果。

第一，认知技术。性暴力受害者有许多不利于其恢复的想法，认知治疗师会质疑这些想法，正如以下描述的案例所表现的，这是认知治疗的核心工作。

【案例】 牛娟（化名）：为什么会发生这种事？为什么？为什么？

治疗师：为什么会发生强奸吗？

牛娟：对，为什么他要这样对我？为什么要让我有这种感受？我总是受环境左右，我真的这样觉得。

治疗师：我们每个人有时都会受到环境的影响。

牛娟：对，没错。

治疗师：对这个问题，你给自己的答案是什么呢？

牛娟：这就是我的人生，我的过去，这就是现实。

治疗师：但你还是不断问自己为什么。

牛娟：我想我问为什么是因为，你知道的，他这个笨蛋，他没有对别人做这种事（长时间的停顿），你知道，不是为什么他这样做，我对自己感到非常生气的是（哭着），为什么我让他这样做了？

治疗师：你并没有同意。

牛娟：我知道。

治疗师：你允许了吗？是他强迫你。

牛娟：事情发生了，我当时15岁，非常害怕。

治疗师：而且不知所措。

牛娟：对，而且非常孤单。我想那就是我发狂的原因。因为我很孤单，我疏远了很多人。它几乎抹杀了所有美好的记忆。

治疗师：让一个15岁的少女在痛苦的时候向他人求助，这是一个很可怕的决定。人们在那种情况下恐怕大多会选择和他人疏远，因为担心其他人的拒绝会给自己带来更大的痛苦。与其遭到他人拒绝，倒不如自己主动走开。因此你一开始就拒绝了别人。

第二，行为技术。

暴露疗法。这一技术在运用时需要非常谨慎，在进行实际操作前干预者需要接受了足够的训练。暴露疗法假设，如果刺激持续冲击当事人，就会导致其焦虑逐渐减轻，从而没有得到强化的重复反应会逐渐减弱。当受害者回忆创伤时，干预者需要时时补充遗漏部分，尽量将埋藏在记忆中的所有相关刺激呈现出来。结果是可以使记忆中的有害部分再次出现时引起的反应逐渐减弱乃至消失。

格式塔技术。格式塔治疗的一个重要焦点为"未了之事"，是指未表达出来的情感，如悔恨、愤怒、痛苦、悲伤、罪恶、遗弃感等。虽然这些情感在知觉领域里并没有被充分体验，但却与鲜明的记忆及想象联结在一起，在潜意识中徘徊。格式塔技术运用各种方式深入受害者的过去，把过去与问题有关的部分带进现在，然后再以生动的态度来处理这些过去的问题，从而起到刺破脓包、消除阴影的作用。

应激管理。有研究者认为，受害者在创伤发生数年后仍沉浸于痛苦中不能自拔，他们不断地回忆过去，这些不会对受害人有帮助；而且他们也不能从创伤事件中有所感悟，无法对它们释怀，经常受干扰性想法所累。对于这样的受害人，帮助他们找到一些方法来阻断这些干扰想法也许效果更好。应激管理干预的目的便是指导来访者处理生活中的问题，这些问题可能是创伤后应激障碍所导致的。

应激管理经常结合思维阻断技术。思维阻断技术（Thought-stopping Techniques）要求来访者在意识到自己在思考过去的创伤事件时大声对自己说"不"，并且试着做一些能够将意识活动从创伤事件上转移开的、积极的活动。

另有一种情感管理疗法（Affect-management Therapy）。这种治疗方法运用一系列行为和认知手段帮助来访者更好地管理他们的消极情绪，并引导他们最终能够正视难以磨灭的被虐待的记忆。如：

【案例】 来访者：一旦我心烦意乱，就会这样。什么也干不了，只是坐在地板上一支接一支地抽烟。

治疗师：然后呢？

来访者：通常最后我会狂吃一通。如果真的感觉很坏，我就用香烟烫自己。

治疗师：那样做管用吗？

来访者：有点用。我是说这样做通常可以阻止我做出更激烈的举动。但是我在发胖，而且我讨厌那些小伤疤。第二天我的情绪又会因为干了蠢事变得更差。

治疗师：是啊，那很难受。我觉得重要的是你在陷入危机时有其他可以改善情绪的办法。某些可以让你在当时和以后都会感觉不错的事情。你认为呢？

来访者：听上去不错。

治疗师：在那些时候有一件事非常重要，那就是清楚有哪些有益健康的事情可以做。如果对危机发生有准备，你就不必在心情烦乱时做出其他选择，而是按照已有计划进行，你明白我的意思吗？

来访者：是的。

治疗师：那好。那么，危机发生时除了伤害自己你还可以做些什么呢？

来访者：我可以离开。去旅行。那肯定会有帮助。只要登上飞机，去拜访一位朋友。

治疗师：好，拜访朋友是个很不错的主意。这种办法的确有助于应对压力。但是我担心危机发生时你不可能总是那么做。为了使我们准备的危机计划发挥作用，我们需要重点考虑任何时候都可以做的事情。清楚吗？

来访者：我想我明白。

治疗师：那么，在任何时候危机发生，都可以使情绪好转的事情是什么呢？你喜欢做什么？

来访者：我喜欢在离家不远的公园散步。公园里有许多漂亮的植物。我还喜欢给我的狗洗澡。它喜欢水，给它洗澡很有意思。

治疗师：这些想法都很不错。你觉得这些事情能帮助你战胜危机吗？

来访者：是的。这些活动可以分散我的注意力，让我走出这所房子，那很好。

治疗师：太好了。你还需要做些其他事情吗？

来访者：我会打电话给朋友，向她倾诉我的感受。

治疗师：好，你有具体人选吗？

……

第二节 家庭暴力危机的干预

一、家庭暴力概述

【案例】 李霖（化名）和其先生钟伟（化名）结婚12年，生了儿子小华和女儿小美，本来是人人称羡的一个家庭，但自从5年前钟伟迷上了赌博和酗酒后，就常因故殴打李霖和孩子们，酒后更是变本加厉地打骂，也常常在半夜回家时，叫醒李霖和孩子们，数落他们的不是，并叫他们罚站，不准他们睡觉，李霖和孩子们长期以来生活在精神虐待的恐惧中，不胜疲惫。有一天傍晚，9岁的小美哭着对李霖说，下午爸爸的朋友到家里来喝酒，有一位叔叔酒后对她上下其手，爸爸也知道这件事，但他说不能告诉别人，李霖听了以后伤心欲绝，二话不说就收拾行李，带着小华和小美回娘家，没想到钟伟也火速跑到李霖娘家，大骂李霖没把孩子教好，而且做出不要脸的事情，想要强行将母子带回，并扬言如果不从，将放火烧房子，看着一脸惊恐的双亲，饱受威胁的李霖带着两个孩子能到何处求助呢？[1]

家庭暴力（Domestic Violence）是指对家庭成员进行伤害、折磨、摧残和压迫等人身方面的强暴行为，其手段包括辱骂、殴打、捆绑、残害、拘禁、折磨（限制衣食住行、超强度劳动）、凌辱人格、精神摧残、遗弃以及性虐待等。

家庭暴力中的身体虐待并不只局限在夫妻之间。事实上，单身、分居和离异的女性比已婚女性存在更大的被殴打的危险。另外，殴打也并不限于异性恋之间，还包括男女同性恋和双性恋。男性也常会遭到女性的殴打，还有暴力殴打父母的"不孝子孙"。因此，家庭暴力所讨论的概念，适用于各种形式的婚姻关系，包括当前或以前的同居关系。

---

[1] 华律网整理："家庭暴力最新案例"，载 https://www.66law.cn/law/30002.aspx，最后访问时间：2021年6月2日。

任何一种家庭暴力只要反复出现或持续存在，都会使受害者表现出躯体症状（如各种疼痛、身体不舒服甚至高血压等慢性疾病）、异常的行为反应（如焦虑、恐惧、强迫等神经症行为、睡眠、饮食、物质滥用等）以及其他如抑郁、愤怒、悲伤、内疚、挫败、羞耻甚至自杀意念等心理反应。此外，长期遭受家庭暴力的女性多数在精神上处于惶恐、紧张和惊吓之中，在一定程度上丧失了自信和自尊，性格敏感，脆弱孤僻，有的精神恍惚，语无伦次。受虐女性表现出许多创伤后应激障碍的症状，按DSM-IV-TR的标准可诊断为创伤后应激障碍。而且，受虐女性尝试自杀的发生率，是非受虐女性的5倍。

鉴于女性常常是严重家庭暴力的主要目标群体，家庭暴力危机的干预就主要集中在遭受家庭暴力的女性及施暴者身上。

二、家庭暴力发生的心理机制

（一）施暴者心理因素

一般来说，施暴者的成长经历、社会文化环境和生理特点共同促成了其暴力行为的发生。

1. 施暴者早期依恋关系不良。心理学的依恋理论认为，个体在幼年时与父母或养育者的关系与成年后的家庭虐待行为有关联。儿童早年生活中依恋关系的不良甚至破裂，没有形成安全感，将降低儿童在成年期建立相互信任关系的能力。施暴者经历分离和丧失事件的次数和施暴者父母提供的不稳定的成长环境与暴力行为呈正相关。如果一名男性的父母是不可靠的、行为不端、贫穷或没有能力抚养孩子，他可能对被抛弃的恐惧非常敏感。每个人都有控制被抛弃的方法，其中一种方法就是使用暴力。

2. 施暴者学习了不良的社会文化观念和控制环境的行为。社会暴力起源理论认为，个体学习了合法使用暴力达到个人目标的思想，即只要理由正当，为了保护国家、家庭或者自己，暴力是可以使用的。在这种文化的影响下，施暴者形成错误的观念，认为在他所认为的秩序遭到破坏时，使用暴力是合理的选择。

3. 施暴者精神病理和神经生理上的障碍可能对其施暴具有更大影响。人格障碍、注意缺陷障碍、精神错乱、颅内创伤以及物质滥用等，都是侵犯和愤怒反应的可能促发因素。

（二）受虐者心理因素

1. 习得性无助。社会学习理论认为，动物或个体如果长期处于无法逃脱的痛苦境地，从而会获得一种行为模式，就是处于这种痛苦境地而不再做出任何的努力，即使环境已经发生了改变，他们再也不会有逃离困境的企图。

很多受虐者是因为童年期长期受到父母虐待或者长期目睹暴力行为，从而他们就获得了这种受虐者角色。而有的受虐者是成年以后长期处于受虐婚姻中，而无法摆脱这种困境了。

被殴打女性的心理行为特征有：①对配偶过度依赖（心理和物质上同时存在），对婚姻关系理想化，认为能改变配偶，缺乏沟通技巧，特别是在双方冲突时；②个体缺乏自尊、自信和控制力，不能采取措施改变自己的婚姻生活；③成长中有被虐经历或者认同于传统的性别角色而无法反抗。

2. 心理受困。受虐女性觉得自己已经对婚姻关系投入了大量的时间、精力和情感等，所以不愿意离开暴力性质的婚姻关系；或者可能因为受虐女性不想被别人发现自己婚姻的不幸，以至于她们会想尽一切办法以避免被外界知晓；还可能是因为她们对暴力一方还存有幻想，希望对方能够回到没有暴力的、亲密的、感情深厚的关系中。

3. 斯德哥尔摩综合征。斯德哥尔摩综合征又称人质情结或人质综合征，是指受虐者对施虐者产生好感、依赖心。有些家庭暴力的受害者往往脱离了其社会支持系统，是完全孤立的，其生存完全取决于施虐者的冲动、要求或意图，因此施虐者偶尔的小恩小惠使得受虐者产生斯德哥尔摩综合征体验。

三、家庭暴力危机的干预措施

（一）社会干预

我国近年来倡导依法治国和加强社会法治建设的进程取得了令人瞩目的成绩中，在防治家庭暴力方面也制定了一些法律法规，这为家庭暴力的社会干预方面奠定了法律基础。所以遭遇家庭暴力可以报警寻求法律的援助。

（二）治疗性干预

对家庭婚姻暴力的干预涉及在不同的干预场所中采取不同的干预方式和相应的策略，在此我们只讨论对受害者的干预。

1. 医疗中心。医务人员需要掌握评估虐待的程序。工作人员应向受害者说明将进行的医疗检查是一项例行程序，而且她也将得到一些支持性的服务信息，这样做是为了管控女性的处境，表达了工作人员的支持并尊重了受害者的自主权。

访谈时要避免受到他人打扰，在不引起受害者对立或阻抗的情况下，工作人员就可以问及身体瘀伤及其如何产生的一些明确和直接的问题。通过提及争吵的问题，医务人员开始敞开心扉与当事人谈论她来医疗机构的原因。询问受害人的恐惧感，确认其对当前情境的认知和相应情绪。这些询问从普通的关系问题到更确定性的问题，再到更为细节性的问题，如事故发生的次数和严重性、所用的凶器的类型、谁是施虐者等。如果明确了受害者确实受过身体虐待，就应该明确地告诉她医院和她本人能做的事情，以及需要的法律保护和其他安全措施。

2. 危机热线。受虐女性在危机干预电话中的情绪表现变化会非常剧烈，从冷淡到狂怒，但不管怎样，危机干预工作者的工作就是帮助女性处理面临的困境；需要对所有相关信息和行动方案都仔细考虑，对各方面的情况需要作出快速的全面评估。

危机干预者必须扮演多种不同的角色。不仅是良好的倾听者，也应该是良好的支持者和促进者。

（1）积极地倾听。积极地倾听和做出适当的反馈是非常关键的。危机干预者以一种不带价值判断的、没有任何偏见的态度来接纳和理解受害者面临的困境。只有这样，受害者才能够安全、信任地倾诉自己的情境，同时干预者也需要做出恰当的情绪反应和内容反应，让受害者感到被理解和接纳。

如"我理解你的感受，而且我知道你打这个电话有多难。伤害、恐惧，一切都是未知的。别担心，别着急，你可以想到什么就说什么。不管你说起什么，我们都不会采取任何行动，除非你确认我们采取某种行动对你最有帮助。现在，我想听听，你要说的究竟是什么事情。不管你说多长时间，我都会耐心听下去的，所以别着急，慢慢来，告诉我到底发生了什么事"。

（2）鼓励其发泄情绪，支持其采取行动。由于受害者的家庭暴力经历可能已经多次反复了，其中积累了许多的愤怒、羞辱、伤痛和内疚等负面的情绪，这时要让这些负面情绪发泄出来，受害者才有精力理性地思考自己的选择，作出行动的决心，改变她饱受创伤的处境。

无论受害者的情况看起来有多糟，只有受害者本人才能决定何时采取行动。干预者不能代替受害者作出决定，这样就剥夺了受害者自主生活和心理成长的权利。所以干预者要避免扮演"拯救者"的角色，只是单纯从外部去提供帮助。

（3）澄清受害者的感受，促进其决定。受害者对是否离开当前的处境犹豫不决，同时伴随着抑郁情绪。干预者要采用开放式提问的方式澄清受害者目前的处境和其真实的感受，同时更清楚地理解受害者和其处境，以便于作出指导性干预策略。

（4）确保受害人不再受到更严重的伤害。干预者的首要任务是判断形势的严重性。如果受害者身体已受到伤害，或她的配偶威胁要回来杀死她，那么所有倾听、反应技术等工作就降为其次了。最紧急的工作就是评估形势的危急程度，确保受害者的安全。受害者需要医疗救助吗？需要进庇护机构吗？孩子有没有着落？在她丈夫回来之前，她能不能逃离家？

所有的这些问题都要深思熟虑、仔细权衡，以避免加重受害者的恐慌。虽然处境可能十分危急，但是干预者绝对不能强迫女性作出选择。当然干预者可以建议她这么做。如果此时受害者还在犹豫，危机干预者在认可受害者所经历的情感伤害和困惑的同时要努力让受害者明白遭受殴打的模式，从而让其作出离开或留下的决定，并引导其想到不同的、避免进一步遭到伤害的策略。

3. 在庇护所对受虐女性进行干预。

（1）对还不确定是否离开殴打关系的女性。这些女性是干预者的重点工作对象，应该与她们保持联系，并肯定她们下决心来庇护所的勇气。

这些女性在回去和留下来之间犹豫不决。她们待在庇护所的时间越长，回到她们配偶身边的可能性就越大。干预者的工作是帮助她们面对离家而带来的恐惧、内疚或其他懦弱和忧心忡忡的情绪，使她们恢复自尊并思考、转变和行动。当然还要关心受害者的一些生活问题：孩子是否安顿好，是需要有人与她交流还是按照自己的意愿躺下来休息等。

第一，支持受害者，但要避免受害者对庇护所工作人员的依赖。受害者会把在以往生活中对丈夫的依赖转移到庇护所工作人员身上，从而自己在心理上不能成长和独立地面对、解决自己的问题。

第二，体验受害者的悲伤，并与受害者讨论丧失悲伤。受害人会因为离开了自己的婚姻体会到丧失感，尽管这个婚姻带给她痛苦。她们要经历一段痛苦的历程，体验悲伤、抑郁、内疚和自责，以及难以决断。所以干预者要积极地与受害者讨论这种丧失感，这可以使受害者更深切地体验婚姻关系的丧失带来的悲伤，提供将悲伤表达出来的机会，更可能面对这段婚姻关系的真相，从而避免其回到丈夫身边，或避免重新找一个与前夫类似的丈夫。

第三，理解受害者的抑郁情绪。受害者可能表现出多种情况的抑郁，看起来非常懒散，但是这可能是她们恢复心理能量的过程，干预者要帮助她们渡过懒散阶段，但不要强迫她们或者让她们感到内疚。

第四，帮助她们面对恐怖。受害者可能会害怕她们的伙伴、害怕困境、害怕与过去分离、害怕未知的将来，这些都可以引起恐怖发作。此种情感限制了她们的活动和新的自由。但干预者要帮助她们面对这些恐惧，鼓励她们看到自己的进步，真正地从庇护所走出去，为自己的行为负责，面对自己的生活。

（2）对那些决定离开暴力婚姻的人。第二类来庇护所的女性经过了长期的努力，而且不准备再回到受虐的环境中去。对于这些将来庇护所作为过渡阶段的女性，干预者应立即给予明确的帮助，如寻找居住的地方、经济救助以及儿童护理。情感支持居次要地位，因为这些女性想要的是非常实用的忠告和帮助。这些女性已经决定摆脱家庭压力的煎熬，对改变自己的生活有较强的动力，与她们合作很容易。

（3）回访。受虐女性即使只经历过一次暴力殴打，但也会造成心理上的伤害。她们在离开暴力婚姻的过程中只是忙于采取行动，而情感上的伤害没有表现出来。但是在面对生活中的某种令其敏感的情境时，她们可能会突然情感崩溃。所以干预者要提前告知受害者这些可能的心理反应。回访的目的是持续为受害者提供一个社会支持系统，对其支持和鼓励，不断增加她们的自尊、对生活的控制，降低生活中的压力，提供归属感和支持感。

第三节 居丧的危机干预

几乎每个人都会有居丧的经历。对居丧危机的干预可以帮助当事人渡过正常的悲哀反应过程，预防持续存在的痛苦，早日适应新的生活。

一、居丧概述

居丧是失去所爱的人后的一种自然反应。与逝者的关系越亲密，痛苦会越深。痛失亲人是人生的重大丧失，可能引起情绪、思维、行为等各方面的改变，包括人际关系和社会功能方面的改变，有时还迁延成慢性状态，给个体及其家庭带来不可估量的损失。

（一）居丧的类型

1. 丧偶。配偶的死亡是最严重的情感刺激与打击。这种亲密关系的剥夺让人在生理和心理上承受着巨大压力。丧偶者必须独自面对许多问题和整个居丧过程。除了承受巨大的创伤和悲痛外，许多居丧者还要面对许多严重的个人、情感、经济、社会、职业、家庭等方面的问题。

舒克特（Shucter）提出了配偶悲伤过程的六个维度：①丧失表现出的情感和精神反应，如震惊、愤怒和悲伤；②应付居丧痛苦的各种方法；③与死者继续保持一种关系的各种方法；④居丧者在社会、生活以及工作上的改变；⑤与家庭、朋友关系的改变；⑥居丧者身份的改变。

配偶死亡是一个典型的应激性事件，在人类遭遇丧失的所有生活事件中，配偶死亡的刺激是最大的。在居丧期间，居丧者将独自面临一系列全新且陌生的问题，并需要做许多调整。

2. 丧子。孩子死亡对父母来说是一个重大的生活事件。由于父母的家庭环境、人格、应对方式、人际关系、社会支持系统等都不相同，因此丧子家庭的父母感受均不同。但无论是意外还是病故死亡，也无论子女的年龄大小，孩子的死亡对父母来说都是巨大的创伤。

3. 儿童居丧。父母和家里的其他亲人，是孩子安全感的主要来源，失去他们，就像天塌地陷那样使孩子没有了支持和依靠。因此，他们更需要老师、亲友、志愿者和社区工作者的陪伴和关照，这样才能获得生活下去的勇气和力量。

4. 分居与离婚。离婚不仅对成人是一种伤害，同样对儿童也是一种伤害。分居和离婚危机常常把儿童置于无依无靠的境地，他们会出现迷茫、不安全、害怕、内疚、恼怒等情感反应。布鲁斯（Bruce）等发现，经历婚姻破裂的男女，普遍存在严重的抑郁。虽然配偶双方都被认为处在抑郁的危机状况中，但男性更为严重。施耐德认为，由于离婚或守寡而遭受丧失的人会"表现出非常容易受到任何重大生理和心理疾病的攻击，特别是心脏病"。

5. 自杀后的居丧。自杀伴有大量的负面文化信息，并给家庭和朋友带来重大的影响。丧失爱人的人常常因此而自责，这种自责往往比其他形式的丧失更为严重。因为自杀与丧失所爱的人是双重的打击。因自杀而丧失爱人的人往往认为自己也是"受害者"，除了死亡本身的情感刺激外，还必须处理各种负担，如社会歧视、内疚和责备等。

6. 老年人居丧。老年人一般比年轻时经历更多的丧失，如亲戚朋友的死亡、失去工作、地位的改变以及收入的减少、身体功能的丧失等。老年人可能遭遇的、最严重的丧失是配偶的死亡，一般悲痛持续的时间比年轻人长，并经历较长的孤独期。居丧的老年人一般会出现感觉机能降低、健康状况下降以及能动性降低的情况。他们获得的收入和支持比年轻时少得多，这些改变也可能对他们有较大的影响。

克拉斯（Crase）发现了老年人处理丧失的许多方法，并将其分成以下三类：

第一类，对死亡没有任何准备，很少谈论死亡话题。这类老年人试图通过忽略死亡问题来避免消极的情感，他们采用否定作为防御机制。当他们遭受疾病、危机或灾难时，常常由于没有任何准备而受到打击。

第二类，过度考虑死亡和临终问题。这些人对自己的衰老、死亡以及葬礼的每一个细节都仔细地做出计划。

第三类，介于完全忽略和过度考虑自己死亡问题之间的一种类型。他们与整个丧失发展的复杂性是相适应的，他们进行适当的计划和决定，并且继续过他们的正常生活。

（二）居丧反应

居丧（Bereavement）是指自愿的行为表达和仪式，是被社会认可的对丧亲的反应，其在不同的社会和不同的宗教团体中有不同的形式或持续时间。居丧反应分为两种：正常的反应即悲恸；异常的反应包括病理性的悲恸和精神障碍。

1. 正常居丧反应。正常的居丧反应即悲恸。悲恸一般分为三个阶段：

第一阶段可持续数小时到数天，此阶段的丧亲者有否认反应，表现为缺乏相应的情绪反应（麻木），不能完全接受亲人已逝的事实。

第二阶段常持续几周到几个月，有时可能更长。此阶段的丧亲者可能感到极端悲哀、难过、孤独，心中充满了对亡亲的思念。焦虑症状也很常见，睡眠不好、缺乏食欲，有的还可能出现惊恐发作。许多丧亲者因为觉得自己为死者做得太少而深感内疚，还有的丧亲者感到愤怒（内疚感的投射），责怪医生或其他人员未能为病人提供最好的照料。

在第三阶段，上述症状可逐渐缓解，日常活动也可恢复。丧亲者逐渐接受亲人已逝的现实，并通过回忆与其相处时的美好时光来缅怀死者。不过，在死者的周年忌日丧亲者的症状会暂时再现。

2. 异常居丧反应。如果悲恸过分强烈、持续时间长、有延迟，或者是抑制或扭曲，就被认为是异常的，可能表现为急性应激障碍、创伤性应激障碍、抑郁、焦虑、物质滥用甚至自伤和自杀。调查表明，在其配偶或其他近亲离世后一段时间，丧亲者的死亡率会增高。

造成异常悲恸的一般原因有：死亡突然发生，出乎预料；丧亲者与死者之间存在非常密切、或依赖性、或矛盾的情感联系；幸存者生活无保障、在表达感受上存在困难或以往罹患精神疾患；幸存者需要照料孩子而不能随意地显示自己的悲恸之情。

二、居丧危机的干预

（一）居丧危机干预的原则

1. 个体化原则。不同的居丧类型、不同的人格特点、不同的家庭环境，居丧者的反应各不相同。因此从居丧干预的角度，注意具体问题具体分析，从居丧者的独特立场出发进行干预。

2. 尊重原则。尊重居丧者独特的感受及表达方式。在与居丧者交流的过程中，干预者要帮助居丧者发现、表达和接受各种复杂的感情，注意不打断对方的谈话、不随意转换主题、不回避问题、不说教、不评判。另外,干预者要相信,居丧者在准备好之后,能够自己作出最恰当的决定,所以干预者要避免直接给予建议。

3. 真诚原则。要使居丧者明白,悲伤是一种正常的反应,悲伤的反应在不同的阶段有不同的表现,悲伤将影响生活的各个方面。干预者要避免无济于事的安慰和不真实的承诺。

4. 理解原则。干预者要充分理解居丧者的悲伤,以及由此可能引发的居丧者指向干预者的不满和敌意,如强烈情感爆发和愤怒等。

(二) 居丧危机干预措施

1. 帮助居丧者顺利度过悲哀过程。居丧干预的开始阶段,干预者应把目标放在建立关系上。耐心聆听和陪伴是对居丧者最基本的支持,与居丧者保持温暖的目光接触与适当的身体接触,使其知道有人支持理解。

鼓励居丧者用言语表达内心感受及对死者的回忆;告知居丧者遇到丧亲事件时发生的情感反应,如哭泣、无助感甚至麻木感都是正常的表现;鼓励居丧者情感表达,告知居丧者压抑情感反而会使这种情感随着时间的延长而变得越来越强烈;允许并鼓励居丧者反复地哭泣、诉说、回忆,以减轻内心的巨大悲痛。

提供具体的帮助。暂时接替居丧者的日常事务,如代为照看孩子、料理家务,必要时还需提醒居丧者的饮食起居,保证他们得到充分的休息。在提供帮助时,无论是居丧者的亲友还是施治者,都应做好被拒绝的准备。居丧者可能在人际关系中暂时表现出退缩行为,或者难以对人们的关心帮助作出适当的反应,干预者要尊重和理解这些正常现象。

2. 提供积极的应对方法。理解、支持、安慰,给予希望和传递乐观精神,可促使居丧者以健康的方法解决悲哀,有效地应付危机。强制休息、鼓励积极参与各种体育活动,帮助居丧者发现生活中有意义并且能够给予积极回报的事情,可有效地转移其注意力,给居丧者提供宣泄机会,有助于疏导居丧者造成自我毁灭的强烈情感和负性情感的压抑。

干预时必须正视困境和问题,避免不现实地要求对方"往好处想"或淡化事情。要积极促进被干预者以健康的方法解决悲哀,使居丧者认识到回避、借酒消愁、暴力、自杀等都是不健康的行为。

3. 建立和维持社会支持系统。面对各种突发灾害事件,受害者如得不到足够的社会支持,会增加创伤后应激障碍的发生概率;相反,个体对社会支持的满意度越高,创伤后应激障碍发生的危险性越小。对居丧者来说,从家庭亲友的关心与支持、心理工作者的早期介入、社会各界的热心援助到政府全面推动灾后重建措施,这些都能成为有力的社会支持,可极大缓解他们的心理压力,使其产生被理解感和被支持感。

4. 辅以药物治疗。药物治疗是心理干预的辅助方法,多数情况下并不需要药物治疗。对反复出现有创伤性内容的噩梦、失眠、侵入性的闪回、难以集中注意力、易发脾气、易受惊吓等过度警觉、焦虑、心烦不安者可短时间内选用镇静催眠和抗焦虑药物。目前,主要使用选择性5-羟色胺再摄取抑制剂类抗抑郁药物,它能够明显缓解抑郁、焦虑症状,改善睡眠质量，减少回避症状。躯体症状的改善可以影响到个体情绪的改变，因此应针对个体的躯体症状及时给予药物对症治疗。在采取药物辅助治疗时，要积极辅以心理治疗和心理社会康复治疗。

居丧干预不等于精神病学意义上的早期干预。首先要帮助居丧者适应、应付创伤事件，帮助居丧者体会自己控制情感的能力。提供放松的、能使居丧者康复的环境，提高其生活质量，只有出现明显的精神症状时才应实施精神病学意义上的干预。

第四节　公共机构中暴力危机的干预

公共机构中的暴力事件主要是指在医院、学校、老人院、福利院等公共机构工作中发生的针对工作人员和其他人的暴力事件。

一、公共机构中暴力事件概述

公共机构中的暴力事件不仅影响社会的安定，影响工作人员和群众的生命安全，而且会给公共机构的正常工作造成极大的负面影响。

美国国家职业安全卫生研究所将公共场所的暴力定义为工作或上班时直接对人的暴力行为，范围从攻击性或威胁性语言到直接杀人，包括"欺凌、骚扰、胁迫、恐吓、排斥、散布无端言论、侵犯的姿态、侮辱性的手势、敌对行为、阻碍、身体撞击、踢、咬、推、强奸等伤害直至杀人"。

二、公共机构暴力行为原因分析

（一）工作机构的过失：缺乏或忽视外部安全意识

公共机构中的管理者缺乏对暴力行为的防范意识，他们只是认为自己的工作就是如何管理好财务、后勤和机构内人员的工作分配以及如何满足服务对象的需要，而没有为其工作人员等提供一个安全的工作环境的意识。但是，因为公共机构具有完全开放性，各种各样的人都可以进入，其中不乏反社会人员、酗酒和吸毒者、偷窃和抢劫犯及精神病患者。而工作性质的原因，使得多数工作人员经常接近那些服务对象，他们几乎没有什么安全意识，所以也就容易受到其服务对象的有意攻击。

即使发生了暴力事件，由于害怕其产生负面影响，这些机构根本就不愿报道，这种否认事实的做法更加挫伤了工作人员的积极性。或工作人员不足，或工作强度大，或管理部门和员工缺乏交流，或没有统一的处理方案等问题使员工感到灰心并扰乱了日常工作。当工作人员将他们的失意情绪传递给服务对象后，这些人反过来又变得更加恐惧，更可能导致服务对象的暴力行为，从而形成恶性循环。

（二）工作人员问题：不清楚哪些问题会激惹服务对象

工作人员和服务对象之间的沟通对改善公共机构中的人际氛围非常重要。而公共机构中，有的工作人员缺乏工作热情，甚至有的对服务对象的咨询、疑问不理睬，使当事人感到不被重视、缺乏安全感,对工作人员越来越缺乏信任。所以从施暴者的观点来看,他们之所以变得狂暴,是因为他们受到了工作人员的激惹。例如,双方沟通过程中,施暴者感觉自己没有任何控制的权利,完全由对方决定,那么,施暴者的自我观念很可能受到刺激而膨胀,他可能将不顾后果的暴力行为作为常规的和唯一的行为方式来引起工作人员的注意。

同样,由于工作人员武断确定一些限制,未能以一种积极、严格、公正和同情的方式将各种选择明确地加以介绍,也可能导致工作对象产生暴力行为。特别是当工作人员武断地不允许服务对象吃、喝、娱乐、逗留或行使其他权利时,服务对象的日常习惯、地位或自尊受到伤害。工作人员既没有解释这些权利是怎样被取消的,也不解释怎样能重新得到,于是增加了服务对象对工作人员实施暴力的可能性。

三、公共机构中暴力危机的干预

对于可能出现的暴力事件,应该在系统、全面地分析安全问题的基础上,由公共机构、工作人员和服务对象一同参与来构建预防、干预暴力事件的措施。

虽然不同的机构在预防和处理暴力行为时有不同的措施,但是有一些共性的问题是所有的公共机构都需要面对的。所有机构都会考虑到具体环境下经济方面、法律方面、治疗方面、组织方面以及物质方面的限制,下面的干预策略就是面对暴力行为的一些"常规步骤"。

(一)机构安全分析和安全计划

预防暴力首先要分析该机构采取了哪些防范措施来保证服务对象和工作人员的安全。机构管理部门应该请安全领域的专家对其安全管理系统进行分析。管理部门必须承认,关于安全问题最有发言权的是工作在一线、每天与服务对象打交道的工作人员,因为他们在面对服务对象的时候可能已经注意到了管理中存在的安全问题。

所有的工作人员都应该认真地考虑这些问题,制订出一个全面的安全计划,并予以公布。这样的计划既要全面又要简单易行,并详细说明在什么情况下什么人应负责什么样的事。计划内容应覆盖机构的各个领域,从停车场开始,到前门的入口、大楼、工作人员办公室、膳食服务处等,虽然管理部门最初可能会认为花费在这种服务上的时间和金钱是一种负担,但是如果这一措施能避免人员将来涉及法律纠纷的话,真正的代价将会是最小的。如果没有进行这样的调查,不仅机构要面临爆发暴力危机的风险,而且也会让工作人员觉得管理层对他们的安全漠不关心。

一旦调查结果汇总完毕,机构就应该组织人员制订防暴方案。首先要成立一个防暴队,队员由工作人员交叉组成,再指定一个防暴协调人,这支队伍和协调人的职责是:①拟出一个大纲,规定暴力管理政策的范围和活动;②有一个明确的、公开的反暴力声明;③确定向谁汇报和到什么地方汇报已发生的威胁情况;④决定威胁足够严重时就要传唤防暴队;⑤对所有的工作人员提供培训;⑥制订一个减少暴力行为的方案,方案上要讲清楚哪些类型的行为是不可接受的,以及如何制止这些行为。

（二）对工作人员的培训

对新成员要及时培训，对老队员要进行继续教育。在方法、手段和处理步骤上得到过培训的工作人员，更加相信自己有能力逐步减少暴力行为的发生。培训内容应包括知识和技能两方面；培训应该首先从危机干预技巧开始，另外还包括法律方面的内容，侵犯行为理论，怎样报道和记录发生的事件，如何对具体情境和环境变化因素进行评价，语言上的缓和技巧，可触发侵犯行为的因素，自卫和自控技巧，对行为的观察、咨询，交接班手续以及交班报告。

培训的关键问题是不仅要讨论问题，还要在此基础上练习如何解决这些问题，最好的办法是让受训人员扮演特定的角色，并制成录像带，供指导人员和受训人员进行分析和提出意见。

第五节 成瘾性危机的干预

一、成瘾的含义及分类

（一）成瘾的含义

成瘾是与人类文明共生的一种现象，现已发展成为影响人类心身健康的全球性灾难。物质成瘾和精神成瘾主要包括药物滥用、酒瘾、烟瘾、冲动控制障碍、性变态、电子游戏成瘾、网络成瘾等行为。成瘾也是一种与时俱进的行为，随着新物质或新生活方式的出现，也有人染上与之对应的新瘾，如手机瘾等。

1. 广义的成瘾（Addiction）。广义的成瘾包括各种依赖、癖和迷恋，即指"由于反复使用某种致瘾源或反复刺激中枢神经，在一定的人格基础和外界条件下所引起的一种周期性或慢性中毒状态以及发生的特有的嗜好和形成的难以舍弃的习性"。

2. 狭义的成瘾。狭义的成瘾行为则是指那些对某一行为或物质的欲望影响到正常的心理、生理或社会功能，给个体带来痛苦和不良后果的成瘾行为。

成瘾是一种脑部疾病。成瘾的共同特点是满足需要的强烈愿望，对物质和行为缺乏控制和节制，只想到物质的使用和行为的执行，而不考虑结果是否有利，或者明知有害也无法控制。从这个意义上来讲，成瘾行为也是一种自我伤害性疾病，并伴有意志或道德缺陷。

3. 成瘾的特征。一般包括：一种不可抗拒的力量强制性地驱使人们使用该致瘾源，并不择手段去获得它；有加大剂量或频率的趋势；对该致瘾源的效应产生精神依赖并一般都伴有身体依赖；对个人和社会都产生危害。

物质成瘾，是最为重要的一种成瘾行为。药物依赖的原因通常要具备以下三个重要因素：药物有效，人格缺陷和社会压力。

（二）成瘾的分类

1. 现象学和致瘾源分类。任何成瘾现象都有致瘾源。致瘾源是一种能使易成瘾者产生强烈的欣快感和满足感的物质或行为，致瘾源分为：

（1）物质致瘾源，如鸦片、冰毒、酒精、尼古丁等精神活性物质是通过人体生理基础而作用的物质致瘾源。精神活性物质是指来自体外、可影响精神活动并可导致成瘾的物质。

（2）精神致瘾源，又称非物质致瘾源，如刺激性小说、武打电影、电子游戏、网络和赌博等。

从现象上说，成瘾可分为物质成瘾和精神成瘾，或药瘾和非药理学的成瘾。其共同之处是表现出一种强烈的追求致瘾源的愿望，其目的在于获得一定程度的特殊心理体验，或者心理上的满足。除了体验成瘾行为或药物带来的愉快之外，一些人可能是为了逃避生活中的难题，排遣情绪中的烦恼。

2. 成瘾的程度分类。按照程度的相对轻重，可将成瘾从重到轻依次分为瘾、癖、迷。瘾是由于神经中枢经常接受某种刺激而形成的习惯性，如药瘾、酒瘾、烟瘾、网络瘾等；癖是对某种事物特别爱好而难以舍弃，如纵火癖、偷窃癖、恋物癖、洁癖等；迷是对某人或某事物发生特别爱好而沉醉，如足球迷、武侠迷、影迷等。

瘾、癖、迷的共同点是欲望和渴求，不顾一切地、不间断地寻求致瘾源，即"强迫性地使用致瘾源"。实际上，现实中的瘾、癖、迷之间并无严格界线，如赌博既称赌博瘾，又称赌博癖，也有人称其为赌博迷。

二、药物成瘾的干预

成瘾的类型很多，我们在这里只以药物成瘾为例进行干预的探讨。

（一）家庭治疗

家庭治疗对于药物成瘾者的治疗有很大的帮助。家庭的力量使成瘾者感到家庭对自己的支持，坚定治疗的信心和决心，可增大干预成功的概率；对成瘾者的亲属来说，除了改变了对成瘾者的态度，提高了照顾、关心成瘾者的水平外，还减少了由于遭受社会偏见导致的隔离感和无助感，有利于该人群的心理健康。

目前，我国已有采用开放式家庭联谊会的方式对吸毒者进行家庭治疗。家庭联谊会的基本方法是"加力"和"减压"。"加力"即发掘家庭内部潜藏的资源和增加外来的支援；"减压"即是通过其他相关的社会系统的影响，减轻家庭所承受的压力。

（二）群体治疗

群体治疗使成瘾者有机会发现他们（成瘾者）之间共同的问题、促进相互理解和自我认知、学习如何表达自己的情感和意愿。群体治疗给成瘾者提供讨论和修改其治疗方案的场所，也可以在治疗期间监测他们的行为，制订切实可行的治疗方案，促进他们与治疗师保持接触，有助于预防复发、促进康复。

(三) 认知行为治疗

1. 帮助当事人建立认知性干预的渴求措施。认知行为治疗是根据认知过程影响行为的理论，通过认知和行为技术首先改变病人的不良认知，从而矫正不良行为的一种心理治疗。例如，改变关于渴求再吸毒的思想、和回忆欣快体验做斗争、多思考只顾一时快感会引起多种恶果、思索不再吸毒后的许多良性后果、背诵一些戒毒康复机构设计的警句口号等。

2. 建立行为干预的渴求措施。行为治疗是通过心理干预达到减轻或改善患者的症状与不良行为的目的。例如，避开或改变促发和加剧心理渴求的场景、引导患者走向获得愉快的新的生活方式（即取代性的取乐措施）、与从渴求斗争中取得收益的人交朋友并得到帮助、参加戒毒互助组织、接受康复辅助药物（纳曲酮）治疗。

3. 对负性情绪的克服。各种成瘾性障碍与负性情绪状态有关，其中最常见的负性情绪为焦虑或抑郁。有研究者总结出四种情况——饥饿（Hunger）、愤怒（Anger）、寂寞（Lonely）与疲劳（Tried），最具有实际促发意义。

对负性情绪的干预常取决于情绪的具体表现与其后果，应根据情况而定。比如吸毒造成个人现实生活全部毁灭而引起的不同严重程度的抑郁状态，最重者能达到重症抑郁症的水平，干预措施也会随之而定。经常感到无聊、空虚或缺乏乐趣，对这样的情绪状态者的干预应引导他们逐渐认清应当如何正确度过空闲时间，以及从不滥用化学品的其他渠道里取乐。

最重要的是引导成瘾者逐步建立自新的价值观。这往往要从开发新的活动内容、建立新的人际关系来发掘生存的意义开始。如引导他们改变旧的乐趣观和兴奋观，建立起新的信念和对生活的态度。帮助成瘾者理解复发为一个过程，避免复发最好，发生也不应慌乱沮丧，要学会吸取教训，总结正确处理方法。

这里还要说的是，以前美沙酮药物替代疗法主要是针对吸食传统毒品而言的，现在大多数成瘾者吸食的是新型毒品，有的还存在混合成分。故药物成瘾的干预（戒毒）是一门专业性很强的技术，建议最好是到专业的戒毒机构。

第六节 替代性创伤人群的危机干预

在历次灾难事件中，灾难伤害的不只是灾区民众，还有那些参与救灾的现场援助人员；每一个看到灾难的人，就某种程度而言，都应该是受难者（Hartsough & Myers）。特别是那些没有受过灾难心理训练的年轻士兵、医护人员、心理援助人员、参加救援的政府工作者和新闻媒体记者以及参与搜救工作的志愿者等，他们长时间暴露在重大危机事件面前或停留在灾难现场。例如，生离死别的场面会给他们的身心造成强烈的冲击，使某些工作者替代性地经历了受灾人群的情绪，出现了以恐惧、焦虑及无助等各种形式表现出来的

"替代性创伤"（Vicarious Traumatization，以下简称VT）。替代性创伤已经成为灾难救援中一个重要的问题，它对相关人群的心理损伤要远远大于身体损害，且更加深刻久远。

一、替代性创伤及其人群

（一）替代性创伤的含义

替代性创伤是指"一种助人者的内在经验的转变，是同理投入于案主的创伤题材所产生的结果。"助人者内在经验的转变有正向与负向之分，替代性创伤的焦点主要是放在负向的转变上。也就是说，救援者在与创伤事件的当事人互动时，受到当事人的内在经验的影响，间接感受到了灾难发生时当事人的创伤性体验，由此导致救援者的各种心理异常现象。还有研究者提出，危机干预本身是强度和要求都很高的工作，干预者在工作时耳闻目睹各种负性事件，由此产生心理困扰和失衡，可能对其世界观、人生观和价值观造成影响。

"VT给个体带来的危害就如同PTSD的各种症状一样"，主要表现为个体有厌食、睡眠障碍（难以入睡、易惊醒）、噩梦、易激惹、容易受惊吓、难以集中注意力等症状。

对于危机干预的工作者而言，替代性创伤是一种职业风险，因为工作环境中充满了危机干预者在工作中被迫目睹创伤的感同身受。

（二）常见的替代性创伤人群

1. 现场救援人员。

（1）救援官兵。在一线救援的官兵（如解放军、武警、消防救援人员等）是心理问题发生的高危人群。在高强度的救援工作中，他们要尽自己最大的努力抢救人民群众的生命和财产，不断挑战生理极限和心理极限，极易出现失眠、胃疼、食欲下降、眩晕等躯体症状，同时还会产生内疚、自责等负性情绪，需要及时给予他们心理援助，减轻其心理压力。

（2）医务工作者。灾难发生后，医务人员每天都要接触大量的受伤灾民。在治病救人的过程中，不断要面对哭泣、呻吟，因而他们成了替代性创伤的主要人群。多数医务人员在长期高负荷的工作中出现疲劳，并伴有失眠、食欲下降、身体不适等应激反应，还有的医务人员由于不能有效救治伤员，出现自责、忧伤、焦虑等情绪。

（3）志愿者及相关人员。志愿者是自发组织的灾难援助的民间力量，他们有强烈的助人愿望，对自己的援助目标有较高期望，所以有一定的压力。

志愿者在参与救援的过程中，常常会接触极其惨烈的灾难现场，不断面对重伤员和遇难者，有时他们会为自己没能达到理想的援助目标而深感内疚和惭愧，有时也会出现急躁易怒心理，甚至丧失了客观性，怨天尤人。他们与受灾者有同样的恐惧、绝望、痛苦等情绪，甚至会失去既往的安全感。有些人会采取压抑自己的办法，更加努力地工作，不知疲倦，处于亢奋状态，这些表现正是替代性创伤产生的征兆。

还有在灾难发生后进入现场的政府工作人员也是情绪枯竭的易发人群。他们不分昼夜地工作，经常发生工作与家庭的冲突，心理健康状况也受到极大的影响。

2. 媒体工作者。为了传递出及时准确的现场救援情况,媒体工作人员要进行高强度的工作,对灾情的掌握、对现场的熟悉、采访、撰写稿件、编辑文字图像等都要在短时间内迅速开展,并且这是一个长期的工作。残酷的灾害现场常常让他们感到极度不安,有的记者因难以适应灾害场面而时常痛苦,还有的记者为不能直接进行救援而怀疑自己的职业价值,也有的记者对自己的工作目标期望过高而出现了焦躁情绪,各种心理反应,如闪回,焦虑,抑郁和饮食、睡眠障碍等时有发生。

3. 收看媒体而受到创伤的民众。灾难发生后,媒体传递了许多灾区信息,鼓舞了广大民众,增加了大家救灾的信心。媒体报道中会涉及一些十分惨烈的灾害现场的情景,如各种灾害造成的物品散落、受伤遇难者的画面,让人看后感同身受。一些民众出现了诸多负性情绪反应,不能看报纸、电视,只要看到催人泪下的场景就心烦意乱,且无法自控。白天工作受到影响,晚上睡眠困难。一些民众产生替代性创伤反应,如不断地"闪回"灾害画面,焦虑、急躁、愤怒和抑郁时有出现,他们的心理受到巨大冲击,有严重的心理创伤。

4. 心理救援者。心理救援者在灾害发生后,有的直接在一线为受灾群众及救援人员提供心理援助,有的对返回的救援人员或大众进行心理干预。有的心理救援人员暴露在灾难事故现场,整日面对死亡、受伤的场景和绝望、悲伤的情绪,与受灾者进行高度的共情。有的心理救援人员希望自己能解决所有的心理问题,所以压力过大,结果造成了心理能量的匮乏,出现心力交瘁、疲惫不堪的现象。

现场救援人员、媒体工作者、收看媒体的民众以及心理救援者是替代性创伤的高发人群,但关于替代性创伤的具体研究,主要还是以现场救援者为焦点展开。他们身处救援工作的一线,按照国家卫生部《紧急心理危机干预指导原则》(附件二)的规定,他们属于第二级干预人群,仅次于亲历灾难的幸存者。

(三) 替代性创伤的症状

灾害救援过程中,替代性创伤人群会有如下的压力源:灾难创伤事件的刺激、救灾人员损失或受伤、救灾任务的失败。替代性创伤人群要及时了解自己的压力源,并做出适当的调整,否则会导致以下症状的出现。

1. 易疲劳。生理上的不适感,体能下降,如晕眩、呼吸困难、胃痛、无法放松等。

2. 社会性退缩。人际关系中亲密感下降,人际沟通困难,对人敏感不信任,常把自己孤立和封闭起来。

3. 职业倦怠和耗竭困扰。怀疑自己的职业价值,并开始质疑自己的工作意义。常出现情感上的筋疲力尽、个人成就感下降、动机缺乏等反应。

4. 厌食、睡眠障碍及情绪问题。可能出现食欲减退、噩梦、失眠,错觉、闪回,并伴随暴躁、愤怒、没有安全感等情绪,或者过分为受灾者悲伤和难过,也可能对自己经历的一切感到麻木与困惑,或者失去对公平、善恶的信念,愤世嫉俗。身处救灾现场的工作人员可能采取高强度工作的方式麻痹自己,无法体验到强烈的情感。

5. 绝望、软弱、内疚和羞耻。为救援工作的缓慢感到茫然和绝望,为自己的力量过于渺小而自责,并产生对受灾者的内疚。还有对于自己也需要帮助觉得尴尬和难堪,感到自己的问题与受灾者相比微不足道,觉得羞耻。

如果觉察到自己出现上述替代性创伤的症状,以及其他相关症状,要立即进行自我调整、寻求帮助或接受督导。否则,这些应激反应可能会转变为创伤后应激障碍。

另外,还有一些专门用于测量替代性创伤的量表,如《创伤性压力信念量表》(The Traumatic Stress Institute Belief Scale,TSIBS)、《事件影响量表》(Impact of Event Scale,IES)等。

救援人员常出现人际沟通困难、自我情绪耗竭和个人成就感下降。他们出现体能下降、动机缺乏、自己想做的事情与现实差距太大、无法实现自己的工作目标等情况,有时甚至什么都不想做,也无法去做了。

二、替代性创伤的预防与应对

替代性创伤给救援者带来许多负面影响,如悲伤,对生活、工作、学习丧失信心,还会影响到他们爱、娱乐甚至是创造的能力。某些人还出现了自我和对别人的信念有明显的分裂,因此对替代性创伤要进行积极预防和有效治疗。

(一)替代性创伤的预防

一般来说,预防替代性创伤要遵循三个基本原则——觉察(Awareness)、平衡(Balance)和联系(Connection)。

1. 觉察。觉察是指救援人员要接纳和关注自己的不平衡状态,如觉察自己在需要、情绪和资源等方面是否存在不协调,觉察到自己内心是否发生变化,发生了哪些变化,通过觉察恢复自己情绪上的平衡。

2. 平衡。平衡主要是指救援人员的生活步调是否平稳,如是否能维持工作、休闲、休息的平衡。同时平衡也包含了内在的觉察和专注,以及找到放松和娱乐的方法。

救援人员在完成阶段性的救灾任务后,一定要给自己足够的时间与精力,来处理自己所受到的心理伤害,重建心理和社会功能,建设新的平衡。

3. 联系。联系是指救援人员与自己、他人及外界能够保持良好的沟通渠道,巩固和完善自己的社会支持系统,开拓自己的内在需要、经验和知觉。救援人员加强自己和他人的联系是抵抗替代性创伤产生孤独的有效手段。

救援人员去往的灾区通常都是一些之前不熟悉的地方,灾区艰苦的救援环境、紧缺的物质状况以及短缺的救援设施,都会让救援人员充满困惑。因为工作的需要,他们必须投入较多的时间和精力建立志愿团队合作关系。救援人员要经常与其他救援者交流,分享救灾经验,同时也要和亲友保持联系,巩固和完善自身的社会支持系统。

按照上述原则,为了避免替代性创伤的出现,救援人员要做到以下几点:

(1)获得准确信息。实施救援前,要尽可能掌握一些准确信息,使救援人员清楚目前自己和周围的状况。

(2) 轮流制。救灾工作中，有些工作可以实行轮换制，包括轮换不同的岗位、轮换不同责任及不同应激水平的工作，以便降低工作的压力。

(3) 轮休制。救援工作强度非常大，因此要强制规定现场工作时间在 6~8 小时。那些参与现场辨尸、搜救等高创伤刺激强度工作的救援人员需要每 2 小时休息一次。

(4) 提供休息场所。救援工作中要尽量提供安全、隔离的休息场地，远离媒体和围观者。而且不能总和受害者或幸存者待在一起，确保救援者们有独处的时间和空间。

(5) 维护良好的社会支持系统。保持和同事、其他救援者、家人、朋友的联系，缓解负性刺激和身心疲惫带来的心理压力和可能的心理创伤，同时获得一个相对正常的生活状态。

(二) 替代性创伤的应对策略

救援人员的核心问题是创伤症状，痛苦体验的惨烈、刺激画面。干预需要做的是为他们植入温暖的理念或画面，阻断他们的创伤记忆与痛苦情感之间的联系，将替代性创伤的危害降到最低，快速恢复他们的战斗力，降低创伤后应激障碍的发生率。

在替代性创伤的应对策略中，针对助人者的思想、躯体和经验而设计和提供的有关思考、行动和情感的三类活动，每类活动都包含了一些练习，稍加修改后可以用于援助人员的替代性创伤应对中。

1. 团体思考活动。

(1) 分享替代性创伤。团体领导者协助救援者利用表格记录救灾过程中的经验，并在团体中与其他成员进行交流和分享。

第一，诉说事件：如当时发生了什么事？救灾过程中自己印象最深的是什么？最难处理的是什么事？自己最困惑的又是什么？

第二，表达心理反应：领导者协助救援者表达救灾事件发生时的情绪、感受或想法。这个程序在团体联系中需要较长时间完成。

第三，关注自身的躯体反应：领导者协助救援者努力觉察自身的各种反应，如疲惫、恶心、头痛等，并协助对方去处理这些问题，将如放松训练、适量地运动、听音乐等方法教给救援者。

(2) 分享成功的故事。讨论救灾工作中有意义的事件，并讨论在此过程中自己得到的启示。或是与团体成员分享最近个人生活中的成功经验，以及带给自己的感受。

(3) 分享专业生涯的改变。与成员分享在援助工作中，或后来自己的内在改变，可以画出类似生涯曲线一样的图形。

(4) 分享团体中的感受。请团体成员写下自己在团体中的感受和心得，并相互分享。

2. 行动活动。

第一步，放松练习：类似瑜伽的肢体舒展活动。

第二步，亲近自然：到自然中去观赏、倾听一些有趣的事物，20 分钟后集合，成员分享彼此特别的感受。

第三步，丢垃圾：将自己不好的想法或感觉写在纸上，然后丢至垃圾桶内。

第四步，再造生命：运用象征物或仪式治疗不良情绪，如用蜡烛传递爱心或关怀；用歌曲或欢笑声表达身体的放松；用手拉手象征彼此的支持等。

3. 情感活动。采用主题活动如心理剧或艺术治疗的技术方法表达情感，如画树、自我塑造、描述未来的我等。情感活动使救援人员更好地感受到其内心的情绪，并把这些情绪表达出来，通过分享或释放，重塑自己的心灵。

（三）救援人员的心理干预

一线解放军、武警官兵及医务人员等救援人员在灾害救援中发挥了重要的作用，针对此人群的创伤干预应有特殊的处理策略。

1. 干预目标。对一线救援人员心理援助的核心目标有两个：一是快速处理核心问题，恢复战斗力；二是预防未来创伤后应激障碍的发生。他们的核心问题是，创伤症状，痛苦体验的惨烈、刺激画面，干预需要做的是为他们植入温暖的理念或画面，阻断他们的创伤记忆与痛苦情感之间的联系，快速恢复他们的战斗力，降低创伤后应激障碍的发生率。

2. 干预原则。对于一线救援人员而言，处理灾难造成的负性刺激画面，重新植入温暖的画面，对重建救援人员的心理平衡、重获工作的热情来讲是非常重要的。

3. 几种有效的干预技术。对负性画面的处理可采取以下几种干预技术，具体操作如下：

（1）技术破冰。首先，干预者积极肯定救援人员的牺牲精神、顽强的意志力和奉献精神。其次，干预者介绍人危机事件后有哪些正常的身心反应，让他们明白这些都是正常的应激反应，不出现反而是不好的。最后，鼓励他们以正确、积极的态度面对自身反应。

采用以上技术来进行破冰对于他们恢复战斗力是非常有利的。

（2）图片—情绪表达技术。首先，鼓励成员准确地描述救援中对自己影响最大的、不断在脑海中闪现的惨烈画面。其次，鼓励他们具体地表达他们的负性情绪是什么，如恐惧、悲伤、内疚等。再次，将这些负性情绪和图片一起打包。随着打包的进行，救援者的不良感受会逐渐模糊。完成后大家进行鼓掌，鼓励自己的勇敢。治疗师要鼓励大家说出宣泄前后的感受。最后，描述出让自己感到温暖的画面，该画面一定要让自己感觉到幸福、温暖。当把温暖的画面不断强化后，它慢慢地被放置到原来被负性情绪占用的空间中，被定格在脑海里。这时成员们需要长时间地鼓掌鼓励。

（3）放松技术。该技术主要采用感受呼吸温差放松法，表现为大脑意识沉静和放松。

具体操作方法：

首先，请闭上双眼，让大脑的注意力集中在气流、鼻腔上，然后感受鼻腔气流的温度。其次，让气流随着呼吸往下直到肺部，让自己感受气流在肺部、体内的交换，感受到氧气的吸入，二氧化碳的呼出。最后，感受呼出来的气流的温度，此时的温度要比吸入时候的高。如此往复，让自己感受这种吸气时的凉，呼气时的热，让自己感受这种呼吸温差的变化，达到放松的效果。

在这个训练中,当事人感受到的温差越清晰,说明他的情绪越稳定,注意力的转移越有效,精神达到了真正的放松,使心理应激源对当事人的影响减弱,尽快恢复了当事人的工作能力。

(4) 心理行为训练。此训练的目的主要是通过肢体的活动调动救援人员的活力,提高其注意力和对自身身心水平的关注。例如,要求16个人在规定的时间里,可以构建任何图形,集体平移2米,但不能用脚触地。该训练是培养团队合作精神的,需要团队的协作才能完成。短时间内能使援助者提高凝聚力,也能让大家体验到成就感。

(四) 对心理救援者的干预

心理救援者是替代性创伤人群中比较特殊的一类。与这个群体中的其他人员一样,要面对灾难现场给其带来的冲击以及灾难对其工作正常开展的影响;与其他人员不同的是,心理救援者在进行心理救援过程中对危机当事人的共情与支持以及可能遭遇的沟通困难、拒绝、抱怨乃至愤怒,都将消耗心理救援者大量的心理能量。他们可以通过一些干预技术进行自我调整,如自我肯定、积极的自我暗示、保证充足的休息与娱乐、保持客观与乐观等。此外,还有一些方法可以预防及应对可能产生的替代性创伤。

1. 心理救援者的筛查。并不是每个心理治疗师都适合作为救援者进入灾区。通过体能与专业素质的筛查,发现那些难以承担救援任务者,并基于候选者的专业特长,综合各方面的考虑,合理分配心理救援任务。

2. 进入灾区前的心理准备。采用各种形式(如集中培训、团体辅导等)为心理救援者对即将遭遇的心理冲击做好接纳的准备,学习积极的应对策略。

3. 进入灾区后的监测。心理救援者要对自身状态保持觉察,出现问题及时进行自我干预或寻求帮助。同时,在参与救援的过程中,要注意以下三点:

(1) 建立和维护良好的社会支持系统。心理救援者进行灾后心理救援工作时,最好不要分散在各个地方单独工作,而是以小组的方式,以获得同事的支持。同事间的相互支持可以帮助心理救援者及时地将自己的感觉和救灾的经验与同事讨论和分享。

危机干预中,干预者都需要必要的督导,条件限制下可以实行团体督导。团队工作结束后,可以让经验丰富的干预者或督导对团队成员开展分享活动,为干预者们提供学习的机会。建立定期督导机制,对于维护干预者的心理健康和提高专业水平非常重要。

此外,心理救援者还要保证与家人和朋友的沟通,保证自己有一部分相对正常的生活,这可以在一定程度上缓解灾后心理救援工作带来的消极影响。

(2) 理解替代性创伤,接纳不良的心理反应。心理救援者出现替代性创伤时不要有自责、愧疚或羞耻的态度,也不要质疑自己的职业选择和能力,最重要的是理解替代性创伤发生的必然性,并能接受自己不良的心理反应,尝试着了解自己出现替代性创伤的原因,并去处理这种创伤。

(3) 限制暴露。心理救援人员替代性创伤的形成,与对创伤幸存者的过分关注有直接关系。所以心理救援人员在帮助创伤幸存者时,要尽量减少自己在创伤资料下的暴露,以保护自己。倾听当事人的创伤经历是很重要的救援环节，但是也不必因此而承担额外的痛苦或过于惨烈的、不必要的创伤资料。在干预的个案中，如有特别可怕或是超出自己承受范围的创伤治疗时，心理救援者要允许自己通过"退后一点点"的处理方法来保护自己。另外，心理救援者尽量不要到惨烈的现场去，不看恐怖的画面，做适度的回避可以有效地保护自己，以便更好地进行心理援助。

4. 撤出灾区后的追踪。心理救援者在撤出灾区后仍要保持对自己身心状态的觉察，同时相关部门也要继续关注心理救援者在灾后的心理状况。在有条件的情况下，应对心理救援者再进行一次筛查，以期尽早发现可能的替代性创伤者。

附件一　自杀的危机干预

学习案例描述

某年某月某日11时,某监狱某监区内警报突然被拉响,该监狱罪犯张某在收工搜身时被发现有金属物品,民警要求其交出工具时,该犯突然拿起工具割向自己的手腕,情绪非常激动,大喊着:"不要过来!让我死了算了!"

分管民警进行劝阻无效,迅速向上级监区领导汇报,启动监狱应急管理预案,疏散现场其他罪犯,并请评矫中心心理专家到现场进行心理危机干预。

该犯一般资料如下:

表1　张某一般资料卡

姓名	张某	性别	民族	婚姻状况	受教育情况	出生日期
		男	汉	已婚	初中毕业	1989年2月10日
籍贯	浙江省某市	被捕前职业	个体小商贩		罪名	容留他人吸毒罪、贩卖毒品罪
刑期	12年6个月	人际关系	一般,有较为熟悉的罪犯,但不能深交			
家庭情况	父亲去世,妻子与母亲一起在老家生活,有一个姐姐					

学习目标

通过本次课程的学习,你应该能够:

1. 了解自杀的征兆;
2. 理解(熟悉)自杀危机的评估和干预策略;
3. 掌握自杀危机的预防和管控措施;
4. 熟知自杀危机干预的原则;

5. 养成尊重罪犯（人格）、关爱罪犯的人本素养，锻造忠勇严实、精益求精的职业精神。

任务书

罪犯在收工搜身时被发现有金属物品，民警要求其交出工具时，该犯突然拿起工具割向自己的手腕，情绪非常激动，要求民警不要靠近自己。请根据此情此景，请现场民警设计该自杀危机干预对话，然后根据现场情境进行角色扮演。

任务分组

表2　学生任务分配表

区队		组号		指导老师	
组长		学号			
组员	姓名		学号	姓名	学号
任务分工					

获取信息

入监以来，张某改造表现较好，入监谈话时发现其有抑郁症家族史（其父亲生前曾患有抑郁症），有既往自杀史。3个月前，该犯得知妻子因其入狱选择离家出走，受到了极大的刺激，当晚拒绝进食，在民警与其谈话后情绪有所缓解，恢复进食。此后据该罪犯组长报告，该犯近日来食量下降，情绪一直低落，多次在与同监舍的罪犯对话过程中流露出想自杀的念头，并把一些必需的生活用品赠送给同监舍的罪犯。同时，分管民警在审核信件时发现，该犯在写给母亲的信中有交代遗言的情况。

该犯的部分心理测试结果如下：

表3　罪犯张某 SCL-90 测试结果

总分	总均分	阴性项目数	阳性项目数	躯体化	强迫状态	人际关系敏感
246	2.73	33	57	3.33	1.80	2.30
抑郁	焦虑	敌对	恐怖	偏执	精神病性	其他项目
4.51	3.71	3.50	3.14	1.33	2.10	2.86

注：总症状指数的分数在 1~1.5 之间，表明被试自我感觉没有量表中所列的症状；在 1.5~2.5 之间，表明被试感觉有点症状，但发生得并不频繁；在 2.5~3.5 之间，表明被试感觉有症状，其严重程度为轻到中度；在 3.5~4.5 之间，表明被试感觉有症状，其程度为中到严重；在 4.5~5 之间表明被试感觉有症状，且症状的频度和强度都十分严重。

COPA 中 P9 焦虑因子是较高分，有过于焦虑而可能带来的自伤、自残、自杀等不良行为。

在"房树人"测试中发现，该犯焦虑抑郁倾向明显，有一定的自杀危险性；以自我为中心，极度自私；暴力倾向很强；等等。

实训 1

问题 1：你从罪犯张某身上发现了哪些自杀的危险性因素？罪犯张某的哪些表现提示其具有自杀的征兆？

_____
_____
_____

知识链接

自杀的危险性因素包括：神经生物学因素、遗传因素、躯体疾病、应激生活事件、心理障碍、人格和认知因素等（具体见教材前文内容）。

自杀的征兆包括言语性表达和行为性表达，言语性表达有口头言语或书面言语，行为性表达有安排后事、反复出现的危险性行为、"一反常态"的行为改变等（具体见教材前文内容）。

实训 2

问题 2：如果你是张某的分管民警，你将如何进一步进行自杀风险性评估？作为分管民警应该采取什么样的措施来预防其实施自杀？

_____
_____
_____
_____

实训 3

问题 3：以下是民警在现场与张某的一段对话，请问有没有存在问题的地方，并说明理由。

心理咨询师民警：张某，放下手中的工具，你不要这么激动，我们可以一起来帮你解决问题。

张某：你是谁？

心理咨询师民警：我是监狱评矫中心的民警，我的名字叫某某某（边说边往前移动）。

张某：别过来！你要是再往前来，我就抹脖子了！

心理咨询师民警（停住脚步）：我就一个人，没有带任何东西，就是想来与你谈谈，你先放下工具。

张某：你不要骗我，你是监狱长派来的人！

心理咨询师民警：我没有骗你，我不是监狱长派来的（……），我只是想跟你聊聊。

张某：没什么好聊的！我什么都没有了，我老婆也跟人跑了，我不想活了。

心理咨询师民警：活着才有希望，你要是死了才是真的什么都没有了。

张某没有答话。

心理咨询师民警：你想想你的母亲，她前不久才来看过你，你死了谁来照顾她？我知道你受到了很大的打击，人都会遭受各种各样的事情，我也曾经有过很难的时期，熬过去就好了。你冷静一下，把你心里的想法和感受说出来，我们可以一起帮你。

小提示

沟通三要素：尊重、真诚、共情。

一般心理咨询技术：倾听、澄清、释义、情感反应、质询、解释、情感表达。

任务决策

请根据任务分工与引导问题设计自杀危机干预现场对话，并进行角色扮演再现场景，体现小组协同。

现场记录	
补充说明	

实训 4

问题 4:在角色扮演过程中,你们小组发现了哪些问题,是否有合适的解决方式?

_____
_____
_____
_____

评价反馈

表 4　案例情境评价表

评分项目	评分标准	学生互评	校内教师	行业教官	总评
沟通能力	充分运用语言和文字表达自己的观点,沟通时条理清晰、措辞恰当(20分)				
角色把握性	对自己承担的角色有清楚的认知,能按照角色的要求参与活动;语言、行为表现与角色的要求一致(20分)				
决策能力	考虑全面,决策时敢于承担风险,能果断地做出判断并作出决定,能运用令人信服的论据说服别人接受决定(20分)				
心理危机干预技能	能够熟练使用心理学知识与危机干预原则,有效稳定罪犯情绪(40分)				
合计(100分)					

附件二　紧急心理危机干预指导原则

本指导原则应在经过培训的精神卫生专业人员指导下实施。

一、组织领导

（一）心理救援医疗队（包括防疫队，下同）在到达指定救灾地点后，应及时与救灾地的救灾指挥部取得联系，成立心理救援协调组，统一安排救灾地的紧急心理危机干预工作。

（二）后期到达同一地点的心理救援医疗队或人员，应该在上述心理救援协调组的统一指挥、组织下开展工作。

（三）各心理救援协调组的工作，应及时与所在地精神卫生专业机构沟通和协调，并接受当地卫生行政部门领导。

二、干预基本原则

（一）心理危机干预是医疗救援工作的一个组成部分，应该与整体救灾工作结合起来，以促进社会稳定为前提，要根据整体救灾工作的部署，及时调整心理危机干预工作重点。

（二）心理危机干预活动一旦进行，应该采取措施确保干预活动得到完整地开展，避免再次创伤。

（三）对有不同需要的受灾人群应综合应用干预技术，实施分类干预，针对受助者当前的问题提供个体化帮助。严格保护受助者的个人隐私，不随便向第三者透露受助者个人信息。

（四）以科学的态度对待心理危机干预，明确心理危机干预是医疗救援工作中的一部分，不是"万能钥匙"。

三、制定干预方案

（一）目的。

1. 积极预防、及时控制和减缓灾难的心理社会影响；
2. 促进灾后心理健康重建；
3. 维护社会稳定，促进公众心理健康。

（二）工作内容。

1. 综合应用基本干预技术，并与宣传教育相结合，提供心理救援服务。

2. 了解受灾人群的社会心理状况，根据所掌握的信息，发现可能出现的紧急群体心理事件苗头，及时向救灾指挥部报告并提供解决方法。

3. 通过实施干预，促进形成灾后社区心理社会互助网络。

（三）确定目标人群和数量。

本次心理危机干预人群分为四级。干预重点应从第一级人群开始，逐步扩展。一般性宣传教育要覆盖到四级人群。

第一级人群：亲历灾难的幸存者，如死难者家属、伤员、幸存者。

第二级人群：灾难现场的目击者（包括救援者），如目击灾难发生的灾民、现场指挥、救护人员（消防、武警官兵，医疗救护人员，其他救护人员）。

第三级人群：与第一级、第二级人群有关的人，如幸存者和目击者的亲人等。

第四级人群：后方救援人员、灾难发生后在灾区开展服务的人员或志愿者。

（四）目标人群评估、制订分类干预计划。

评估目标人群的心理健康状况，将目标人群分为普通人群、重点人群。

对普通人群开展心理危机管理；对重点人群开展心理危机援助。

（五）干预时限。

紧急心理危机干预的时限为灾难发生后的4周以内，主要开展心理危机管理和心理危机援助。

（六）制定工作时间表。

根据目标人群范围、数量以及心理危机干预人员数，安排工作，制订工作时间表。

四、组建队伍

（一）心理救援医疗队。

人员以精神科医生为主，可有临床心理治疗师、精神科护士加入。至少由2人组成，尽量避免单人行动。有灾难心理危机干预经验的人员优先入选。配队长1名，指派1名联络员，负责团队后勤保障和与各方面联系。

心理危机干预人员也可以作为其他医疗队的组成人员。

（二）救灾地点心理危机干预队伍。

以精神科医生为主，心理治疗师、心理咨询师、精神科护士和社会工作者为辅。适当纳入有相应背景的志愿者。在开始工作以前对所有人员进行短期紧急培训。

五、出发前准备

（一）了解灾区基本情况，包括灾难类型、伤亡人数、道路、天气、通讯和物资供应等；了解目前政府救援计划和实施情况等。

（二）复习本次灾难引起的主要躯体损伤的基本医疗救护知识和技术，例如骨折伤员的搬运、创伤止血等。

（三）明确即将开展干预的地点，准备好交通地图。

（四）初步估计干预对象及其分布和数量。

（五）制定初步的干预方案/实施计划。

（六）对没有灾难心理危机干预经验的队员，进行紧急心理危机干预培训。

（七）准备宣传手册及简易评估工具，熟悉主要干预技术。

（八）做好团队食宿的计划和准备，包括队员自用物品、常用药品的配备等。

（九）尽量保留全部发生的财务票据。

外援心理援助医疗队在到达灾区之前，尽量与当地联络人进行沟通，了解灾区情况，做到心中有数。

六、现场工作流程

（一）接到任务后按时间到达指定地点，接受当地救灾指挥部指挥，熟悉灾情，确定工作目标人群和场所。

（二）在已有心理危机干预方案的地方，继续按照方案开展干预；还没有制订心理危机干预方案的地方，抓紧制订干预方案。

（三）分小组到需要干预的场所开展干预活动。

在医院，建议采用线索调查和跟随各科医生查房的方法发现心理创伤较重者；在灾民转移集中安置点，建议采用线索调查和现场巡查的方式发现需要干预的对象，同时发放心理救援宣传资料；在灾难发生的现场，在抢救生命的过程中发现心理创伤较重者并随时干预。

（四）使用简易评估工具，对需要干预的对象进行筛查，确定重点人群。

（五）根据评估结果，对心理应激反应较重的人员及时进行初步心理干预。

（六）对筛选出有急性心理应激反应的人员进行治疗及随访。

（七）有条件的地方，要对救灾工作的组织者、社区干部、救援人员采取集体讲座、个体辅导、集体心理干预等措施，教会他们简单的沟通技巧、自身心理保健方法等。

（八）及时总结当天工作。每天晚上召开碰头会，对工作方案进行调整，计划次日的工作，同时进行团队内的相互支持，最好有督导。

（九）将干预结果及时向当地救灾指挥部负责人进行汇报，提出对重点人群的干预指导性意见，特别是对重点人群开展救灾工作时的注意事项。

（十）心理救援医疗队在工作结束后，要及时总结并汇报给有关部门，全队接受一次督导。

七、常用干预技术

（一）普通人群。

普通人群是指目标人群中经过评估没有严重应激症状的人群。

对普通人群采用心理危机管理技术开展心理危机管理。从灾难当时的救援，到整个事件的善后安置处理，都需要有心理危机管理的意识与措施，以便为整个灾难救援工作提供心理保障。包括以下几方面：

1. 对灾难中的普通人群进行妥善安置，避免过于集中。

在集中安置的情况下实施分组管理，最好由相互熟悉的灾民组成小组，并在每个小组中选派小组长，作为与心理救援协调组的联络人。对各小组长进行必要的危机管理培训，负责本小组的心理危机管理，以建立起新的社区心理社会互助网络，及时发现可能出现严重应激症状的人员。

2. 依靠各方力量参与。建立与当地民政部门、学校、社区工作者或志愿者组织等负责灾民安置与服务的部门/组织的联系，并对他们开展必要的培训，让他们协助参与、支持心理危机管理工作。

3. 利用大众媒体向灾民宣传心理应激和心理健康知识，宣传应对灾难的有效方法。

4. 心理救援协调组应该积极与救灾指挥部保持密切联系与沟通，协调好与各个救灾部门的关系，保证心理危机管理工作顺利进行。对在心理危机管理中发现的问题，应及时向救灾指挥部汇报并提出对策，以使问题得到及时化解。

（二）重点人群。

重点人群是指目标人群中经过评估有严重应激症状的人群。

对重点人群采用"稳定情绪"、"放松训练"、"心理辅导"技术开展心理危机救助。

1. 稳定情绪技术要点

（1）倾听与理解。目标：以理解的心态接触重点人群，给予倾听和理解，并做适度回应，不要将自身的想法强加给对方。

（2）增强安全感。目标：减少重点人群对当前和今后的不确定感，使其情绪稳定。

（3）适度的情绪释放。目标：运用语言及行为上的支持，帮助重点人群适当释放情绪，恢复心理平静。

（4）释疑解惑。目标：对于重点人群提出的问题给予关注、解释及确认，减轻疑惑。

（5）实际协助。目标：给重点人群提供实际的帮助，协助重点人群调整和接受因灾难改变了的生活环境及状态，尽可能地协助重点人群解决面临的困难。

（6）重建支持系统。目标：帮助重点人群与主要的支持者或其他的支持来源（包括家庭成员、朋友、社区的帮助资源等）建立联系，获得帮助。

（7）提供心理健康教育。目标：提供灾难后常见心理问题的识别与应对知识，帮助重点人群积极应对，恢复正常生活。

（8）联系其他服务部门。目标：帮助重点人群联系可能得到的其他部门的服务。

2. 放松训练要点

包括：呼吸放松、肌肉放松、想象放松。分离反应明显者不适合学习放松技术。（分离反应表现为：对过去的记忆、对身份的觉察、即刻的感觉乃至身体运动控制之间的正常的整合出现部分或完全丧失）。

3. 心理辅导要点

通过交谈来减轻灾难对重点人群造成精神伤害的方法，个别或者集体进行，自愿参加。开展集体心理辅导时，应按不同的人群分组进行，如：住院轻伤员、医护人员、救援人员等。

（1）目标

在灾难及紧急事件发生后，为重点人群提供心理社会支持。同时，鉴别重点人群中因灾难受到严重心理创伤的人员，并提供到精神卫生专业机构进行治疗的建议和信息。

（2）过程

第一，了解灾难后的心理反应。了解灾难给人带来的应激反应表现和灾难事件对自己的影响程度，也可以通过问卷的形式进行评估。引导重点人群说出在灾难中的感受、恐惧或经验，帮助重点人群明白这些感受都是正常的。

第二，寻求社会支持网络。让重点人群确认自己的社会支持网络，明确自己能够从哪里得到相应的帮助，包括家人、朋友及社区内的相关资源等。画出能为自己提供支持和帮助的网络图，尽量具体化，可以写出他们的名字，并注明每个人能给自己提供哪些具体的帮助，如情感支持、建议或信息、物质方面等等。强调让重点人群确认自己可以从外界得到帮助，有人关心他/她，可以提高重点人群的安全感。给儿童做心理辅导时，目的和活动内容相同，但形式可以更灵活，让儿童多画画、捏橡皮泥、讲故事或写字。要注意儿童的年龄特点，小学三年级以下的儿童可以只画出自己的网络，不用具体化在哪里得到相应的帮助。

第三，应对方式。帮助重点人群思考选择积极的应对方式；强化个人的应对能力；思考采用消极的应对方式会带来的不良后果；鼓励重点人群有目的地选择有效的应对策略；提高个人的控制感和适应能力。

讨论在灾难发生后，你都采取了哪些方法来应对灾难带给自己的反应的？如多跟亲友或熟悉的人待在一起、积极参加各种活动、尽量保持以往的作息时间、做一些可行且对改善现状有帮助的事等，避免不好的应对（如冲动、酗酒、自伤、自杀）。注意儿童的年龄差异，形式可以更灵活，让儿童以说、画、捏橡皮泥等多种方式展示自己的应对方式。鼓励儿童生活规律，多跟同伴、家人等在一起。要善于用儿童使用的语言来传递有效的信息。

参考文献

1. 徐学、曾天德："大学生自杀预防模式与运行机制探讨"，载《漳州师范学院学报（哲学社会科学版）》2011年第2期。
2. 马立骥编著：《警务人员心理健康教育与实训》，人民卫生出版社2009年版。
3. 马立骥、董长青：《监狱团体心理辅导操作实务》，上海交通大学出版社2015年版。
4. 楼仁功、潘娟华："大学生心理危机预防与干预机制探究"，载《中国高教研究》2006年第6期。
5. 马立骥、杨林编著：《心理技能训练》，武汉大学出版社2014年版。
6. 李献云、费立鹏、张艳萍："负性生活事件与自杀行为研究"，载《中国神经精神疾病杂志》2008年第3期。
7. "心理危机干预六步法"，载 https：//wenku.baidu.com/view/d75b8fad80d049649b6648d7c1c708a1284a0a23？fr = sogou&_wkts_ = 1672121746728，最后访问时间：2022年10月11日。
8. 陆林：《沈渔邨精神病学》，人民卫生出版社2018年版。
9. 马立骥主编：《罪犯心理与矫正》，中国政法大学2018年版。
10. 武涧松等："汶川地震山区幸存成人急性应激障碍回顾性分析"，载《中国健康心理学杂志》2017年第8期。
11. 张本等："汶川大地震急性应激障碍检出率及相关因素的调查研究"，载《中国健康心理学杂志》2009年第10期。
12. 邓明昱："急性应激障碍与灾难心理危机干预"，载《国际中华应用心理学研究会第六届学术年会暨四川"5·12"地震后心理援助第二届国际论坛论文集》2009年版。
13. 布威佐热姆·艾力等："事故灾难后民众创伤后应激障碍和抑郁状况"，载《中国公共卫生》2018年第10期。
14. 吴坎坎等："灾后民众创伤后应激障碍（PTSD）与事件冲击量表（IES）的发展

和应用",载《心理科学进展》2009年第3期。

15. 侯彩兰、李凌江:"创伤后应激障碍和人格特征的关系",载《中国心理卫生杂志》2006年第4期。

16. 李硕硕等:"创伤后应激障碍生物学基础及治疗研究进展",载《中国药理学与毒理学杂志》2017年第12期。

17. 李铿等:"舟曲泥石流灾区居民创伤后应激障碍症状调查",载《中国健康心理学杂志》2013年第2期。

18. 赵晓晖:"SARS康复患者中创伤后应激障碍(PTSD)的随访研究",中国协和医科大学2004年博士学位论文。

19. 马立骥主编:《戒毒人员心理咨询与矫治》,中国政法大学出版社2019年版。

20. 邓明昱:"创伤后应激障碍的临床研究新进展(DSM-5新标准)",载《中国健康心理学杂志》2016年第5期。

21. 邓明昱:"创伤后应激障碍的识别与干预",载《国际中华应用心理学杂志》2010年第1期。

22. 徐慊等:"1例适应障碍认知行为治疗的个案概念化报告",载《中国心理卫生杂志》2017年第1期。

23. 黄兴兵、魏钦令:"适应障碍",载《新医学杂志》2001年第6期。

24. 郝伟、陆林主编:《精神病学》,人民卫生出版社2018年版。

25. 吴菁、刘晓虹:"创伤急性期伤者心理评估现状与分析",载《第四军医大学学报》2007年第8期。

26. 余萍:"心理创伤及PTSD常用量表研究",载《神经损伤与功能重建》2010年第4期。

27. 孟青妹:"严重事件应激晤谈在伤医事件心理干预的应用",载《医学信息》2016年第25期。

28. 张波、季鑫:"基于支持性心理治疗理论的学生疫情心理干预",载《中学政治教学参考》2020年第12期。

29. 颜农秋:"当事人中心疗法本土化之可行性研究",载《佛山科学技术学院学报(社会科学版)》2001年第3期。

30. 孙来花、杨爱君:"放松疗法在焦虑症护理中的观察研究",载《健康之友》2021年第18期。

31. 杨丹丹等:"绘画疗法在大学生心理干预中的应用探析",载《现代交际》2016年第8期。

32. 邹方勤:"国内近十年焦点解决短期治疗研究文献综述",载《科教导刊》2021年第7期。

33. 陈立成:"罪犯的自杀与防范",载《河南司法警官职业学院学报》2004年第

4 期。

34. 郭兰、傅安洲、霍绍周："大学生心理危机及预警系统研究"，载《中国地质大学学报（社会科学版）》2001 年第 3 期。

35. 彭惠霞："论罪犯危机干预"，载《河南司法警官职业学院学报》2004 年第 2 期。

36. ［美］大卫·B. 罗森格伦：《动机式访谈手册》，人民邮电出版社 2020 年版。

37. 杜建政、夏冰丽："急性应激障碍（ASD）研究述评"，载《心理科学进展》2009 年第 3 期。

38. 杨青、王英："国外自杀评估方法的研究进展"，载《医学与哲学（人文社会医学版）》2009 年第 9 期。

39. "家庭暴力最新案例"，载华律网，https：//www. 66LAW. CN/LAWS/30002. AS-PX，最后访问时间：2021 年 6 月 2 日。

40. 边玉芳等：《青少年心理危机干预》，华东师范大学出版社 2010 年版。

41. 段鑫星、程婧：《大学生心理危机干预》，科学出版社 2006 年版。

42. 邱鸿钟等编著：《应激与心理危机干预》，暨南大学出版社 2008 年版。

43. 胡佩诚主编：《心理治疗》，人民卫生出版社 2006 年版。

44. 王卫红主编：《抑郁症、自杀与危机干预》，重庆出版社 2006 年版。

45. 武志红：《解读"绝望"：自杀与杀人背后的心理分析》，世界图书出版公司 2011 年版。

46. 徐光兴主编：《创伤危机干预心理案例集》，上海教育出版社 2010 年版。

47. 杨艳杰主编：《危机事件心理干预策略》，人民卫生出版社 2012 年版。

48. 张理义主编：《应激障碍》，人民卫生出版社 2009 年版。

49. 扶长青、张大均、刘衍玲："儿童心理危机的干预策略"，载《心理科学进展》2009 年第 3 期。

50. 蒋洪波："灾后志愿者心理援助体系初探"，载《西南交通大学学报（社会科学版）》2008 年第 4 期。

51. 李功迎等："紧急事件应激晤谈与危机干预"，载《中华行为医学与脑科学杂志》2009 年第 3 期。